# 隧道火灾自然排烟理论基础及应用

袁中原　雷　波　袁艳平　谢元一　著

中国建筑工业出版社

图书在版编目（CIP）数据

隧道火灾自然排烟理论基础及应用 / 袁中原等著
.—北京：中国建筑工业出版社，2023.12
ISBN 978-7-112-29149-6

Ⅰ.①隧… Ⅱ.①袁… Ⅲ.①隧道-火灾-烟气排放
Ⅳ.①TJ458

中国国家版本馆CIP数据核字（2023）第175771号

责任编辑：张文胜
责任校对：张 颖

## 隧道火灾自然排烟理论基础及应用
袁中原 雷 波 袁艳平 谢元一 著
\*
中国建筑工业出版社出版、发行（北京海淀三里河路9号）
各地新华书店、建筑书店经销
北京科地亚盟排版公司制版
建工社（河北）印刷有限公司印刷
\*

开本：787毫米×1092毫米 1/16 印张：14¼ 字数：283千字
2023年12月第一版 2023年12月第一次印刷
定价：56.00元
ISBN 978-7-112-29149-6
（41731）

**版权所有 翻印必究**
如有内容及印装质量问题，请联系本社读者服务中心退换
电话：（010）58337283 QQ：2885381756
（地址：北京海淀三里河路9号中国建筑工业出版社604室 邮政编码：100037）

# 前 言

我国交通隧道的发展经历了令人瞩目的进步。随着国家经济的不断增长和城市化的推进，从高速公路到铁路，从城市地铁到水下隧道，我国的隧道建设项目数量众多，各种类型的隧道已经遍布全国。目前，我国的隧道建设不仅服务于国内需求，还促进了其他国家和地区之间的互联互通。未来，我国将继续致力于创新和可持续发展，以满足不断增长的交通需求，同时注重环境保护和国际合作。

交通隧道作为现代城市交通系统的重要组成部分，在提高交通效率和便捷性方面发挥着至关重要的作用。然而，在享受隧道便利的同时，不能忽视交通隧道火灾带来的潜在威胁。尽管隧道火灾发生的概率相对较低，但一旦发生，后果可能是毁灭性的。隧道的半封闭性质使得火灾烟气扩散迅速，烟雾密布，可见度急剧下降，温度剧烈上升，这对人员疏散、救援、排烟和灭火带来了极大的挑战。

顶部开孔自然通风系统是一种创新的技术应用，不仅避免了运营过程中的换气通风能耗，还可以节约风机动力设备的投资，这一技术的应用充分体现了我国在交通基础设施领域的不断创新和发展。当顶部开孔的自然通风隧道发生火灾时，高温烟气在烟囱效应下可以实现自然排烟，为了确保人员的安全疏散，需要将隧道内的烟气温度和浓度控制在一定范围内，因此，通风孔口尺寸和间距的合理设置至关重要。隧道内的火源位置、火源强度、隧道坡度等参数都是影响排烟的关键因素。为了掌握顶部开孔隧道火灾的自然排烟特性，进而建立隧道火灾自然排烟时烟气蔓延及排烟特性的理论预测模型，为隧道自然通风孔口的设计提供理论支撑，笔者在深入研究国内外文献资料的基础上，采用理论分析、模型试验、数值模拟和现场实验的方法，对隧道火灾自然排烟特性及应用进行了详细、系统的研究。

本书共分为8章。第1章简要介绍了国内外隧道火灾的研究现状，提出了本书的研究内容和思路；第2章介绍了本书的实验和数值模拟方法；第3章研究了隧道火灾自然通风的火羽流特征；第4章研究了烟气蔓延规律及孔口排烟特性；第5章对隧道火灾自然排烟时的最不利火源位置进行了分析；第6章建立了烟气蔓延和孔口排烟的理论预测模型；第7章基于安全疏散要求，提出了隧道火灾自然通风完全排烟的临界孔口尺寸，针对其建立了理论预测模型；第8章介绍了隧道火灾自然通风的工程应用。

本书由袁中原、雷波、袁艳平、谢元一共同完成，钟星灿、许志浩、邓志辉、余南阳、陈鹏云、陈滔、屈昊聿、梁晨晨、姚光慧等人对本书的形成提供了指导和帮助，在此一并表示感谢！本书在撰写过程中参考了大量的相关文献和专业书籍，在此谨向相关作者深表谢意！

限于撰写人员的水平，本书可能存在错误或不足，敬请读者批评指正。

# 目 录

**第1章  绪论** **001**
   1.1  隧道的类型　　001
   1.2  隧道火灾的特点与危害　　006
   1.3  隧道火灾通风排烟模式　　010
   1.4  自然通风竖井排烟系统　　015
   1.5  本书章节安排　　018
   本章参考文献　　020

**第2章  实验与数值模拟方法** **022**
   2.1  实验方法　　022
   2.2  数值模拟方法　　029
   2.3  本章小结　　037
   本章参考文献　　037

**第3章  烟气参数及隧道火灾自然排烟的火羽流行为特征** **040**
   3.1  隧道火灾烟气参数　　040
   3.2  隧道火灾自然排烟的火羽流行为特征　　044
   3.3  烟气参数的无量纲化　　050
   3.4  烟气参数之间的关系　　053
   3.5  本章小结　　054
   本章参考文献　　054

**第4章  烟气蔓延与孔口排烟特性** **057**
   4.1  隧道模型　　057
   4.2  烟气蔓延特性　　065
   4.3  烟气蔓延特性的影响因素　　070
   4.4  孔口排烟量和烟气温度　　081
   4.5  本章小结　　085
   本章参考文献　　086

# 第 5 章　隧道火灾自然排烟的最不利火灾位置　　087
  5.1　火灾位置对烟气温度的影响　　087
  5.2　最不利火灾位置　　091
  5.3　火灾最不利位置时烟气扩散特性　　102
  5.4　本章小结　　110
  本章参考文献　　111

# 第 6 章　烟气蔓延与孔口排烟的半经验预测模型　　112
  6.1　顶壁烟气温度纵向衰减　　112
  6.2　孔口排烟量与孔口内烟气温度　　117
  6.3　顶壁烟气纵向温度分布　　122
  6.4　烟气扩散长度　　137
  6.5　烟气临界距离　　139
  6.6　隧道烟气能见度　　141
  6.7　本章小结　　146
  本章参考文献　　147

# 第 7 章　隧道火灾自然通风完全排烟的临界孔口尺寸　　149
  7.1　隧道火灾自然通风完全排烟　　149
  7.2　自然通风临界完全排烟孔口尺寸基本特征　　150
  7.3　自然通风完全排烟的临界孔口尺寸影响因素　　157
  7.4　临界孔口尺寸的半经验预测模型　　169
  7.5　本章小结　　177
  本章参考文献　　178

# 第 8 章　隧道火灾自然排烟的工程应用　　182
  8.1　成都地铁　　182
  8.2　上海隧道　　217
  8.3　南京隧道　　217
  8.4　本章小结　　218
  本章参考文献　　218

# 第1章

# 绪　论

随着世界交通事业的发展，越来越多的隧道不断涌现出来，隧道的建设已有几百年历史，建成的隧道难以准确计数。现代交通隧道的修建始于铁路隧道。1826年，英国在蒸汽机车线路上修建了长770m的泰勒山单线隧道和长2474m的维多利亚双线隧道。而最早的公路隧道为1927年美国纽约哈德逊河底的霍兰（Holland）隧道，长度为2.68km。改革开放以来，我国经济进入了迅猛发展阶段，隧道等地下工程的建设速度不断加快。然而隧道作为一种狭长形的特殊性建筑，具有较高的火灾风险，一旦发生火灾，高温有毒气体容易积聚在隧道内，给人员逃生带来巨大威胁，易造成严重的人员伤亡和财产损失。这也促使广大学者对隧道火灾及消防排烟进行深入的研究。

## 1.1　隧道的类型

隧道按其用途可分为交通隧道、水工隧道、市政隧道和矿山隧道，其中交通隧道是应用最广泛的一种隧道[1]。本书主要对交通隧道进行介绍，其主要包括铁路隧道、公路隧道以及地铁隧道。

### 1.1.1　铁路隧道

铁路隧道是穿越天然高程或平面障碍时修建的专供火车运输行驶的地下通道。高程障碍是指地面起伏较大的地形障碍，如分水岭、山峰、丘陵、峡谷等。铁路穿越山岭地区时，由于牵引能力有限和最大限坡要求（小于24‰），需要克服高程障碍，开挖隧道穿越山岭是一种合理的选择，它可使线路的标高降低、长度缩短，并减缓其纵向坡度，改善运营条件、提高牵引能力，从而提高运输量和行车速度。平面障碍是指江河、湖泊、海湾、城镇等，铁路线路遇到平面障碍时，可采用绕行或隧道穿越两种方法，前者往往是不经济的甚至是不可能的，如江河、海峡等，采用隧道则常是一种最好的解决方法。

随着铁路的发展，从19世纪30年代起，各国都相继修建铁路隧道。早期，由于技术水平的限制，铁路隧道通常较短，随着修筑隧道技术的日趋完善，越来越多的长大铁路隧道被修建。第二次世界大战后，日本开始修建轨距为1435mm的铁路新干线，线路标准要求高，最小曲线半径为2500m和4000m，限制坡度为20‰和15‰，同时要求克服高速行车时的噪声和振动。我国第一座铁路隧道是1887—1891年在台北至基隆的铁路线上修建的，长261m。1890—1904年在中东铁路上修建了几座双线隧道，其中大兴安岭越岭隧道长达3078m。随后，相继在东北地区、京广、京张、广九、陇海、湘桂等铁路干线上修筑了一些隧道。在西南和西北等多山的高原地区，修建了大量铁路隧道。目前，我国已成为当今世界上铁路隧道最多的国家。

铁路隧道按其长度主要包括[2]：短隧道（$L \leqslant 500\text{m}$）、中长隧道（$500 < L \leqslant 3000\text{m}$）、长隧道（$3000 < L \leqslant 10000\text{m}$）以及特长隧道（$L > 10000\text{m}$）。

根据隧道所在位置可分为三大类：山岭铁路隧道、城市铁路隧道、水底铁路隧道。

1. 山岭铁路隧道

为缩短距离和避免大坡道而从山岭或丘陵下穿越的铁路隧道称为山岭铁路隧道。山岭铁路隧道是为跨越分水岭、沿河傍山或河道曲折而地势陡峻的峡谷地段而修建的。我国是个多山的国家，就铁路隧道而言，山岭铁路隧道占比最大。

2. 城市铁路隧道

为适应铁路通过大城市的需要而在城市地下穿越的称为城市铁路隧道。

3. 水底铁路隧道

修建于江、河、湖、海、洋下的供火车运输行驶的通道称为水底铁路隧道。当交通线路跨越江、河、湖、海、洋时，可以选择的方案有架桥、轮渡和隧道。水底隧道不受气候影响，不影响通航，引道占地少，战时不暴露交通设施目标，是最佳的设计通行方式。在水下开凿一条隧道，确实是一个复杂而又艰巨的工程，无论是勘测、设计、施工，都会遇到一系列的复杂问题，如地质、地形、岩层裂缝、漏水等。因此，修建水底隧道需要采用现代化的施工和技术设备。1942年日本在下关和门司之间修筑了一条长6.3km的海底隧道，这是较早的一条海底铁路隧道。英吉利海峡隧道又称英法海底隧道，于1994年5月6日开通，是目前世界最长的海底隧道。我国已建成的最长水底铁路隧道是广惠城际线松山湖隧道，全长38813m。祁连山隧道全长9490m，轨面海拔3580m，是世界海拔最高的高速铁路隧道。

### 1.1.2 公路隧道

公路隧道是专供汽车运输行驶的通道。公路隧道一般要求线路顺直、坡度平缓、路面宽敞等。用隧道方案代替道路盘山绕行，有助于缩短运行距离、提高运输能力、减少事故。

与铁路隧道相比，公路隧道在断面尺寸、断面形状、结构类型、通风、照明、安全监控等方面均有其特殊性。

1. 公路隧道断面多呈扁坦状、大断面

一般公路隧道按照二车道加人行道设计洞宽时，毛洞宽约为11m；按三车道加人行道设计洞宽时，毛洞宽在16m左右。公路隧道断面的高跨比分布为0.7（二车道隧道）和0.5（三车道隧道）。铁路隧道的断面一般都按单线或复线设计，单线隧道毛洞宽5m左右，高跨比为1.6；复线隧道毛洞宽10m左右，高跨比为0.8。这种毛洞开挖宽度、高跨比上的差别，常使得扁坦状、大断面的公路隧道在围岩应力分析、结构计算等方面更为复杂，施工难度更大。

公路隧道按断面形式可分为圆形、马蹄形、矩形、直墙拱顶隧道等；按断面数值可分为特大断面（100$m^2$以上）、大断面（50～100$m^2$）、中等断面（10～50$m^2$）、小断面（3～10$m^2$）、极小断面（3$m^2$以下）。

2. 公路隧道断面多为双孔状

高等级公路上的隧道均按线路要求多设计成分流式，即按行驶方向分流，水平双排洞形，呈眼镜形断面；这种大断面、双孔隧道在一般铁路隧道中是基本不存在的。公路隧道按车道数可分为：单车道、双车道、多车道。

3. 公路隧道的通风量大、时间长

汽车行驶时会排放出废气，污染空气。当被污染的空气不能自行从隧道内部排出时，需要借助机械通风加以排出。汽车发动机产生的污染源是公路隧道需要机械通风的主要原因。另外，汽车或车队通过隧道时，不能像列车通过隧道时产生有效的活塞效应，从而将大部分污染空气推出隧道。汽车的交通量越大，隧道内的空气污染程度也越高，是公路隧道通风量大的原因。而且，汽车是连续通过隧道，隧道内的空气是连续被污染的，而列车是间隔运行的，间断排放污染质，这是公路隧道通风时间长的原因。

公路隧道按其长度可分为[3]：短隧道（$L \leqslant 500m$）、中长隧道（$500 < L \leqslant 1000m$）、长隧道（$1000 < L \leqslant 3000m$）以及特长隧道（$L > 3000m$）。

按地理位置，公路隧道同样可分为山岭公路隧道、城市公路隧道以及水下公路隧道。

（1）山岭公路隧道

我国是多山国家，75%左右的国土都是山地，且江河纵横，海域宽阔。近10年来，公路隧道平均每年新建350km。目前世界上最长的已建双洞高速公路隧道是陕西西康高速公路秦岭终南山公路隧道，其单洞长18.02km，双洞共长36.04km，建设规模世界第一。位于新疆和静县天山的天山胜利隧道是目前在建的最长公路隧道，其将于

2025 年完工，届时将超越秦岭终南山隧道成为我国最长的公路隧道。雀儿山隧道建在海拔 4300m 以上的雪域高原，攻克了冻土、涌水、断层、岩爆等施工难题，是世界第一高海拔特长公路隧道。以秦岭终南山公路隧道为代表的一大批长大隧道的建成通车，标志着我国公路隧道的设计、施工、监理、养护和运营水平达到了一个新的高度。

（2）水下公路隧道

修建穿越水域的水下公路隧道同修建跨越水域的高架桥和引桥相比，具有许多优点，如水下公路隧道不妨碍水上交通和地面交通，也不影响河流两岸或港口的资源利用和开发。如果要在有大型船只航行的河道修建公路，则以修建水下公路隧道较为有利。目前越来越多的水下公路隧道已建成通车，它在交通基础设施的建设中起到越来越重要的作用。20 世纪以来，水下公路隧道在一些国家相继出现，其中较早而又较著名的有美国在 1927 年修建的穿越哈得孙河的霍兰公路隧道，英国在 1934 年修建的穿越默西河的公路隧道，荷兰在 1941 年修建的穿越马斯河的公路隧道等。1965 年 5 月，我国开始在上海市修建穿越黄浦江的公路隧道。这座隧道于 1970 年 9 月建成通车，总长 2736m（隧道圆形段长 1322m，矩形段长 1048m，引道长 366m），设计净宽 7.07m，是一条单管双车道隧道。1980 年，埃及建成穿越苏伊士运河的公路隧道，总长 1620m。翔安隧道是我国大陆第一条海底公路隧道，位于九龙江入海口处，是厦门市东北部的城市主干路的重要构成部分。我国首条湖底隧道则位于南京玄武湖，是国内第一条城市湖底隧道。太湖隧道位于江苏省无锡市滨湖区，全长 10.79km，是我国最长的湖底隧道。

水下公路隧道运营中，有三个比较特殊的问题，即通风、照明和消防。

在水下公路隧道中行驶的机动车，都不可避免地排出一定量的废气或烟尘。这些废气或烟尘在隧道内蓄积，不仅危害人体，而且会降低隧道内的能见度，给安全行车造成威胁。因此，水下公路隧道需要有完善的通风系统，以输入新鲜空气，排出有害气体。通风方法需根据隧道长度和交通量的不同，采取不同的方法，如：短隧道可采用自然通风法；较长的隧道可用排风机排出污浊空气，自然地吸进新鲜空气的方法；或用鼓风机从进风井打进新鲜空气，把污浊空气排挤出去；长隧道一般同时使用排风机和鼓风机，并合理地安排风道，以达到有效通风的目的。

水下公路隧道的照明水平是按照行车速度对能见度的要求而定的。隧道内照明系统的照度一般为 20～100lx；隧道洞口外的天然照度一般为 50000～100000lx，机动车辆驾驶人员进入洞口时，视觉需要有一段适应时间，否则将产生"黑洞现象"。因此，隧道照明需要采取光过渡措施，主要有天然光过渡、人工光过渡和两者结合的过渡方式。

火灾是公路隧道可能发生的严重灾害，必须建立警报和消防系统。一般隧道中都设置有消防栓、空气泡沫枪和砂箱等，有的还安装有火警探测器和自动水喷淋灭火系统。

现代化的水下公路隧道中，设有运营控制中心，其中有电力控制系统、电话联系系统、照明控制系统、交通监测系统、电视监视系统、通风监测及微处理控制系统、广播系统等，在中央控制室内有总控制台和模拟显示屏幕，进行集中控制和监测。此外，还备有拖车和消防车。

（3）城市公路隧道

随着城市建设的不断发展，以节约土地和保护环境为宗旨，为缓解各城市面临的日益严重的交通问题，我国各地涌现出许多城市公路隧道，对于生态环境以及人民生活具有重要影响，使得人民生活越来越迅捷，因此城市公路隧道建设也方兴未艾。

总体上，公路隧道已由山丘走向深山、由陆域走向水下、由山区走向城市。面对地震、火灾和暴雨等灾害日益频发，高地应力、活动断裂、高寒、高海拔和富水等复杂地质条件，以及日益增强的保护环境和节约能源等建设理念，我国跨江海、穿高原等重要战略通道建设的实际需要，都对公路隧道建设提出了更高的要求。

## 1.1.3 地铁隧道

随着社会经济和城市化进程的快速发展，出现了城市人口急剧增加、城市可用地面空间减少、交通拥堵等一系列问题，为了缓解社会经济和城市化进程快速发展所带来的空间和交通压力，地铁作为一种安全、快捷、舒适、节能环保的交通工具，近年来得到了快速发展。地铁具有运行速度快、运送能力大、安全准点、噪声小、环境污染小等地面交通工具不可比拟的优势，大大方便了人们的日常生活，改善了城市交通状况，在现代城市交通中发挥着不可替代的作用。

自从1860年英国伦敦开始修建世界上第一条地铁，此后世界上一些著名的大都市相继建造地下铁道。1863—1899年，英国的伦敦和格拉斯哥、美国的纽约和波士顿、匈牙利的布达佩斯、奥地利的维也纳以及法国的巴黎共5个国家的7座城市先后建成了地下铁道[4]。从20世纪初到1945年，全世界又有13座城市先后兴建了地铁，截至2003年，全世界已有100多座城市开通了300多条地铁线路，总长度超过6000km[5]。其中，英国拥有地铁线路11条，线路长度超过了400km；巴黎建设了15条地铁，线路长度192km，日客运量450万人次；纽约有地铁线路21条，线路总长370km[6]；截至2005年，日本共有地铁线路42条，营业里程为700.9km，2004年，日本地铁平均日客运量1326万人次，占其国内日客运总量（24103万人次）的5.5%[7]。

相较于发达国家，我国地铁的起步较晚。从1969年10月1日我国第一条地铁在北京建成并通车后，上海、广州、天津、深圳、南京等城市的地铁也相继建成并投入运营。进入21世纪以来，尤其是近10年以来，我国城市轨道交通建设如雨后春笋一般,得到了快速发展(图 1-1)。截至 2019 年年底,中国大陆地区共 40 座城市开通城市轨道交通,运营线路 6736.2km,其中地铁运营线路 5180.2km,占比 76.9%;全年累计完成客运量 237.1 亿人次,同比增长 12.5%,北京、上海等地日均完成客运量已经超过 1000 万人次,日均完成客运量超过 100 万人次的城市也已经达到 15 座。同时,在建轨道交通线路总长达到 6902.5km[8]。

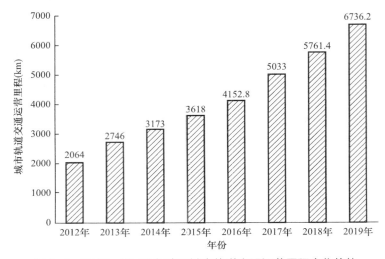

图 1-1 2012—2019 年我国城市轨道交通运营里程变化趋势

地铁的蓬勃发展在缓解交通拥堵的同时,还减少了温室气体排放,实现了人员绿色出行。以成都市为例,成都地铁 2019 年累计客运量约 14 亿乘次,全年日均客运量 383.41 万乘次,相当于每日减少 91 万辆私家车出行量,减少碳排放量约 8.75 万 t。

## 1.2 隧道火灾的特点与危害

尽管隧道内发生火灾的概率很小,但一旦发生火灾,将造成无法挽回的生命和财产损失。

隧道属于狭长受限空间,火灾产生的烟气会迅速沿着隧道顶部蔓延并沉降,导致隧道内能见度降低,不利于人员的安全逃生;火灾会对隧道基础设施造成损坏,如照明、监控设备、通风设备、电线电缆等,还对隧道的结构具有一定的破坏性。同时也会造成一定时间的交通系统中断,这些都会带来不可估量的经济损失。火灾产生的高温烟气具有很强的辐射性;可燃材料的燃烧会消耗大量的氧气,同时,物体的不完全燃烧会产生诸如 $CO$ 等有毒气体,导致隧道内人员窒息、中毒甚至死亡。

## 1.2.1 隧道火灾的基本特点

隧道火灾由于其特殊的结构而区别于一般的建筑火灾，其特点主要包括火灾多样性、燃烧形式多样性、火势蔓延快、安全疏散局限性、救援难度大等[9]。

1. 火灾多样性

在隧道中，火灾形式多样，A、B、C、D 四类火灾都有可能发生。相比于其他建筑火灾，隧道火灾有更多的不确定性和随机性，易造成特大火灾的发生。

A 类火灾：主要由木材、棉、麻等固体有机物燃烧造成；

B 类火灾：主要由汽油、煤油、沥青等液体或者可高温熔化的固体物质燃烧造成；

C 类火灾：主要由煤气、天然气等可燃气体引发的火灾；

D 类火灾：主要由金属物质钾、镁等燃烧造成的火灾。

2. 燃烧形式多样性

隧道火灾常发生于交通工具及其装载物的燃烧。隧道内交通工具类型复杂，车载货物多样，且火灾载荷不确定，可燃物类型多，燃烧形式多元，使得燃烧形式复杂多样。且火灾的发生可能涉及气相、固相、液相，甚至混合多元状态燃烧。

3. 火势蔓延快

受隧道结构、燃烧物、通风条件等影响，当交通运载工具发生碰撞时，汽油等易爆炸物品的燃烧，使得火灾极易从一处扩散至另一处，这导致火势的蔓延速度极快。隧道内车辆发生火灾后，除机动车故障、交通事故、列车脱轨外，大部分车辆和列车在火灾中不会立即停车。在发生火灾时，由于视野有限，驾乘人员无法迅速作出反应，车辆将继续在隧道内正常运行，从而导致火源的移动，会加快火灾的蔓延。在隧道不利通风条件下，隧道内可燃性液体蒸汽和可燃性气体的积聚会导致隧道火灾发生极端形式蔓延，严重时会发生爆炸。

4. 安全疏散受限、救援难度大

隧道火灾发生后，烟雾沿着隧道蔓延，然后沉降弥漫在隧道内。由于隧道狭长的空间结构，决定了人员安全疏散较建筑火灾等其他类型的火灾更困难，隧道内缺乏可以缓冲的逃生救援场地，现场无法及时提供消防救援设施。火灾发生后，消防人员很难第一时间到达火灾现场，从而错过最佳的消防和救援时间。随着火势变大，如果火的温度太高，隧道表面混凝土受损坏，有倒塌和下降的风险，可能会出现次要灾害，因此不能完全保证受灾人员及救援人员的生命安全。与一般建筑相比，隧道的狭长结构使得烟雾在隧道内迅速蔓延并降低可见度。此外，产生大量有害气体诸如 CO 等对隧道内人员的人身安全有着严重威胁。由于隧道的边界限制，火灾现场与救援灭火场地无有效屏障，车辆、设备的操作以及运输设施的返回没有足够的空间。大型消防车和设备的使用受到限制，这也使得救援疏散更加困难。

### 1.2.2 火灾危害性

历年来部分国内外隧道重大火灾事故见表[3,14]。由表 1-1 可见，隧道火灾的原因最主要是电气设备短路引起的。同时，油罐车泄漏、脱轨碰撞和人为纵火也是引起隧道火灾的主要原因。

国内外隧道重大火灾事故　　　　表 1-1

| 时间 | 名称 | 地点 | 起火原因 | 危害 人员 | 危害 车辆 |
| --- | --- | --- | --- | --- | --- |
| 1903 年 | Couronnes 地铁隧道 | 法国 | 电器 | 84 人死 | |
| 1949 年 | Holland 隧道 | 美国 | 货物掉落 | 66 人伤 | 10 辆货车 13 辆轿车 |
| 1971 年 | Wranduk | Yugoslavia | 发动机着火 | 34 人死 120 人伤 | |
| 1976 年 | 宝成线 140 号（白水江）隧道 | 中国 | 超速 | 75 人死 38 人伤 | |
| 1979 年 | Nihonzaka 隧道 | 日本 | 追尾 | 7 人死 2 人伤 | 127 辆货车 46 辆轿车 |
| 1982 年 | Caldecott 隧道 | 美国 | 油罐车碰撞 | 6 人死 2 人伤 | |
| 1987 年 | Kings Cross 地铁站 | 英国 | | 31 人死 | |
| 1990 年 | 纽约地铁 | 美国 | 电缆着火 | 2 人死 200 人伤 | |
| 1995 年 | 大邱地铁 | 韩国 | 煤气爆炸 | 103 人死 230 人伤 | |
| 1996 年 | Isola della 隧道 | 意大利 | 追尾 | 5 人死 34 人伤 | 1 辆油罐车 18 辆轿车 |
| 1999 年 | Mont Blanc 隧道 | 法意交界 | | 39 人死 | |
| 1999 年 | Tauern 隧道 | 奥地利 | 多次碰撞 | 12 人死 | 16 辆货车 24 辆轿车 |
| 2000 年 | 奥地利滑雪隧道 | 奥地利 | 电器 | 155 人死 | |
| 2001 年 | St. Gotthard 隧道 | 瑞士 | 货车碰撞 | 11 人死 | 13 辆货车 10 辆轿车 |
| 2003 年 | Jungangno 地铁 | 韩国 | 人为纵火 | 198 人死 146 人伤、 298 人失踪 | |

续表

| 时间 | 名称 | 地点 | 起火原因 | 危害 人员 | 危害 车辆 |
| --- | --- | --- | --- | --- | --- |
| 2005年 | Frejus隧道 | 法意交界 | 引擎 | 2人死 21人伤 | 4辆货车 |
| 2008年 | Channel隧道 | 英法交界 | 货物爆炸 | 14人伤 | |
| 2010年 | 无锡惠山隧道 | 中国 | 人为纵火 | 24人死 19人伤 | |
| 2012年 | 湖南八面山隧道 | 中国 | 人为纵火 | 20人死 1人重伤 1人轻伤 | |
| 2013年 | 泰国 | Huay Khwang隧道 | 车辆相撞 | 3人伤 | 3辆货车 |
| 2014年 | 岩后隧道 | 中国 | 追尾 | 40人死 12人伤 | 2辆罐车 32辆运输车 1辆客车 |
| 2015年 | 上海外环隧道 | 中国 | 车辆追尾 | 2人死 | 5辆车 |
| 2022年 | 沈白高铁隧道 | 中国 | | 9人死 5人伤 | |

隧道火灾造成的危害可归纳为以下几点：

1. 人员伤亡众多

隧道属于狭长受限空间，火灾产生的烟气会迅速沿着隧道顶部蔓延和沉降，导致能见度降低，不利于人员的安全逃生；火源附近的温度可达800～900℃，甚至可以达到1000℃以上[15]，火灾产生的高温烟气具有很强的辐射性；物体的不完全燃烧产生的有毒气体，导致隧道内人员窒息、中毒甚至死亡。

2. 经济损失重大

隧道火灾会对隧道基础设施造成损坏，如照明系统、监控设备、通风设备、电线电缆等，还会对隧道的结构产生一定的破坏，同时也会造成一定时间的轨道交通中断，这些都会带来不可估量的经济损失。

3. 次生灾害严重

隧道火灾造成的次生灾害具有严重的后果。隧道发生火灾后会引发的二次灾害可能有爆炸、交通事故和人员中毒等。可能产生的危害有：

（1）助长火势以及扩大火灾烟气蔓延范围，使得火灾危害性加重；

（2）打破原有灭火救援、人员的安全疏散秩序，使得灭火救援以及安全疏散的难度增加；

（3）次生灾害具有一定的随机性和突发性，会对隧道内的消防人员、司乘人员等造成潜在的危害。

## 1.3 隧道火灾通风排烟模式

### 1.3.1 运营通风系统

在运营情况下，通过隧道的车辆会产生大量的污染物、灰尘和热量，对隧道使用者、隧道设备和车辆设备本身都是有害的。这些车辆排放的废气（主要污染成分是 $CO$、$NO$、$SO_2$ 等）以及产生的灰尘由于隧道的特殊结构，很容易积聚在隧道中而对人体健康和行车安全造成威胁。因此，隧道通风系统对于隧道运营十分必要，其旨在减少污染物和灰尘的浓度，并从隧道中去除热量。在运行高速电力机车的现代铁路或地铁隧道中，通风设计的关键目标在于带走机车产生的热量。

运营通风系统可分为自然通风系统和机械通风系统两种[14]。

对于非常短的隧道或具有许多大竖井的隧道，在正常通风下可能不需要机械通风系统。对于交通流量大的公路隧道或高速列车运行的铁路隧道，活塞效应可以产生足够的气流来带走热量并降低污染物和灰尘的浓度。因此，机械通风系统可能不是必需的。这些没有机械设备的通风系统称为自然通风系统。

机械通风系统通常需要在隧道中安装风机，以带走车辆或其他设备的污染物和热量。机械通风系统运行较为稳定，且不像自然通风系统那样依赖环境。因此，它们更广泛地用于隧道通风设计中。典型的机械通风系统包括纵向通风系统、横向通风系统、半横向通风系统和组合通风系统。

纵向通风系统利用隧道作通风道，一端送风，从洞口或竖井引入新鲜空气，经过隧道纵向流动，并将污浊的空气稀释至规定标准，最后由另一洞口或竖井排出的通风方式。纵向通风系统由射流风扇组成。射流风扇主要位于隧道的入口处、顶棚下方或连接到侧壁上，如图 1-2 所示。

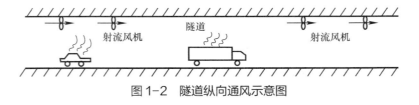

图 1-2　隧道纵向通风示意图

全横向通风指的是在隧道内均匀布置送风口和排风口，通过通风管道在隧道内同时进行送风和排风（图 1-3）。排气口通常设置在隧道顶壁上，多位于隧道横截面的上部，但供气口可以放置在地板或顶棚上，可以放置在上部或下部，具体取决于供应管道的位置。

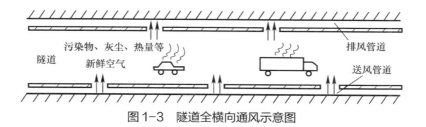

图 1-3　隧道全横向通风示意图

半横向通风系统与横向通风系统非常相似。唯一的区别是，对于半横向系统，只有供气口或只有排气口在运行。换句话说，只有新鲜的空气被供应到隧道中 [图 1-4（a）] 或只有污染空气被抽取到抽气管道中 [图 1-4（b）]。

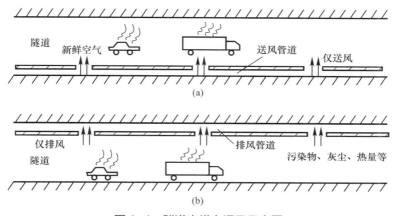

图 1-4　隧道半横向通风示意图

组合通风系统指由不同类型的通风系统组合而成的通风系统。对于特长隧道，多采用纵向通风及分段式竖井结合的通风方式。通过通风竖井将隧道分为多个纵向通风段，再利用通风竖井将车辆产生的污染物、灰尘和热量排出隧道。

在隧道发展的初期，利用存在于洞口间的自然压力差或车辆行驶时产生的活塞风进行通风，如英国的 Rotheriteh 隧道（1.91km），可以看作是最原始的纵向通风方式。但随着隧道长度的增加，单纯依靠自然风或活塞风难以满足隧道运营环境要求，机械通风方式逐渐被应用于隧道中。最开始被应用的机械通风方式为全横向通风方式，如 1929 年美国修建的 Holland 河底隧道。但由于全横向通风需要同时设置较大的送风道和排风道，因此要求隧道的横断面较大。为节约土建成本，许多长度不太大的隧道采用了半横向通风方式，如 1934 年英国修建的默尔西隧道。最近三四十年来不断修建的长大隧道使得隧道通风逐渐往纵向通风方式发展。与横向通风和半横向通风方式不同，纵向通风方式不需要在隧道内设置专门的送风管道，能有效节约土建成本。日本修建的大量长隧道均采用纵向通风方式。我国隧道纵向通风的应用始于成渝高速公路上的两座隧道——中梁山隧道和缙云山隧道。我国开始对隧道纵向通风设计进行了深入的研究,并将其应用于实际工程,取得了显著的经济效益,并编写了公路隧道运营通风设计规范。此后纵向通风方式在我国被广泛应用。

### 1.3.2 消防通风排烟系统

在过去的几十年里,许多灾难性的隧道火灾事故已经发生,并引起了公众的广泛关注,因此制定了许多法规来应对隧道的消防安全问题,开发和使用了不同的消防系统。

消防系统的目标是控制烟气流动并减小火灾和烟雾的影响,将火灾发生时隧道内的烟雾及时排出隧道,以帮助疏散、应急响应和消防行动。为降低成本和简化隧道结构,消防系统应尽可能与通风系统相结合。消防通风排烟方式可分为自然通风排烟、机械通风排烟、联合消防通风排烟。

1. 自然通风排烟系统

隧道火灾自然通风排烟[16-19]是通过合理布置竖井,利用竖井产生的烟囱效应将火灾产生的烟气排出隧道。图1-5为地铁隧道火灾自然通风排烟示意图。它能够在着火点上下游为人员疏散提供安全通道,而且可以减少通风设备的投资和运行费用。2010年开通的成都地铁1号线部分区间隧道[20]、上海北翟路隧道[21]以及南京城东干道两城市下穿隧道[22]均采用该方式。但是这种方式主要适用于明挖浅埋的隧道,不适用于目前地铁建设中普遍采用的盾构隧道。

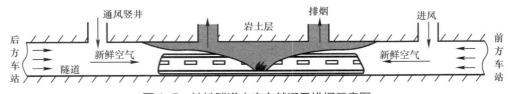

图1-5 地铁隧道火灾自然通风排烟示意图

2. 机械通风排烟系统

机械通风排烟系统包括全横向、半横向和纵向通风、集中排烟等。

在半横向通风系统或横向通风系统作为正常通风系统的隧道中,正常通风系统可以很容易地改为排烟系统,只需要提高其排烟能力。对于采用横向通风系统隧道,如果可能的话,两个通风口都可以设计成抽排烟流,即保持排风扇运行并反转送风风扇。但是,如果送风口设置在地板上,这些送风口不应该用来抽排烟流,否则会破坏烟雾层,应立即关闭它们,以避免向火灾现场供应过多的氧气并降低排烟系统的效率。对于采用半横向通风系统的隧道,如果通风口设置在隧道横截面的上层,则可以利用火场附近的通风口来抽排烟流。横向（半横向）排烟方式适用于单管双向交通隧道或交通量大、阻塞发生率较高的单向交通隧道。

纵向通风方式[23-25]是在发生火灾时，沿隧道纵向对隧道进行通风以产生一纵向气流，常采用射流风机作为动力设备，从而在火灾上游形成无烟路径。因此，至少在火灾的上游，隧道内被困人员可以逃生。这是一种常用的烟气控制方式，可通过悬挂在隧道内的射流风机或其他射流装置、风井送排风设施等及其组合方式实现。该排烟方式适用于单向行驶的隧道。图1-6为地铁隧道火灾纵向通风排烟示意图。这是目前地铁区间隧道火灾排烟的主要方式。

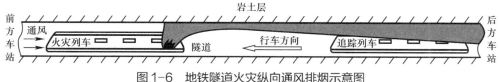

图 1-6　地铁隧道火灾纵向通风排烟示意图

纵向通风在火灾上游形成无烟路径的同时，位于火灾下游的隧道暴露在烟流中。对于公路隧道，被困人员能够通过驾驶车辆逃出隧道。但是，如果他们被困在队列中并且无法使用车辆逃生，情况可能会完全不同。在这种情况下，纵向通风可能会严重恶化位于火灾下游的隧道内人员的逃生环境。然而，由于纵向通风系统不需要额外的管道空间，它为隧道通风提供了一种非常便利的解决方案，因此，尽管它作为隧道消防通风系统存在局限性，但仍具有吸引力，这也是当今纵向通风越来越普遍的主要原因。

随着我国交通领域的进一步发展，许多穿山、过江、跨海等超过3km的长隧道已经建成通车[26, 27]。长隧道内不可避免地存在两辆或者多辆车的情况，若一辆车着火，采用纵向通风的方式，由于着火点下游烟气迅速沉降[28]，可能会影响到下游车辆的运行。因此，纵向通风并不适用于长隧道火灾排烟。

为了避免纵向通风可能造成的不利影响，点式排烟是一种有效的通风排烟技术[29-32]。点式排烟系统是将烟气直接从火源附近排走的一种方式，在隧道纵向设置专用排烟风道，并设置一定数量的排烟口。火灾时，火源附近的排烟口开启，将烟气快速有效地排离隧道。点式排烟适用于双向交通的隧道或交通量较大、阻塞发生率较高的隧道。

如图1-7所示，以长区间地铁隧道为例，隧道顶部设置排烟道，排烟道隔板按照一定间距设置排烟风口。当列车发生火灾并滞留在区间隧道时，火灾附近的排烟风口打开，同时开启竖井内的排风机，将高温有毒的烟气通过排烟道排出隧道。这种通风方式如果设置合理，可以将火灾烟气控制在一定范围内，并且能够维持烟气与新鲜空气的良好分层[33]，在着火点上下游均形成安全的疏散通道，同时也避免了对追踪列车

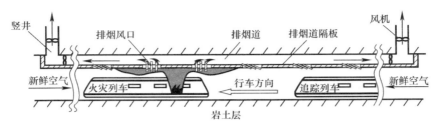

图1-7 长区间地铁隧道点式排烟系统示意图

造成影响。除此之外，国内地铁目前大量采用盾构隧道，这种类型的隧道可有效利用其顶部富余空间设置排烟道，不会导致土建投资的过度增加。

排烟系统需要在手动或自动火灾探测系统的帮助下运行。在发生火灾时，火灾探测系统可以确定火灾的位置，然后可以打开火灾现场附近的一个或多个排气口以抽取烟雾流。开放通风口的数量将取决于火势大小和每个通风口的设计体积流量。同时，其他通风口应保持关闭。

3. 联合通风排烟系统

联合通风排烟系统是指在隧道内使用两种或者两种以上的通风排烟方式，在控烟效果、经济成本、运营成本等各方面综合考虑之后做排烟方式最优组合。图1-8是纵向通风与点式排烟联合通风系统，其通过在顶部设置独立排烟道，利用点式排烟与纵向通风系统联合进行火灾通风排烟，在操作中，其他通风设备，例如安装在顶棚下方的射流风扇，需要与点式排烟系统一起操作，以从两侧产生纵向气流，抑制烟雾进一步扩散。

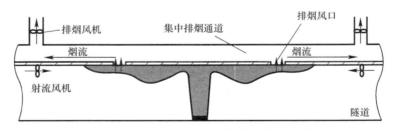

图1-8 纵向通风与点式排烟联合通风系统

此外，在隧道的不同区域段采用不同的排烟方式也属于联合通风排烟系统，例如在超长隧道中，由于纵向通风将烟雾吹向隧道的一边，导致烟雾还未排出隧道就已经沉降弥漫在隧道内，此时在烟雾沉降区域采用自然通风竖井排烟或者利用机械排烟方式对烟雾进行抽取。

## 1.4 自然通风竖井排烟系统

隧道自然通风竖井排烟方式是在隧道纵向方向上设置通风竖井来实现正常运营通风和隧道火灾排烟，无需设置竖井风机。

在隧道正常运营时期，主要是利用车辆排放的尾气热量以及行驶过程中与空气、地面之间的摩擦使得隧道内的空气与隧道外存在一定的温度造成的热压和车辆行驶过程中的活塞效应造成的风压，促使隧道内外空气流动和交换，从而带走隧道内浑浊空气，稀释隧道内由车辆排出的废气和烟雾，实现隧道内空气和隧道外空气及时互换，降低了隧道内空气污染浓度聚集的速度，且降低了隧道出口污染物排放浓度，从而降低有害气体或污染物浓度，确保隧道内良好的空气状态，以保证车辆行驶的安全性和舒适性，满足隧道的通风功能和卫生要求。

在隧道火灾时期，利用自然通风竖井产生的烟囱效应，在浮升力的作用下火灾烟气由隧道顶部的开孔排出，高温烟气可及时通过竖井排出隧道，可以保持烟气层的稳定，将逃生通道区域内的烟气温度、烟气浓度和能见度以及隧道顶壁的烟气温度控制在满足人员逃生要求的范围内。如果通风孔设置合理，这种火灾通风方式可以同时在着火点两侧区域为人员疏散提供安全通道。与传统的自然排烟相比，竖井可以产生较强的排烟压差，更多的烟气可以通过竖井排走，可以更好地控制火灾烟气。

隧道自然通风如图 1-9 所示。

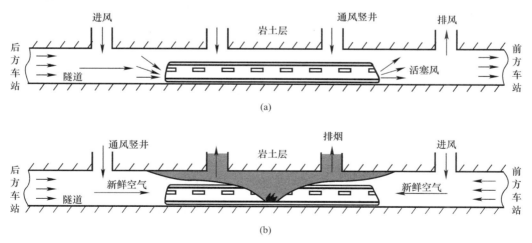

图 1-9　隧道自然通风示意图
（a）运营通风；（b）火灾通风

与机械通风相比，隧道使用竖井进行自然通风可以节省送风机及排烟通道部分土建的费用、火灾事故风机的费用以及夜间运行的费用[34]。尤其近年来，随着我国城市地铁的迅猛发展，在能源日趋紧张的背景下，地铁环控系统的能耗节约也越来越引起人们的重视。地铁环控系统耗能巨大，其中，地铁区间隧道的通风能耗是地铁环控系统总能耗中的一个重要组成部分，若在地铁区间隧道顶部开设通风孔口以实现自然通风的方式，不仅可以节约地铁列车正常运营的区间隧道换气通风能耗，还可节省通风设备的投资。

成都地铁1号线南三环站北侧到会展中心站的路线约长5.3km，其中的区间隧道率先采用竖井自然通风（竖井的尺寸为10m×2.5m，竖井间距为32.5m），如图1-10所示。清华大学和公安消防局消防研究所对自然排烟竖井的性能进行评估和论证，表明这种排烟方式是安全可行的[35]。同时，成都地铁公司做了相应的通风及火灾模拟试验，自然通风竖井完全可以满足隧道换气次数$3h^{-1}$的要求，以及在火灾发生的情况下完全符合自然排烟和安全疏散人员的要求[36]。

图1-10　成都地铁1号线隧道顶壁上的自然通风口

陈中、余波的研究[35]指出：成都南部新区A2线路全长约2.39km，其中土建部分和设备的初期投入：隧道的两端减少了1200$m^2$的建筑面积和竖井风亭，同时减少4台风力涡轮机，并扣除自然通风竖井增加的费用，累积可节约初始投资成本费用900万元；其中运营部分的费用：根据每年4个月的夜间通风期，风机的日常运行时间为2h进行计算，每年可节省约20万元。

竖井自然通风方式同样适用于其他隧道类型，包括铁路、公路、地铁隧道以及拱形、矩形等各种截面积的单、双向隧道。尤其明挖浅埋的城市隧道，充分利用隧道上方的绿化带而建造出"短而多"的竖井组，使得长大城市隧道采用自然通风成为可能。

对隧道火灾自然通风的研究相较于纵向通风起步较晚，目前国内外学者对隧道火灾自然通风进行了少量的研究，研究对象包含了地铁区间隧道、铁路隧道和公路隧道三个方面。

### 1. 地铁区间隧道

在地铁区间隧道方面,清华大学的李亮、朱颖心等人[37]采用 Phoenics 场模拟软件和标准 k-ε 模型,对顶部开孔的地铁区间隧道火灾自然排烟模式开展了数值模拟计算,研究了通风竖井间距、隧道区间隔墙和通风竖井出口处局部阻力系数损失对自然通风排烟效果的影响。结果表明,着火列车被迫停留的两通风孔口之间的隧道区域烟气温度和浓度都很高,而且随着通风孔口间距的增大,着火列车所在隧道段的烟气温度和浓度也将大幅上升,因此为满足火灾逃生要求,通风孔间距必须控制到一定的范围内;隧道加中隔墙时,由于隧道空间相对狭小,不利于火灾逃生环境;通风孔口的局部阻力系数对隧道火灾时的排烟量影响很大,从而影响到隧道内的烟气温度。

袁中原、陈滔、屈昊聿等人[20,38]应用国外相关火灾烟气控制标准 NFPA130 和 PIARC 制定了顶部开孔的地铁区间隧道发生火灾时的烟气参数控制标准,开展模型隧道火灾试验和全尺寸隧道三维数值计算模拟,详细、系统地研究了火源热释放率、隧道断面、隧道坡度、隧道吊墙、孔口间距、孔口尺寸、火源位置、列车阻塞、初始活塞风等因素对顶部开孔的地铁区间隧道火灾时隧道内烟气扩散特性的影响。同时,在最不利火源位置情况下,火源热释放率($HRR$)、竖井横向位置、竖井长宽比、竖井间距、竖井尺寸等因素对烟气分布特性的影响进行模型试验研究,为让火灾产生的高温烟气能够及时从竖井排走,确保烟气不越过竖井,把烟气控制在两个竖井之间,针对水平隧道及坡度隧道分别展开研究,得到了临界竖井长度,通过分析 $HRR$、竖井间距、隧道坡度等因素对临界竖井长度的影响,基于烟气羽流质量流量、竖井排烟的质量流量和控制体理论模型,建立了预测自然通风地铁隧道火灾临界竖井长度的理论模型。

### 2. 铁路隧道

在与地铁区间隧道类似的铁路隧道方面,瑞典 HBI 咨询公司的 J. Schabacker, M. Bettelini 采用一维火灾分析软件 Sprint 和三维场模拟软件 Fluent,对铁路隧道自然排烟模式下的火灾场景进行了数值模拟计算[39],研究了列车初始风存在的条件下火灾烟气温度的分布特性。研究表明,上游火灾烟气温度和烟气扩散距离略小于下游;一维数值模拟适用于对火灾的安全性分析,但三维数值模拟适用于研究烟气温度的复杂分布特性。该研究与文献[37]的研究方法及设计的影响因素较为类似,研究存在的问题与该文献同样较为相似。

### 3. 公路隧道

在通风方式与自然通风地铁区间隧道相类似的自然通风公路隧道方面,国内有关学者也进行过相关的火灾研究。西南交通大学毕海权等人[40]采用流体力学计算模拟软件 STAR-CD,对位于南京城东干道的半敞开式隧道火灾时的自然通风烟气流动开展了 CFD 三维数值计算,并根据数值计算结果做出了火灾通风安全分析报告。该隧道的半敞开段顶部开设有自然通风孔口，数值模拟的火灾强度为20MW。研究表明，隧道内发生火灾时，仅有与火源距离较近的通风孔口起到排烟作用，而且高温烟气在起火约2.5min后才开始沿隧道纵向扩散，这给人员的逃生赢得了宝贵的时间。研究结论还表明，南京城东干道半敞开式隧道火灾时人员能否安全疏散主要取决于人员逃生的预动作时间，预动作时间越长将越容易受到火灾烟气的危害。南京工业大学王彦富等人进行了半敞开式隧道火灾全尺寸实验，并采用Fluent场模拟软件进行了数值模拟分析，对半敞开式隧道火灾进行了系统研究[41]，主要包括：烟气温度纵向衰减、烟气逆流距离、羽流触顶区温度变化、拱顶烟气最高温度等。目前，对于公路隧道火灾自然通风方面的研究成果很少，且由于其隧道结构与地铁区间隧道不同，无法应用于地铁区间隧道火灾的自然通风设计中。

由上文可知，隧道自然通风方式通过设置合理的通风排烟口，在运营时期能达到节能、环保、节约工程造价的要求，在火灾时期亦能及时有效地排出烟雾，为人员逃生创造良好的疏散环境，这种通风排烟方式成为隧道通风排烟的合理选择之一，具有广阔的应用前景。

## 1.5　本书章节安排

本书结合笔者的研究，对隧道火灾自然排烟系统进行基础理论分析与实际工程应用探讨，旨在为实际隧道自然通风火灾控制设计提供理论模型与设计参考，内容安排如下：

第1章为绪论部分，首先着重介绍了各种交通运输类隧道，包括公路隧道、铁路隧道以及地铁隧道；其次对隧道火灾的特点以及危害进行了详细的描述，并列举了国内外近年来大型隧道火灾的情况；最后对隧道运营通风系统以及火灾通风排烟模式进行了阐述。

第2章主要讨论了隧道火灾通风排烟的研究方法，包括实验方法和数值模拟方法。实验是研究隧道火灾动力学的重要手段，其分为全尺寸或大尺寸火灾试验和缩尺模型试验，缩尺模型试验成本低，可重复性高，目前大部分研究学者更倾向于通过开展各类小尺寸燃烧实验来对隧道火灾进行广泛全面的研究。数值模拟方法主要包括区域模拟和场模拟方法，对于场模拟方法，主要详细介绍了FDS模拟软件。

第3章重点介绍了隧道发生火灾时，对逃生人员构成危害的火灾烟气参数进行的研究，主要包括：烟气温度、烟气辐射量、烟气CO浓度和烟气能见度等。在对这些参数的基本概念和理论计算方法进行描述的同时，给出烟气参数的无量纲量以及各无量纲量与烟气流量之间的关系，并且对有无坡度的隧道发生火灾时自然排烟情况下的火羽流行为特征进行了详细的描述。

第 4 章介绍了隧道火灾自然排烟烟气蔓延与孔口排烟特性；采用第 3 章定义的烟气温度无量纲量，分析了各影响因素诸如火源热释放率、孔口尺寸、隧道结构、火源位置和隧道列车对烟气温度分布特性的影响规律。另外，基于缩尺模型实验，讨论了各因素对孔口排烟量和孔口内烟气温度的影响。

第 5 章首先探究了纵向火源位置对火源段顶壁下方烟气温度、竖井内烟气温度的影响，然后采用数值模拟方法开展全尺寸隧道火灾数值计算以及进行模型试验，分析自然排烟水平隧道最不利火源位置，最后利用模型进行一系列试验，探讨火源位于最不利火灾位置处顶壁烟气温度分布特性，以及火源位于最不利位置处顶壁烟气温度分布和竖井内烟气温度的影响。

第 6 章重点介绍了自然排烟隧道烟气与孔口排烟的半经验预测模型，根据前述章节研究的顶部开孔地铁区间隧道火灾时的烟气扩散特性，结合隧道火灾的理论分析方法，建立了隧道顶壁下方烟气温度纵向衰减模型、孔口排烟模型、隧道烟气温度分布模型、烟气扩散长度模型、烟气临界距离模型、隧道烟气能见度分布模型等理论计算模型。根据模型实验及三维数值模拟结果，确定理论计算模型中的相关参数，得到适用于顶部开孔的地铁区间隧道火灾理论计算模型。

第 7 章重点阐述了自然通风隧道临界完全排烟的定义及理论计算方法，通过模型试验对水平隧道展开研究，研究了竖井间距、竖井尺寸、火源热释放率等参数对竖井烟气完全排烟的影响。建立了控制体理论模型，用于预测自然通风地铁隧道火灾竖井临界长度，可使烟气完全通过竖井排出隧道，并给出了临界竖井长度的理论模型工程运用；对于坡度隧道同样给出一系列研究结论，结合理论分析，得到了坡度隧道临界竖井高度的预测模型，并与实际工程相结合，给出了坡度隧道的临界竖井长度及其在工程中的应用。

第 8 章列举了国内采用竖井自然通风的三条隧道，包括成都的成都地铁 1 号线一期工程南部浅埋区间隧道，上海的北翟路隧道，南京的西安门隧道和通济门隧道，其中着重介绍了成都地铁 1 号线一期工程南部浅埋区间隧道自然通风排烟系统，采用现场试验和全尺寸数值模拟两种方式对该隧道自然通风系统烟气控制效果进行研究。对区间隧道采用自然通风排烟系统与机械排烟系统进行经济性比较。可以得出，在地表条件允许开设通风竖井、隧道浅埋的情况下，采用自然通风方式排烟，不仅有良好的烟气控制效果，火灾发生时能及时将烟气排出隧道，为人员疏散提供良好的逃生环境，而且具有节省初投资和运营费用、便于人员疏散、控制简单的优点，能在安全、经济、节能减排等方面创造良好的社会与经济效益。

# 本章参考文献

［1］ 王万德. 隧道工程施工技术［M］. 沈阳：东北大学出版社.
［2］ 国家铁路局. 铁路隧道设计规范：TB 10003-2005［S］. 北京：中国铁道出版社，2005.
［3］ 中华人民共和国交通部. 公路隧道设计规范：JTG D70-2004［S］. 北京：人民交通出版社，2004.
［4］ 孙章，蒲琪. 城市轨道交通概论［M］. 北京：人民交通出版社，2010.
［5］ 曹炳坤. 世界地铁发展令人瞩目［J］. 地铁公共交通. 2003，5：33.
［6］ 陶林芳. 国内外城市快速轨道交通的现状与发展趋势［J］. 上海建设科技. 2005，5：10-11.
［7］ 苏晓声. 日本地铁现状［J］. 现代城市轨道交通，2007（2）：66-67.
［8］ 中国城市轨道交通协会. 城市轨道交通 2019 年统计分析报告［R］，2020.
［9］ 徐志胜，姜学鹏. 防排烟工程［M］. 北京：机械工业出版社，2011.
［10］ Carvel R, Marlair G. A history of fire incidents in tunnels[J]. 2005.
［11］ B Lönnermark, Anders, PhD. On the Characteristics of Fires in Tunnels[J]. Geoscience, 2005, 19(3): 409-415.
［12］ Andersen T, Paaske B J. Railroad and Metro Tunnel Accidents[J]. Det Norske Veritas (DNV), http://home. no. net/lotsberg/artiklar/andersen/en_-table_1. html, 2002.
［13］ 涂文轩. 我国铁路隧道列车火灾简介［J］. 消防技术与产品信息，1996（1）：2：26-27.
［14］ Ingason H, Li Y Z, Lönnermark A. Tunnel fire dynamics[M]. Springer, 2014.
［15］ 李颖臻. 含救援站特长隧道火灾特性及烟气控制研究［D］. 成都：西南交通大学，2010.
［16］ Wang Y, Jiang J, Zhu D. Full-scale experiment research and theoretical study for fires in tunnels with roof openings[J]. Fire Safety Journal, 2009, 44(3): 339-348.
［17］ Yan T, MingHeng S, YanFeng G, et al. Full-scale experimental study on smoke flow in natural ventilation road tunnel fires with shafts[J]. Tunnelling and underground space technology, 2009, 24(6): 627-633.
［18］ Yuan Z, Lei B, Kashef A. Experimental and theoretical study for tunnel fires with natural ventilation[J]. Fire Technology, 2015, 51(3): 691-706.
［19］ Guo Q, Zhu H, Yan Z, et al. Experimental studies on the gas temperature and smoke back-layering length of fires in a shallow urban road tunnel with large cross-sectional vertical shafts[J]. Tunnelling and Underground Space Technology, 2019, 83: 565-576.
［20］ 袁中原. 顶部开孔的地铁隧道火灾烟气扩散特性及控制方法［D］. 成都：西南交通大学，2012.
［21］ Guo Q, Zhu H, Yan Z, et al. Experimental studies on the gas temperature and smoke back-layering length of fires in a shallow urban road tunnel with large cross-sectional vertical shafts[J]. Tunnelling and Underground Space Technology, 2019, 83: 565-576.
［22］ 茅靳丰，黄玉良，朱培根，等. 火灾工况下城市隧道自然通风模型实验［J］. 解放军理工大学学报（自然科学版），2008（4）：357-362.
［23］ Chow W K, Gao Y, Zhao J H, et al. Smoke movement in tilted tunnel fires with longitudinal

[24] Zhu K, Shi L, Yao Y, et al. Smoke movement in a sloping subway tunnel under longitudinal ventilation with blockage[J]. Fire Technology, 2017, 53(6): 1985−2006.

[25] Li Y Z, Lei B, Ingason H. The maximum temperature of buoyancy-driven smoke flow beneath the ceiling in tunnel fires[J]. Fire Safety Journal, 2011, 46(4): 204−210.

[26] 楚天都市报. 8号线一期越江段贯通 武汉有了第三条穿越长江地铁隧道［EB/OL］.（2017-08-10）［2023-06-01］. http://news.wuhan.fang.com/2017-08-10/25967922.html.

[27] 科技日报. 青岛地铁8号线大洋站到青岛北站区间全长7.9公里 国内最长过海地铁隧道贯［EB/OL］.（2020-01-21）［2023-06-01］. http://www.beijingleather.com.cn/tech/35028.html.

[28] Zeng Z, Xiong K, Lu X L, et al. Study on the smoke stratification length under longitudinal ventilation in tunnel fires[J]. International Journal of Thermal Sciences, 2018, 132: 285−295.

[29] Zhu H, Shen Y, Yan Z, et al. A numerical study on the feasibility and efficiency of point smoke extraction strategies in large cross-section shield tunnel fires using CFD modeling[J]. Journal of Loss Prevention in the Process Industries, 2016, 44: 158−170.

[30] Yan Z, Zhang Y, Guo Q, et al. Numerical study on the smoke control using point extraction strategy in a large cross-section tunnel in fire[J]. Tunnelling and Underground Space Technology, 2018, 82: 455−467.

[31] Yu L X, Liu F, Liu Y Q, et al. Experimental study on thermal and smoke control using transverse ventilation in a sloping urban traffic link tunnel fire[J]. Tunnelling and Underground Space Technology, 2018, 71: 81−93.

[32] 吴德兴. 特长公路隧道火灾独立排烟道点式排烟系统研究［D］. 成都：西南交通大学，2011.

[33] Tang F, Li L J, Dong M S, et al. Characterization of buoyant flow stratification behaviors by Richardson (Froude) number in a tunnel fire with complex combination of longitudinal ventilation and ceiling extraction[J]. Applied Thermal Engineering, 2017, 110: 1021−1028.

[34] 胡漪，自然通风竖井长宽比对地铁区间隧道排烟效果的影响研究［D］. 西安：西安建筑科技大学，2013.

[35] 陈中，于波. 自然通风在成都南部地铁中的研究与应用［J］. 隧道建设，2005，25（6）：11-14，24.

[36] 成都地铁率先采用自然通风模式，中国工控网，2006.

[37] 李亮，李晓峰. 地铁隧道火灾自然排烟模式数值模拟研究［J］. 暖通空调. 2005，12.

[38] 陈滔. 地铁隧道火灾自然通风烟气特性及临界竖井长度研究［D］. 成都：西南交通大学，2019.

[39] Schabacker J, Bettelini M, Rudin C, et al. CFD study of temperature and smoke distribution in a railway tunnel with natural ventilation system[J]. Tunnel Management International, 2002, 5(3): 1−10.

[40] Bi H Q, Lei B, Zhang W H. Fire smoke flow characteristics in urban road tunnel on natural ventilation mode[C]//Proc. of the 2006 International Symposium on Safety Science and Technology. IV, PART A, 2006.

[41] Wang Y, Jiang J, Zhu D. Full-scale experiment research and theoretical study for fires in tunnels with roof openings[J]. Fire Safety Journal, 2009, 44(3): 339−348.

# 第 2 章

# 实验与数值模拟方法

研究隧道火灾常用的方法分为两类,即实验研究和数值模拟研究。

## 2.1 实验方法

在隧道火灾动力学的研究中,实验研究是一种研究隧道火灾安全非常重要的手段,其能够获得更直观的数据。基于不同的实验尺度和规模,隧道火灾试验可分为全尺寸和缩尺模型试验。

### 2.1.1 全尺寸火灾试验

全尺寸火灾试验即在真实隧道中开展燃烧试验,它是一种最能精确反映真实隧道火灾情况的研究方法。迄今为止,隧道大规模全尺寸测试多达几百项,第一批大型隧道火灾试验在 20 世纪六七十年代于欧洲进行[1-3],主要针对欧洲公路隧道的火灾问题。19 世纪 90 年代初进行的 EUREKA EU499 测试分析了各种车辆类型的热释放速率大小,例如汽车、火车客车、地铁客车和带家具的铰接式卡车等[4,5];同时,EUREKA EU499 测试包含了对铁路和地铁车辆最全面的火灾测试。1999 年,一项被命名为 MTFVTP 的全面大型火灾测试在经历 6 年的时间后顺利完成,其测试目的是为了全面了解防火通风测试中的温度和烟雾运动规律,从而对横向和纵向通风系统控制烟雾和热量的能力进行评估,测试各种通风系统配置、通风率和运行模式在应对不同强度隧道火灾时控制烟气和热量传播方面的相对有效性,以根据实际的测试结果评估和验证隧道通风设计中使用的各种模型、理论、标准和方法[6]。为了调查大横截面隧道的火灾行为对燃烧速率、烟层的形成、纵向流动对烟分布、烟层行为等的影响以及火势蔓延的风险,2001 年,在日本新东名高速公路的三车道 3 号清水隧道内进行了 10 次火灾试验[7]。该隧道长 1119m,自西向东坡度为 2%,横截面积为 115$m^2$。2013 年,SP Fire Research 受瑞典交通管理局的委托,进行了五次大规模隧道火灾测试[8],用于模拟重型货车(HGV)拖车的有效载荷,评估火灾蔓延的风险。在国内,胡隆华等人[9]在云南省的 3 个运营隧道,(阳宗隧道、大风垭口隧道、元江 1 号隧道)内进行了一系列全尺寸试验，对隧道火灾发生时隧道内烟气的纵向温度分布规律、临界风速及烟气逆流长度等进行了分析，对隧道内的通风排烟系统进行了评测和优化。

对于城际列车和地铁车厢火灾发展的预测，Hadjisophocleous 等人[10]在位于渥太华以西 50km 的卡尔顿大学的一个测试设施中进行火灾试验，火灾在点火约 1.7min 后热释放速率开始增加，并在 5min 时达到 10MW。在地铁车厢的测试中，其火灾比城际轨道车火灾需要更多的时间来加剧，但是，一旦它开始增长，就会非常迅速，在点火后约 9min 内达到了 52.5MW 的最大热释放速率。在测试中，火势从 1MW 增长到 52.5MW 只用了 140s。瑞典的 SP 技术研究所[10]和加拿大的卡尔里学[11]同样也进行了铁路列车实车燃烧试验。中国安全生产科学研究院的史聪灵课题组[12]在我国现采用的地铁列车内进行了实车燃烧试验，研究了地铁火灾热释放（$HRR$）、窗户玻璃破裂特性、火灾烟雾浓度和内部温度分布特性，为地铁风险评估和疏散设计提供理论和数据参考；清华大学和广州地铁设计院的研究人员在地铁站台内开展了燃烧试验来研究烟气扩散特性和通风排烟效果[13]。

关于使用不同通风方式的隧道火灾，国内外对采用机械通风[12,14-16]、自然通风[17,18]的隧道都进行过全尺寸试验。南京工业大学在顶部开口的自然通风隧道内进行了一系列的全尺寸隧道火灾试验[17]，该试验隧道是国内首条采用顶部开孔自然通风的城市公路隧道，该试验研究了顶部开口自然通风隧道火灾的烟雾的物理特性及烟雾传播规律。Tong 等人[18]在长 1410m 的竖井自然通风城市公路隧道中进行了 3 组全尺寸燃烧试验。对该自然通风隧道进行了评估，以了解竖井是否有效地排出烟雾。

全尺寸火灾试验通常规模大，难以找到合适的场所开展试验，且试验结果难以控制，所需费用大，而且由于实际火灾的随机性和复杂性，导致全尺寸火灾试验条件难以达到，其试验可重复性较差，一般只会开展少量典型工况的试验。

表 2-1 列举了近年来国内外所进行的部分大尺寸及全尺寸火灾试验。

近年来所进行的大尺寸及全尺寸试验研究　　　　表 2-1

| 序号 | 年份 | 项目名称 | 隧道尺寸 | $HRR$ 范围（MW） | 测试目的 |
| --- | --- | --- | --- | --- | --- |
| 1 | 1965 年 | Ofenegg | 长 190m、高 6m、宽 4m | 11～80 | 研究火灾情况下不同系统的通风排烟能力（自然、纵向通风） |
| 2 | 1974—1975 年 | Zwenberg | 截面 20m$^2$、高 3.9m、长 390m | 8～21 | 研究不同类型的通风系统（纵向、半横向、横向通风）对烟雾（能见度）、热量和有毒气体的分布，以及对顶棚结构和排气扇的影响 |
| 3 | 1992 年 | EUREKA 499 | 长 2300m、宽 6.5m、高 5.5m | 最大 18.9 | 对隧道中的火灾热释放速率进行估计 |

续表

| 序号 | 年份 | 项目名称 | 隧道尺寸 | HRR 范围（MW） | 测试目的 |
|---|---|---|---|---|---|
| 4 | 1995 年 | Memorial programme | 长 853m、宽 8.8m | 10~100 | 通风系统在管理烟雾和温度变化方面的有效性 |
| 5 | 2003 年 | Runehamar tests | 长 1600m、高 6m、宽 9m、坡度在 0.5%~1%之间 | 67~203 | 重型货车热释放速率估计及隧道内烟气温度扩散规律研究 |
| 6 | 2004 年 | 阳宗隧道火灾测试 | 长 2790m、宽 14.8m、高 8.9m | 1.8~4.2 | 隧道火灾温度分布，烟气蔓延规律 |
| 7 | 2005 年 | 元江 1 号隧道火灾测试 | 长 1032m、宽 10.8m、高 7.2m | 1.8~4.2 | 隧道火灾温度分布，烟气蔓延规律 |
| 8 | 2007 年 | 顶部开口自然通风隧道火灾测试 | 长 1410m、宽 12.35m、高 5.75m | 最大 7.5 | 顶部开口自然通风隧道火灾烟气传播规律及排烟效率 |
| 9 | 2011 年 | METRO tests | 长 276m、平均高 6.9m、平均宽 6.4m、总横截面平均为 44m² | 最大 77 | 热释放速率评估 |
| 10 | 2013 年 | Runehamar tests | 长 约 1600m、高 6m、宽 9m、横截面约 47m² | 34min 达到 79 | 火灾蔓延的风险的估计 |

### 2.1.2 缩尺模型试验

全尺寸试验能模拟最真实的火灾场景，是研究隧道火灾最精确的一种方式，这种方式所得出的试验结果成为各种火灾防治标准规范的重要参考依据，然而全尺寸火灾试验的破坏性大、毁坏性强，使得全尺寸火灾试验成本高。同时，试验边界易受周围环境影响，难以达到稳定的试验条件，试验的可重复性差，一般只能进行相当有限的全尺寸火灾试验；相比而言，小尺寸试验可以通过相似准则和量纲分析方法扩展到全尺寸中，保证准确性的同时操作相对简单，降低了试验成本，可进行更多的试验工况，可重复性更高。目前，大部分研究学者更倾向于通过开展各类小尺寸燃烧试验来对隧道火灾进行广泛全面的研究。

1. 缩尺模型试验的理论基础

缩尺模型试验的理论基础是量纲分析与相似准则理论：通过对描述隧道火灾的控制方程即燃烧方程、流动方程和传热方程进行无量纲化分析以得到燃烧、流动和传热现象的无量纲准则数。

隧道中发生火灾时的烟气流动为湍流流动，遵循流体流动、传热传质、物质守恒等定律，其控制方程可表示如下[19]：

(1) 连续性方程

$$\frac{\partial \rho}{\partial t}+\frac{\partial(\rho u)}{\partial x}+\frac{\partial(\rho v)}{\partial y}+\frac{\partial(\rho w)}{\partial z}=0 \qquad (2-1)$$

式中，左边第一项为单位体积质量随时间的变化率，第二项为对流项。$\rho$ 为烟气密度；$t$ 为时间；$u$、$v$、$w$ 分别为烟气速度在三个方向的分量。

(2) 气体动量方程

$$\frac{\partial(\rho u)}{\partial t}+\mathrm{div}(\rho u\boldsymbol{u})=\mathrm{div}(\mu\cdot\mathrm{grad}u)-\frac{\partial p}{\partial x}+S_\mathrm{u} \qquad (2-2)$$

$$\frac{\partial(\rho v)}{\partial t}+\mathrm{div}(\rho v\boldsymbol{u})=\mathrm{div}(\mu\cdot\mathrm{grad}v)-\frac{\partial p}{\partial y}+S_\mathrm{v} \qquad (2-3)$$

$$\frac{\partial(\rho w)}{\partial t}+\mathrm{div}(\rho w\boldsymbol{u})=\mathrm{div}(\mu\cdot\mathrm{grad}w)-\frac{\partial p}{\partial z}+S_\mathrm{w} \qquad (2-4)$$

式中，左侧第一项为单位面积动量随时间的变化率，第二项为动量对流项；右侧第二项为压差项，第一项和第三项为动量扩散项。$\boldsymbol{u}$ 为速度矢量；$\mu$ 为动力黏性系数；$p$ 为压强；$S_\mathrm{u}$、$S_\mathrm{v}$、$S_\mathrm{w}$ 为流体源（汇）。

(3) 气体能量方程

$$\frac{\partial(\rho i)}{\partial t}+\mathrm{div}(\rho i\boldsymbol{u})=\mathrm{div}(k\cdot\mathrm{grad}T)-p\mathrm{div}(\boldsymbol{u})+\Phi+S_i \qquad (2-5)$$

式中，左侧第一项为单位面积动量随时间的变化率；第二项为动量对流项；右侧第一项为进入单位体积微元体上的净热流量；$\Phi$ 为黏性力作用下机械能转化为热能的部分；$T$ 为温度；$k$ 为热导率；$i$ 为流体的内能。

(4) 气体组分质量方程

$$\frac{\partial(\rho Y_i)}{\partial t}+\frac{\partial(\rho u Y_i)}{\partial x}+\frac{\partial(\rho v Y_i)}{\partial y}+\frac{\partial(\rho w Y_i)}{\partial z}=\mathrm{div}(\Gamma_i\mathrm{grad}Y_i)+R_i \qquad (2-6)$$

式中，左侧第一项为单位体积的烟气组分质量随时间的变化率；第二项为烟气组分对流项；右侧第一项为烟气组分扩散项；第二项为单位体积烟气的产生源项；$R_i$ 为单位容积里 $i$ 组分的生成率；$\Gamma_i$ 为 $i$ 组分的扩散系数；$Y_i$ 为 $i$ 组分的体积分数。

(5) 理想气体状态方程

$$P=\rho RT \qquad (2-7)$$

式中，$R$ 为摩尔气体常数；$P$ 为压强；$\rho$ 为气体密度；$T$ 为温度。

(6) 围护结构导热方程

$$\left(\frac{\rho_\mathrm{s} c_\mathrm{s}}{\lambda_\mathrm{s}}\right)\frac{\partial T_\mathrm{s}}{\partial t}=\frac{\partial^2 T_\mathrm{s}}{\partial x_\mathrm{s}^2} \qquad (2-8)$$

式中，左侧为围护结构的蓄热量随时间的变化率；右侧为热量的扩散项；$\rho_\mathrm{s}$ 为围护结构固体的密度；$\lambda_\mathrm{s}$ 为围护结构的导热系数；$c_\mathrm{s}$ 为围护结构的比热容；$T_\mathrm{s}$ 为围护结构的表面温度。

(7) 隧道内壁边界条件

$$x_s = 0, \quad \lambda_s \frac{\partial T_s}{\partial x_s} = \frac{0.036\lambda Pr^{1/3}}{L} Re^{0.8}(T - T_s) \tag{2-9}$$

式中，$Pr$ 为普朗特数；$Re$ 为雷诺数；$\lambda_s$ 为围护结构的导热系数。

引入特征长度、速度、时间、压力、温度、密度、材料厚度等基准量，将上述控制方程无量纲化，可得无量纲准则数[19]：

(1) 雷诺数 $Re$

$$Re = \frac{\rho v l}{\mu} \tag{2-10}$$

式中，$\rho$ 为流体密度；$v$ 为特征速度；$l$ 为特征长度；$\mu$ 为动力黏性系数。

(2) 弗洛德数 $Fr$

$$Fr = \frac{v}{\sqrt{gl}} \tag{2-11}$$

式中，$g$ 为重力加速度；$l$ 为特征长度；$v$ 为特征速度。

(3) 普朗特数 $Pr$

$$Pr = \frac{\mu c_p}{k} \tag{2-12}$$

式中，$k$ 为导热系数；$\mu$ 为动力黏性系数；$c_p$ 为定压比热容。

(4) 施密特数 $Sc$

$$Sc = \frac{\mu}{\rho D} \tag{2-13}$$

式中，$D$ 为扩散系数；$\rho$ 为流体密度；$\mu$ 为动力黏性系数。

(5) 特征时间 $\tau$

$$\tau = \frac{l}{v} \tag{2-14}$$

根据相似理论，如果两种流动现象的单值条件相似，且由单值条件组成的同名相似准则数相等，则这两个现象一定相似。

2. 缩尺模型实验方法

目前用于隧道火灾模拟试验的模拟法主要有三种：介质类比模拟法、压力模拟法和 Froude 模拟法[20-24]。以下对这几种方法进行比较：

(1) 介质类比模拟法

介质类比模拟法的核心思想是利用不同介质间的密度差来模拟火灾中烟气和隧道外空气的密度差，从而研究火灾烟气的扩散规律。常见的有盐水实验[25,26]和冷烟气实验[28, 29]。

盐水实验是利用盐水与水的密度差来模拟烟气与隧道外空气的密度差。这种方法过程直观、可重复性好、花费较低，但忽略了高温火焰辐射效应和壁面传热，最重要的是由于盐水的密度有限制，只能模拟小型火灾，不太适合于研究较大火灾热释放率的情形。

冷烟气实验主要有氦氮混合冷烟气实验和氦气、空气混合冷烟气实验两种。这种方法是利用等温条件下的氦气和氮气或空气混合物的密度差来模拟由火灾燃烧产生的烟气与隧道外空气的密度差，从而引起隧道内烟气扩散的现象，两者按一定比例混合可得到不同的烟气密度，分别对应于不同的隧道火灾规模。冷烟气实验的局限性主要有两个：一是相应火灾规模的烟气温度和烟气流量难以确定；二是完全忽略高温火焰辐射效应和壁面传热。

综上所述，无论是盐水实验还是冷烟气实验，其共同的局限在于忽略了火焰的辐射效应和壁面传热，只能研究烟气的流动特性，无法研究火灾发生过程中复杂的传热现象。

（2）压力模拟法

压力模拟法遵守格拉晓夫数 $Gr$ 和雷诺数 $Re$ 的相似，可同时满足 $Gr$ 和 $Re$ 的相似。$Gr$ 表征浮升力与黏性力的比值：

$$Gr = \frac{gl^3 \Delta \rho}{\rho v^2} = \frac{g\rho l^3 \Delta \rho}{\mu^2} = \frac{g}{\mu^2} \left( \frac{\rho}{\Delta \rho} \right)^{-1} \rho^2 l^3 \qquad (2-15)$$

式中　$\rho$——密度，$kg/m^3$；

　　　$\Delta \rho$——密度差，$kg/m^3$；

　　　$\mu$——动力黏性系数，$kg/(m \cdot s)$；

　　　$g$——重力加速度，$m/s^2$；

　　　$l$——特征长度，$m$；

　　　$v$——运动黏度系数，$m^2/s$。

在隧道火灾模型试验中，当 $Gr$ 与 $Re$ 均满足相似时，Froude 准则数（$Fr$）自动满足相似，因为 $Fr$ 与 $Gr$ 和 $Re$ 之间满足以下关系式：

$$Fr = \frac{Re^2}{Gr} \qquad (2-16)$$

结合以上的分析推导，模型隧道内的压力 $p$ 与隧道特征长度之间应该满足如下关系式：

$$p = (1/\alpha)^{3/2} \qquad (2-17)$$

式中　$\alpha$——小尺寸长度与全尺寸长度的比值。

从式（2-17）可以得出，当采用缩尺比为 1∶10 的模型隧道开展火灾模型试验时，需要将试验系统内的压力提高到接近 32 个大气压；而采用缩尺比为 1∶20 的模型隧道时，试验系统的压力将达到 90 个大气压。正因为需要在如此高的系统环境压力才能开展火灾缩尺模型试验，使得压力模拟试验法很难被广泛采用。

（3）Froude 模拟法

Froude 模拟法可以在大气环境下开展隧道火灾模型试验，该模拟法不能同时保证弗洛德数 $Fr$ 与雷诺数 $Re$ 相等，Froude 模拟试验法操作简单，目前已经广泛用于缩尺模型火灾试验研究[30-33]。

Froude 模拟法遵守全尺寸与缩尺尺寸的 $Fr$ 相等，$Fr$ 等于烟气水平运动惯性力和向上浮升力的比值，其表达式为：

$$Fr = \frac{v^2}{gl} \quad (2-18)$$

式中　$v$——气流速度，m/s；

　　　$g$——重力加速度，m/s²；

　　　$l$——特征长度，m。

依据 Froude 模拟法，全尺寸试验物理量与缩尺模型试验物理量之间的相互关系见表 2-2。

全尺寸试验物理量与缩尺试验物理量相似关系　　表 2-2

| 物理量 | 相似律 |
| --- | --- |
| 火源功率（kW） | $Q_F = Q_M \alpha^{5/2}$ |
| 质量流量（kg/s） | $Q_F = Q_M \alpha^{5/2}$ |
| 体积流量（m³/s） | $V_F = V_M \alpha^{5/2}$ |
| 速度（m/s） | $v_F = v_M \alpha^{1/2}$ |
| 时间（s） | $t_F = t_M \alpha^{1/2}$ |
| 温度（K） | $T_F = T_M$ |

注：下标 F 表示全尺寸试验，下标 M 表示模型试验。$\alpha$ 代表缩尺比。

小尺寸燃烧试验可以较好地反映实际隧道中的火灾场景，能够真实地模拟实际隧道火灾时的温度场和浮力流动特性。与全尺寸火灾试验相比，小尺寸燃烧试验周期短、代价低，还可以方便地调整试验参数以研究烟气流动的一般规律，而且不受室外气象环境的影响。目前，大部分隧道火灾试验研究都是采用小尺寸燃烧试验开展和完成的。

## 2.2 数值模拟方法

在火灾科学的研究中,另外一种投入较少且比较有效的方法是数值模拟,随着计算机科学技术的飞速发展,越来越有效的数值模拟方法被运用到火灾模拟中。相比全尺寸和小尺寸试验,数值模拟方法易于展开、可重复性更强。然而,火灾燃烧和烟气运动是非常复杂的过程,涉及复杂的物质燃烧化学反应、能量与物质传递、烟流湍流扩散等众多过程。如何将整个火灾的发展过程用数值模拟的方法准确重现,需要相应准确的假设或计算模型,数值模拟方法所涉及的初始边界条件及假设条件对模拟结果的影响甚大,这就要求对模型的边界条件和假设条件进行验证。目前,火灾模拟模型主要包括区域模拟和场模拟等。

### 2.2.1 区域模拟方法

区域模拟(Zone Models)是早些年应用较为广泛的一类火灾模型,美国哈佛大学Emmons教授最早提出区域模型的概念。目前区域模型已经发展到成熟阶段,它用于模拟室内火灾烟气运动过程,建筑火灾区域模型软件主要有 ASET、FIRST、CCFM、CFAST、VENTS 等,区域模拟分为单区域、双区域和多区域。目前,应用最多的区域模型是双区域模型,其基本原理是根据建筑发生火灾时,热烟气与冷空气的分层现象,把控制体或者计算区域划分为上下两个区域,即上部的热烟气区与下部的冷空气区,假定分别在两个区域内,烟气参数如温度、烟气浓度等物理特性以及化学特性是均匀分布的,忽略两层交界面上的物质及能量的扩散和掺混,分别针对上下两个区域建立质量和能量守恒方程、理想气体状态方程,以及在边界上发生的气体流动方程、传热方程等。双区域模型示意图如图 2-1 所示。

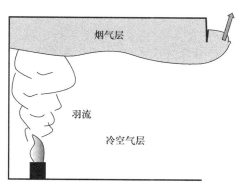

图 2-1 双区域模型示意图

在双区域模型中[34],把火灾房间分为上层热空气层,记为 u,下层冷空气层,记为 l,用 $m_u$ 和 $m_l$ 分别表示为流入上层和下层的质量,$s_u$ 和 $s_l$ 为流入上层和下层的热量,假定整体房间有相同压力 $P$,对于各层中的气体物理状态参数:质量 $m_i$、内能 $E_i$、密度 $\rho_i$、温度 $T_i$、体积 $V_i$,可由以下方程将这 11 个变量联系起来。

密度公式：
$$\rho = \frac{m_i}{v_i} \quad (2-19)$$

内能公式：
$$E_i = c_v m_i T_i \quad (2-20)$$

理想气体状态方程：
$$P = R\rho_i T_i \quad (2-21)$$

同时总体积不变：
$$V = V_l + V_u \quad (2-22)$$

其中恒定体积和恒定压力下的比热分别为 $c_v$ 和 $c_p$，$R$ 为通用气体常数。
$$R = c_p - c_v$$

比热容比：
$$r = c_p/c_v$$

此时成立 7 个关系式，因而还需要 4 个关系式才能得出唯一解，由上下层气体的质量和能量守恒而得到的另外 4 个方程

质量微分方程：
$$\frac{dm_i}{dt} = m_i \quad (2-23)$$

能量守恒方程：内能 + 功 = 热
$$\frac{dE_i}{dt} + P\frac{dV_i}{dt} = s_i, i = (u, l) \quad (2-24)$$

从而完成了关于 11 个参数的方程组的建立。再通过推导可以得到如下所有变量的微分方程式。

质量公式：
$$\frac{dm_i}{dt} = m_i \quad (2-23)$$

压力公式：
$$\frac{dP}{dt} = \gamma \frac{\gamma - 1}{V}(s_l + s_u) \quad (2-25)$$

内能公式：
$$\frac{dE_i}{dt} = \frac{1}{\gamma}\left(s_i + V_i \frac{dP}{dt}\right) \quad (2-26)$$

体积公式：
$$\frac{dV_i}{dt} = \frac{1}{P\gamma}\left[(\gamma - 1)s_i - V\frac{dP}{dt}\right] \quad (2-27)$$

密度公式：

$$\frac{\mathrm{d}\rho_i}{\mathrm{d}t} = -\frac{1}{c_P T_i V_i}\left[(s_i - c_P m_i T_i) - \frac{V_i}{\lambda-1}\frac{\mathrm{d}P}{\mathrm{d}t}\right] \quad (2-28)$$

温度公式：

$$\frac{\mathrm{d}T_i}{\mathrm{d}t} = -\frac{1}{c_P T_i V_i}\left[(s_i - c_P m_i T_i) - V_i\frac{\mathrm{d}P}{\mathrm{d}t}\right] \quad (2-29)$$

通过以上方程结合火羽流动，热传递烟气流动等火灾过程的物理模型，进行迭代计算求解上述方程组，即可得出烟气层高度、上下层气体温度等参数随时间的变化情况。

若在火灾建筑内，烟气从一个房间蔓延至另一个房间且蔓延后在另一个房间也呈良好的分层现象，因此也可以用区域模型进行多室区域模拟计算，显而易见，双区域模型有计算量少、易于理解、运算速度快等优点，但简单地将房间划分为两个控制区域，并假定每个区域的烟气层均匀稳定，这显然与实际的建筑火灾不符。研究表明，室内发生火灾时，其烟气层有明显的分层现象，室内烟气温度在高度方向上也存在一定的温度梯度，计算结果的精度难以保证。因此，考虑建立一种预测火灾发展过程垂直方向分布的多区域模型被提出，多区域模型就是在双区域模型的基础上，将着火房间的室内空间在竖直高度上划分为任意多个水平控制体层，每水平控制层内的物理参数如温度、压强、烟气浓度等均假定为均匀分布。通过层与层之间、层与边界之间的能量、质量的交换得到每一控制层的控制方程，包括质量守恒方程、能量守恒方程、理想气体状态方程和组分守恒方程烟气浓度方程，以提供比传统的两层区域模型更高精度，更为详细的火灾过程信息。表2-3为不同典型火灾区域模型及其特点。

**不同典型火灾区域模型名称及特点**　　　　表2-3

| 序号 | 模型名称 | 开发机构 | 特点 |
| --- | --- | --- | --- |
| 1 | Aset | 美国 | 单室 |
| 2 | DSLAYV | 瑞典 | 单室 |
| 3 | CFIRE-X | 德国 | 单室 |
| 4 | FIRST | 美国 | 单室 |
| 5 | BRANZFIRE | 新西兰 | 多室 |
| 6 | CCFM.VENTS | 美国 | 多室，多层 |
| 7 | CFAST | 美国 | 多室 |

## 2.2.2　场模拟方法

随着计算流体力学（Computational Fluid Dynamics）的快速发展，三维数值模拟已经被广泛应用于隧道火灾的研究中。场模型的基本原理是将整个计算区域划分为大量的、互相关联的、体积非常小的控制区域，在每一个小区域内都遵循质量守恒、动量守恒和能量守恒，从而得到整个火灾计算区域内在时间上的各种火灾流场参数值，相对区域模型，场模型的区域划分得更加精细，通过设置合理的假设和边界条件，就能得到更加精确的火灾流场模拟结果，但数量庞大的控制单元使得场模型的计算量变大，计算资源占用更多，对计算机也有更高的要求，计算速度相对比较缓慢。目前应用场模拟计算工具主要要有 FDS、FLUENT、CFX、STAR CD 等，以下主要对 FDS 模拟软件进行介绍。

FDS（Fire Dynamics Simulator）是美国国家标准与技术研究院开发的一种计算流体力学模拟程序[35]，软件应用控制方程、湍流模型、燃烧模型、离散方法和壁面处理等数值模拟方法，控制方程包括流动传热方程（连续性方程、动量方程和能量方程）、组分守恒方程和理想气体状态方程。FDS 采用有限体积法对流动传热方程和组分守恒方程进行离散，并对温度引起的气体密度变化采用理想气体状态方程求解。

1. 控制方程

质量守恒方程：

$$\frac{\partial \rho}{\partial t} + \boldsymbol{u} \cdot \nabla \rho = -\rho \nabla \cdot \boldsymbol{u} \quad (2-30)$$

组分守恒方程：

$$\frac{\partial \rho Y_i}{\partial t} + \boldsymbol{u} \cdot \nabla \rho Y_i = -\rho Y_i \nabla \cdot \boldsymbol{u} + \nabla \cdot \rho D_i \nabla Y_i + \dot{m}_i''' \quad (2-31)$$

动量守恒方程：

$$\frac{\partial \boldsymbol{u}}{\partial t} + \boldsymbol{u} \times \boldsymbol{\omega} + \nabla H = \frac{1}{\rho}\left[(\rho - \rho_\mathrm{o})\boldsymbol{g} + \boldsymbol{f} + \nabla \cdot \tau_{ij}\right] \quad (2-32)$$

能量守恒方程：

$$\nabla \cdot \boldsymbol{u} = \frac{1}{\rho c_\mathrm{p} T}(\nabla \cdot k\nabla T + \nabla \cdot \sum_i \int c_{\mathrm{p},i} \mathrm{d}T \rho D_i \nabla Y_i - \nabla \cdot \boldsymbol{q}_\mathrm{r} + \dot{q}''') + \left(\frac{1}{\rho c_\mathrm{p} T} - \frac{1}{p_0}\right)\frac{\mathrm{d}p_0}{\mathrm{d}t} \quad (2-33)$$

理想气体方程：

$$p_\mathrm{o}(t) = \rho T \mathscr{R} \sum Y_i / M_i \quad (2-34)$$

其中

$$H = |u|^2/2 + \tilde{p}/\rho_\infty$$

$$\tau_{ij} = \mu\left[2S_{ij} - \frac{2}{3}\delta_{ij}(\nabla \cdot u)\right]$$

$$\delta_{ij} = \begin{cases} 1 & i = j \\ 0 & i \neq j \end{cases}$$

$$S_{ij} = \frac{1}{2}\left(\frac{\partial u_i}{\partial x_j} + \frac{\partial u_j}{\partial x_i}\right) \quad i, j = 1, 2, 3$$

上述各式中，$\rho$ 为密度，$\boldsymbol{u}=(u, v, w)$ 为速度向量，$t$ 为时间，$Y_i$ 为 $i$ 组分体积分数，$D_i$ 为 $i$ 组分质量扩散系数，$\dot{m}'''$ 为质量源项，$\boldsymbol{\omega}=(\omega_x, \omega_y, \omega_z)$ 为涡向量，$H$ 为总压与密度的比值，$\rho_0$ 为环境空气密度，$\boldsymbol{g}=(g_x, g_y, g_z)$ 为重力加速度向量，$\boldsymbol{f}$ 为外力（包括重力）向量，$\tau_{ij}$ 为黏性应力张量，$S_{ij}$ 为应变张量，$c_p$ 为定压比热，$c_{p,i}$ 为 $i$ 组分的定压比热，$T$ 为温度，$\boldsymbol{q}_r$ 辐射热通量向量，$\dot{q}'''$ 为热量源项，$p_0$ 为环境压力，$\tilde{p}$ 为压力扰动，$\mathscr{R}$ 为气体常数。

2. 湍流模型

FDS 的湍流模型分为大涡模拟（LES）和直接模拟（DNS）。大涡模拟把包括脉动运动在内的湍流瞬时运动通过某种滤波方法分解成大尺度运动和亚尺度运动两部分。大尺度涡是载能涡，且各向异性，大尺度运动通过对 Navier–Stokes 方程式直接求解计算出来；亚尺度涡是耗散涡，且各向同性，亚尺度运动对大尺度运动的影响将在运动方程中表现为类似于雷诺应力的应力项，称为亚尺度雷诺应力，通过建立模型进行计算来实现能量耗散。直接数值模拟能对流场的细节结构进行模拟，它的计算结果最接近真实的流体情况，但其对储存系统和计算机的计算性能及速度有很高的要求，在实际工程计算中，一般不使用 DNS。以下简述大涡模拟的基本理论。

二维脉动量的动量控制方程如下：

$$\frac{\partial \overline{u}_i}{\partial t} + \frac{\partial \overline{u_i u_j}}{\partial x_j} = -\frac{1}{\rho}\frac{\partial \overline{p}}{\partial x_i} + v\frac{\partial^2 \overline{u}_i}{\partial x_j \partial x_j} \tag{2-35}$$

$$\frac{\partial \overline{u}_i}{\partial x_i} = 0 \tag{2-36}$$

令 $\overline{u_i u_j} = \overline{u}_i \overline{u}_j + (\overline{u_i u_j} - \overline{u}_i \overline{u}_j)$，其中 $-(\overline{u_i u_j} - \overline{u}_i \overline{u}_j)$ 即为亚格子应力，则

$$\frac{\partial \overline{u}_i}{\partial t} + \frac{\partial \overline{u}_i \overline{u}_j}{\partial x_j} = -\frac{1}{\rho}\frac{\partial \overline{p}}{\partial x_i} + v\frac{\partial^2 \overline{u}_i}{\partial x_j \partial x_j} - \frac{\partial (\overline{u_i u_j} - \overline{u}_i \overline{u}_j)}{\partial x_j} \tag{2-37}$$

FDS 大涡模拟采用 Smagorinsky 亚尺度模型，黏性系数 $\mu_{\text{LES}}$ 表示如下：

$$\mu_{\text{LES}} = \rho(C_s \Delta)^2 \left(2\overline{S}_{ij} \cdot \overline{S}_{ij} - \frac{2}{3}(\nabla \cdot \overline{\boldsymbol{u}})^2\right)^{\frac{1}{2}} \tag{2-38}$$

由此，导热系数和热扩散系数可表示如下：

$$k_{\text{LES}} = \frac{\mu_{\text{LES}} c_p}{Pr} \tag{2-39}$$

$$(\rho D)_{\text{LES}} = \frac{\mu_{\text{LES}}}{Sc} \quad (2-40)$$

上述各式中，$C_s$ 为一经验常数，$\Delta$ 为网格尺度，$\overline{S}_{ij}$ 和 $\overline{\boldsymbol{u}}$ 分别为应力张量和脉动速度向量，$\rho$ 为密度，$u$ 为速度，$p$ 为压力，$k_{\text{LES}}$ 为导热系数，$\mu_{\text{LES}}$ 为动力黏性系数，$D$ 为热扩散系数，$c_p$ 为定压比热，$Pr$ 为普朗特数，$Sc$ 为施密特数；上标"-"表示脉动量，下标 $i$、$j$ 表示维数。

3. 燃烧模型

FDS 对燃烧的模拟默认采用混合分数燃烧模型（mixture fraction）。该模型假定燃料与氧气的化学反应足够快，且瞬时参与的燃料与氧气同时消失，其热释放率与氧气的消耗量直接相关。与湍流模型类似，燃烧模型直接模拟大尺度的燃烧运动，而通过建立相应的模型求解亚尺度的燃烧运动。

由于实际燃烧过程的化学反应速率难以确定，此模型假定燃烧热释放率直接与氧气消耗量相关，燃料与空气混合后瞬时反应。

$$v_{\text{F}}\text{Fuel} + v_{\text{O}}\text{O}_2 \rightarrow \sum_i v_{P,i}\text{Products} \quad (2-41)$$

由此

$$\frac{\dot{m}'''_{\text{F}}}{v_{\text{F}} M_{\text{F}}} = \frac{\dot{m}'''_{\text{O}}}{v_{\text{O}} M_{\text{O}}} \quad (2-42)$$

混合分数 $Z$ 被定义为：

$$Z = \frac{sY_{\text{F}} - (Y_{\text{O}} - Y_{\text{O}}^{\infty})}{sY_{\text{F}}^{I} + Y_{\text{O}}^{\infty}} \quad (2-43)$$

其中

$$s = \frac{v_{\text{O}} M_{\text{O}}}{v_{\text{F}} M_{\text{F}}}$$

根据守恒关系可得出

$$\rho \frac{DZ}{Dt} = \nabla \cdot \rho D \nabla Z \quad (2-44)$$

定义燃烧面参数如下：

$$Z(x,t) = Z_{\text{f}} = \frac{Y_{\text{O}}^{\infty}}{sY_{\text{F}}^{I} + Y_{\text{O}}^{\infty}} \quad (2-45)$$

由于假定反应足够快，燃烧表面的燃料和氧化剂同时消失，燃烧面上需满足：

$$Y_{\text{O}}(Z) = \begin{cases} Y_{\text{O}}^{\infty}(1 - Z/Z_{\text{f}}) & Z < Z_{\text{f}} \\ 0 & Z > Z_{\text{f}} \end{cases} \quad (2-46)$$

上述各式中，$v_i$ 为化学当量系数；Fuel 为燃料；$O_2$ 为氧气；Products 为燃烧产物；$Y$ 表示质量分数；$Y_{\text{F}}^{I}$ 表示燃料流的燃料质量分数；$M$ 表示摩尔质量。参数 $\eta$ 位于

0~1 之间，当全为燃气时其 $\eta$ 为 0，全为空气时 $\eta$ 为 1。下标 F 表示燃料，O 表示氧气，$\infty$ 表示大气环境。

**4. 换热模型**

在气体与固体之间的传热方面，FDS 采用类似有限体积法的离散方法计算非散射灰体辐射传热方程，从而得到火灾时的辐射传热。计算流体与固体之间的对流传热时，对流换热系数通过强迫对流换热系数和自然对流换热系数的经典关系式得到；对于固体壁面的导热，采用一维数值模拟方法进行计算。

对于辐射换热，FDS 使用类似于有限体积的方法求解非散射灰体辐射换热方程。

一般散射介质辐射传递方程如下：

$$s \cdot \nabla I_\lambda(x, s) = -[\kappa(x, \lambda) + \sigma_s(x, \lambda)]I(x, s) + B(x, \lambda) + \frac{\sigma_s(x, \lambda)}{4\pi} \int_{4\pi} \Phi(s, s') I_\lambda(x, s') \mathrm{d}\Omega' \tag{2-47}$$

对于非散射气体，辐射传递方程可表述为：

$$s \cdot \nabla I_\lambda(x, s) = -\kappa(x, \lambda)[I_b(x) - I_\lambda(x, s)] \tag{2-48}$$

由于难以对各波长进行积分求解，数值计算中将其离散为很多个连续的波段分别进行求解。方程表述如下：

$$s \cdot \nabla I_n(x, s) = -\kappa_n(x, \lambda)[I_{b,n}(x) - I_n(x, s)], n = 1 \cdots\cdots N \tag{2-49}$$

其中

$$I_{b,n} = F_n(\lambda_{\min}, \lambda_{\max}) \sigma T^4 / \pi$$

然后求和：

$$I(x, s) = \sum_{n=1}^{N} I_n(x, s) \tag{2-50}$$

对于灰体，则

$$I_b(x) = \sigma T(x)^4 / \pi \tag{2-51}$$

对于灰体漫射边界，离开其表面的辐射强度可表述为：

$$I_w(s) = \varepsilon I_{bw} + \frac{1-\varepsilon}{\pi} \int_{s' \cdot n_w} I_w(s') |s' \cdot n_w| \mathrm{d}\Omega \tag{2-52}$$

为了离散求解辐射传递方程，把单元球体划分为一系列的立体角，方程表述如下：

$$\int_{\Omega^l} \int_{V_{ijk}} s \cdot \nabla I_n(x, s) \mathrm{d}V \mathrm{d}\Omega = \int_{\Omega^l} \int_{V_{ijk}} \kappa_n(x)[I_{b,n}(x, s) - I_n(x, s)] \mathrm{d}V \mathrm{d}\Omega \tag{2-53}$$

由于辐射换热求解需花费大量时间，默认使用 100 个离散角求解，所花费时间大约占总计算时间的 15%。

辐射损失项表述为：

$$-\nabla \cdot q_r(x) = \kappa(x)[U(x) - 4\pi I_b(x)] \tag{2-54}$$

其中

$$U(x) = \int_{4\pi} I(x, s) \mathrm{d}\Omega$$

$$q_\mathrm{r}(x) = \int_{4\pi} s I(x, s) \mathrm{d}\Omega$$

上述各式中，$s'$ 为某任意方向，$I_\lambda(x, s)$ 为波长为 $\lambda$ 时的辐射强度；$s$ 为辐射强度方向向量；$\kappa(x, \lambda)$ 为吸收系数；$\sigma_\mathrm{s}(x, \lambda)$ 为散射系数；$B(x, \lambda)$ 为发射辐射源项；$I_\mathrm{b}(x)$ 表示由普朗克函数表述的源项；$I_{\mathrm{b},n}$ 为第 $n$ 个波段的辐射强度；$\kappa_n$ 为此波段的平均辐射吸收系数；$\sigma$ 为斯蒂芬－波尔兹曼常数；$\varepsilon$ 为辐射发射率；$F_n$ 为黑体辐射函数；$U(x)$ 为累积辐射强度；$q_\mathrm{r}(x)$ 为辐射热流向量；$I_\mathrm{bw}$ 为表面黑体辐射强度。

对流换热量 $\dot{q}''_\mathrm{c}$ 采用以下公式计算：

$$\dot{q}''_\mathrm{c} = h \Delta T \tag{2-55}$$

其中

$$h = \max \left[ C |\Delta T|^{\frac{1}{3}}, \frac{k}{L} 0.037 Re^{\frac{4}{5}} Pr^{\frac{1}{3}} \right]$$

上述各式中，$\Delta T$ 为壁面温度和气体温度之差（取壁面相邻网格的中心温度）；$C$ 为自然对流系数（水平面取 1.52，垂直面取 1.31）；$L$ 为相关物理结构的特征长度；$k$ 为气体的热传导率；$Re$ 和 $Pr$ 取决于气体流过的结构。由于 $Re$ 与特征长度成比例，传热系数与 $L$ 关系不大。

FDS 将实际壁面导热简化为一维问题进行处理。壁面边界主要分为两类：热厚边界和热薄边界。

对于热厚边界，默认将壁面边界网格划分为 20 个。由于近壁面温度梯度大，网格划分采用由内向外逐渐稀疏的非均匀网格。

内壁面温度扩散方程如下：

$$\rho_\mathrm{s} c_\mathrm{s} \frac{\partial T_\mathrm{s}}{\partial t} = \frac{\partial}{\partial x} \left( k_\mathrm{s} \frac{\partial T_\mathrm{s}}{\partial x} \right) \tag{2-56}$$

壁面为第三类边界：

$$-k_\mathrm{s} \frac{\partial T_\mathrm{s}}{\partial t} = \dot{q}''_\mathrm{c} + \dot{q}''_\mathrm{r} \tag{2-57}$$

对于热薄边界，如验证性试验中的薄钢板，可视其厚度 $\delta$ 内温度一致，从而有

$$\frac{\mathrm{d} T_\mathrm{s}}{\mathrm{d} t} = \frac{\dot{q}''_\mathrm{c} + \dot{q}''_\mathrm{r}}{\rho_\mathrm{s} c_\mathrm{s} \delta} \tag{2-58}$$

上述各式中，$T_\mathrm{s}$ 为壁面内温度；$\rho_\mathrm{s}$、$c_\mathrm{s}$、$k_\mathrm{s}$、$\delta$ 分别为壁面材料密度、比热、导热系数和厚度；$\dot{q}''_\mathrm{c}$、$\dot{q}''_\mathrm{r}$ 分别为壁面对流得热和辐射得热。

## 2.3 本章小结

本章主要讨论了隧道火灾通风排烟的研究方法，包括实验方法和数值模拟方法。实验是研究隧道火灾动力学的重要手段，其分为全尺寸或大尺寸火灾试验和缩尺模型试验，缩尺模型试验成本低，可重复性高。目前大部分研究学者更倾向于通过开展各类小尺寸燃烧实验来对隧道火灾进行广泛全面的研究。数值模拟方法主要包括区域模拟和场模拟方法，对于场模拟方法，主要详细介绍了 FDS 模拟软件。

## 本章参考文献

[1] Rew C, Deaves D. Fire spread and flame length in ventilated tunnels-a model used in Channel tunnel assessments[C]//Proceedings of the international conference on tunnel fires and escape from tunnels. Independent Technical Conferences Ltd. Lyon, France, 1999.

[2] Heselden A. Studies of fire and smoke behaviour relevant to tunnel[C]//Proc. of the 2nd Int. Symp. Aerodynamics & Ventilation of Vehicle Tunnels, 1976.

[3] Proulx G. SFPE handbook of fire protection engineering[M]. Springer, 2015.

[4] Ingason H, Lönnermark A. Heat release rates from heavy goods vehicle trailer fires in tunnels[J]. Fire safety journal, 2005, 40(7): 646-668.

[5] Lemaire T, Kenyon Y. Large scale fire tests in the second Benelux tunnel[J]. Fire Technology, 2006, 42(4): 329-350.

[6] Kile G W, Gonzalez J A. The Memorial tunnel fire ventilation test program: the longitudinal and natural tests[J]. Ashrae Transactions, 1997, 103: 701.

[7] Shimoda A. Evaluation of evacuation environment during fires in large-scale tunnels[C]//5th Joint Workshop COB/JTA Open Work Shop 2002 in Japan, 2002.

[8] Ingason H, Appel G, Li Y Z, et al. Large scale fire tests with a Fixed Fire Fighting System (FFFS)[C]//ISTSS 6th International Symposium on Tunnel Safety and Security, Marseille. 2014: 83-92.

[9] 胡隆华. 隧道火灾烟气蔓延的热物理特性研究[D]. 合肥：中国科学技术大学，2006.

[10] Hadjisophocleous G, Lee D H, Park W H. Full-scale experiments for heat release rate measurements of railcar fires[C]//Fifth international symposium on tunnel safety and security, New York, USA, 2012.

[11] Lönnermark A, Claesson A, Lindström J, et al. Full-scale fire tests with a commuter train in a tunnel[R], 2012.

[12] Lee D H, Park W H, Hwang J, et al. Full-scale fire test of an intercity train car[J]. Fire technology, 2016, 52(5): 1559-1574.

[13] Yang Y, Liu C, Long Z, et al. Full-scale experimental study on fire under vehicle operations in a sloped tunnel[J]. International Journal of Thermal Sciences, 2020, 158: 106524.

[14] Long Z, Liu C, Yang Y, et al. Full-scale experimental study on fire-induced smoke movement and control in an underground double-island subway station[J]. Tunnelling and Underground Space Technology, 2020, 103: 103508.

[15] Bechtel P B. Memorial Tunnel Fire ventilation test program. Test report[J]. Mass. High. Dept, 1995.

[16] Haerter A. Fire tests in the Ofenegg-Tunnel in 1965[C]//International Conference on Fires in Tunnels, SP REPORT. 1994, 54: 195−214.

[17] Shi C, Li J, Xu X. Full-scale tests on smoke temperature distribution in long-large subway tunnels with longitudinal mechanical ventilation[J]. Tunnelling and Underground Space Technology, 2021, 109: 103784.

[18] Wang Y, Jiang J, Zhu D. Full-scale experiment research and theoretical study for fires in tunnels with roof openings[J]. Fire Safety Journal, 2009, 44(3): 339−348.

[19] [美] E. John Finnemore, Joseph B. Franzini. 流体力学及其工程应用（英文版·原书第 10 版）[M]. 北京：机械工业出版社，2013.

[20] Yan T, MingHeng S, YanFeng G, et al. Full-scale experimental study on smoke flow in natural ventilation road tunnel fires with shafts[J]. Tunnelling and underground space technology, 2009, 24(6): 627−633.

[21] De Ris J, Kanury A M, Yuen M C. Pressure modeling of fires[C]//Symposium (international) on combustion. Elsevier, 1973, 14(1): 1033−1044.

[22] Alpert R L. Pressure modeling of fires controlled by radiation[C]//Symposium (International) on Combustion. Elsevier, 1977, 16(1): 1489−1500.

[23] Steckler K D, Baum H R, Quintiere J G. Salt water modeling of fire induced flows in multicompartment enclosures[C]//Symposium (International) on Combustion. Elsevier, 1988, 21(1): 143−149.

[24] Fleischmann C M, Pagni P J, Williamson R B. Salt water modeling of fire compartment gravity currents[C]//Fire Safety Science-Proceedings of the Fourth International Symposium. 1994: 253−264.

[25] Orloff L, De Ris J. Froude modeling of pool fires[C]//Symposium (International) on Combustion. Elsevier, 1982, 19(1): 885−895.

[26] Du T, Yang D, Ding Y. Driving force for preventing smoke backlayering in downhill tunnel fires using forced longitudinal ventilation[J]. Tunnelling and underground space technology, 2018, 79: 76−82.

[27] Yang D, Ding Y, Du T, et al. Buoyant back-layering and the critical condition for preventing back-layering fluid in inclined tunnels under natural ventilation: Brine water experiments[J]. Experimental Thermal and Fluid Science, 2018, 90: 319−329.

[28] Jiang L, Creyssels M, Mos A, et al. Critical velocity in ventilated tunnels in the case of fire plumes and densimetric plumes[J]. Fire Safety Journal, 2018, 101: 53−62.

[29] Chaabat F, Salizzoni P, Creyssels M, et al. Smoke control in tunnel with a transverse ventilation system: An experimental study[J]. Building and environment, 2020, 167: 106480.

[30] Tang W, Hu L H, Chen L F. Effect of blockage-fire distance on buoyancy driven back-layering length and critical velocity in a tunnel: an experimental investigation and global correlations[J]. Applied thermal engineering, 2013, 60(1−2): 7−14.

[31] Vauquelin O, Telle D. Definition and experimental evaluation of the smoke "confinement velocity" in tunnel fires[J]. Fire Safety Journal, 2005, 40(4): 320-330.

[32] Weng M, Lu X, Liu F, et al. Study on the critical velocity in a sloping tunnel fire under longitudinal ventilation[J]. Applied Thermal Engineering, 2016, 94: 422-434.

[33] 孙晓乾. 火灾烟气在高层建筑竖向通道内的流动及控制研究 [D]. 合肥: 中国科学技术大学, 2009.

[34] 吴晓华. 基于区域模拟的室内火灾升温曲线研究 [D]. 长沙: 中南大学, 2011.

[35] McGrattan K. Fire Dyhamics Simulator (Version 5)—Technical Reference Guide [M]. NISTIR 1018. Maryland: NIST, 2010.

# 第 3 章

# 烟气参数及隧道火灾自然排烟的火羽流行为特征

## 3.1 隧道火灾烟气参数

隧道发生火灾时,对逃生人员构成危害的火灾烟气参数主要有:烟气温度[1-5]、烟气辐射量[6-8]、烟气 CO 浓度[9-16]和烟气能见度[17-21]等。顶部开孔的地铁区间隧道发生火灾时,逃生人员向火灾两侧沿隧道纵向方向进行安全疏散[22-26],因此,需要将火灾两侧危害人员逃生的烟气参数控制在一定范围内,保证人员的安全撤离。

### 3.1.1 接触温度

隧道火灾时,人员在逃生过程中不可避免地会接触到火灾产生的高温烟气,过高的火灾烟气温度会对逃生人员的身体造成灼伤,甚至会影响到逃生人员的正常疏散,因此,需要将高温烟气与人员身体的接触温度[27]控制在一定范围内。NFPA 130[28]规定建筑物内发生火灾时,在 6min 的逃生时间内,火源 30m 外的逃生人员身体接触到的烟气温度不得高 70℃。PIARC[29]规定隧道发生火灾时,在 15min 的逃生时间内,人员高度处的烟气最高温度不得高于 80℃。

### 3.1.2 辐射量

隧道发生火灾时烟气辐射量对逃生人员造成的危害通过高温烟气对人体的辐射体现出来,烟气的辐射强度可表述为:

$$E_f = 5.67 \times 10^{-8} \times \varepsilon_r \times T^4 \qquad (3-1)$$

式中 $E_f$——辐射强度,$W/m^2$;

$\varepsilon_r$——烟气发射率;

$T$——烟气温度,K。

NFPA 130 指出,人体接受到的辐射热量大于 $2.5kW/m^2$ 时,人员忍受的极限时间会急剧下降,而接收到的辐射热量小于 $2.5kW/m^2$ 时,人员可以忍受的极限时间将达到30min。有轨列车及铁路客运体系标准（NFPA 130）进一步指出，辐射热量为 2.5kW/m² 时对应的烟气温度为 200℃。

世界道路协会标准（PIARC）指出，人员在几分钟内能够忍受的辐射热量极限值为 2～2.5kW/m²。PIARC 也给出了辐射热量与烟气温度的对应值，如图 3-1 所示。图中实线为无限大等温烟气平面的辐射热量，虚线为 6m 高、8m 宽的隧道火灾时烟气沉降到离地面 3m 处时的辐射热量。从图中可见，当辐射热量为 2.5kW/m² 时，无限大等温烟气平面对应的温度值为 200℃，而 6m 高、8m 宽的隧道对应的烟气温度为 180℃。显然，NFPA 130 采用的烟气温度是无限大等温平面的对应值。

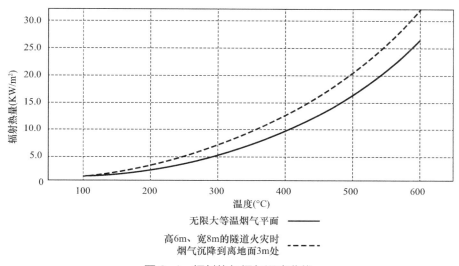

图 3-1　辐射热与烟气温度曲线

### 3.1.3　烟气浓度

隧道发生火灾时，火源燃烧产生的大量有毒气体将随着热烟气沿隧道纵向扩散，当火灾烟气沉降到人员高度处时，烟气中的有毒气体将对逃生人员造成危害。

隧道火灾或建筑物火灾时，对于火源燃烧产物的复杂性，NFPA 130 和 PIARC 均未详细考虑多种毒性气体相互作用下的人员逃生环境，而仅以 CO 浓度来表征人员逃生空间内的烟气浓度。NFPA 130 规定火灾发生后 6min 内逃生环境的 CO 浓度极限值不得高于 1150ppm，30min 内不得高于 225ppm。PIARC 没有给出具体的推荐值，但指出在 CO 浓度为 3000ppm 的环境内滞留 30min，将导致人员的死亡率达到 50%。

### 3.1.4　能见度

隧道火灾时沿隧道纵向扩散的高温烟气中含有大量的黑色燃烧颗粒，当火灾烟气沉降到人员高度处时，会造成人员逃生空间的能见度降低，影响逃生人员对逃生路径的判断，延迟人员逃生时间，严重时会造成逃生人员无法确认逃生路线。因此，为保证隧道火灾时逃生人员的顺利疏散，需要将逃生空间内的烟气能见度控制在一定范围内。NFPA 130 规定火灾时逃生环境内的烟气能见度不得低于 10m。

在火灾逃生环境中，能见度的定义为人员在火灾烟气环境下的可视距离，具体表达式为：

$$S = C/K \tag{3-2}$$

式中　$S$——能见度，m；

　　　$C$——常量，与透过烟雾的光源类型相关，发光光源取 8，反射光源取 3；

　　　$K$——消光系数。

消光系数由光线透过烟雾时光强度的变化进行定义：

$$I/I_0 = e^{-KL} \tag{3-3}$$

式中　$I$——光线透过烟雾距离 $L$ 后的光强度；

　　　$I_0$——光线起始光强度。

采用 FDS 进行数值计算时，能见度的输出结果为单个网格内的能见度，反映的是单个网格内烟气浓度情况下的能见度。当隧道发生火灾时，隧道纵向上的烟气浓度分布为非均匀分布，导致各网格内的能见度随烟气扩散距离的变化而变化，因此单个网格内的能见度无法反映火灾时隧道某断面处人员的能见度。可采用积分的方法，对火灾时隧道纵向方向上的能见度进行分析求解，得到火灾时隧道环境下的综合能见度。

从式（3-2）可知，能见度由消光系数决定，FDS 计算的单个网格内的消光系数同样反映的是单个网格内的烟气浓度。根据能见度与消光系数的关系式，隧道火灾时隧道某断面处人员的能见度为常量 $C$ 与该段综合消光系数的比值。因此，可从求解综合消光系数的角度出发，来求解隧道火灾环境下的综合能见度。

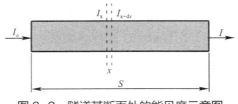

图 3-2　隧道某断面处的能见度示意图

图 3-2 为隧道火灾环境下隧道某断面处，光线透过人员可视距离 $S$ 的烟雾时，光强度的变化示意图。如图所示，在距离起始端 $x$ 距离处建立微元体 $dx$。微元体内的消光系数为 $K_x$，微元体左端的光强度为 $I_x$，右端的光强度为 $I_{x+dx}$。由式（3-3）可知，微元体内的光强度变化与消光系数的关系为：

$$I_{x+dx}/I_x = e^{-K_x dx} \tag{3-4}$$

对式（3-4）两端求自然对数，可得：

$$\ln(I_{x+dx}/I_x) = -K_x dx \qquad (3-5)$$

沿隧道纵向方向对式（3-5）进行积分，有：

$$\int_0^S \ln(I_{x+dx}/I_x) = \int_0^S -K_x dx \qquad (3-6)$$

式（3-6）左端的积分结果为 $\ln(I/I_0)$，此时式（3-6）可以写为：

$$\ln(I/I_0) = \int_0^S -K_x dx \qquad (3-7)$$

将式（3-3）中的 $L$ 替换为 $S$，并与式（3-7）联立，可以得到隧道火灾时某断面处人员可视距离下的综合消光系数为：

$$K = \frac{\int_0^S K_x dx}{S} \qquad (3-8)$$

对于 FDS 的计算结果，假定隧道火灾时某断面处人员可视距离 $S$ 内包含有 $n$ 个计算网格，则式（3-8）可以写为：

$$K = \frac{\sum_{i=1}^n K_i \Delta x_i}{S} \qquad (3-9)$$

式中　$K_i$——第 $i$ 个网格内的消光系数；
　　　$\Delta x_i$——第 $i$ 个网格的尺寸，m。

若整个隧道中均采用相同的网格尺寸，则式（3-9）可以写为：

$$K = \frac{\sum_{i=1}^n K_i}{n} \qquad (3-10)$$

联立式（3-2）和式（3-10）可得：

$$S = nC / \sum_{i=1}^n K_i \qquad (3-11)$$

又 $S = n\Delta x$，与式（3-11）联立有：

$$\sum_{i=1}^n K_i = C/\Delta x \qquad (3-12)$$

由式（3-12）可以得到 $n$ 的值，进而通过关系式 $S = n\Delta x$，可以得到隧道火灾时某断面处的人员能见度。

## 3.1.5 隧道火灾烟气参数控制标准

通过上文对隧道火灾烟气参数以及 NFPA 130 和 PIARC 控制标准的分析，为保证顶部开孔的地铁区间隧道发生火灾时逃生人员的安全疏散，制定了各烟气参数的控制指标，规定在 6min 的逃生时间内，火源距离 30m 外隧道空间内的烟气参数极限值如下[30]：

（1）人员高度处的最高烟气温度不超过 70℃；
（2）逃生通道内的烟气最高温度不超过 180℃；
（3）人员高度处的烟气 CO 浓度不超过 1150ppm；
（4）人员高度处的烟气能见度不小于 10m。

## 3.2 隧道火灾自然排烟的火羽流行为特征

采用顶部开孔自然排烟的隧道发生火灾时，烟气羽流的发展可以分为以下几个阶段[31]：

（1）羽流上升阶段（Ⅰ）；
（2）撞击隧道顶壁阶段（Ⅱ），根据火源大小和隧道顶壁高度的不同，此阶段可分为烟羽流撞击或火焰撞击隧道顶壁两种情况；
（3）羽流径向扩散（Ⅲ）；
（4）羽流径向扩散向隧道纵向扩散的转化过程（Ⅳ）；
（5）烟气沿隧道纵向的一维扩散阶段（Ⅴ）。

采用顶部开孔自然排烟的隧道发生火灾时，燃烧火源将加热周围的冷空气形成热烟气，在浮升力的作用下，热烟气向上运动并卷吸周围的冷空气，形成火羽流；同时在隧道压力场的作用下，新鲜空气从隧道端口及远端孔口流入隧道，部分新鲜空气将补充火羽流卷吸掉的空气量；火羽流撞击隧道顶壁后沿径向扩散，最终在隧道侧壁的限制作用下转化为沿隧道纵向的一维烟气扩散过程；热烟气沿隧道纵向方向扩散到临近火源的第一个孔口时，在浮升力的作用下烟气由孔口排出，部分烟气将绕过孔口继续向前扩散，并在扩散过程中卷吸来流的新鲜空气，最终烟气浮升力产生的推力与来流新鲜空气的惯性力达到平衡，此时烟气不再向前扩散。

图 3-3 为采用顶部开孔自然排烟的隧道发生火灾时烟气扩散示意图，从图中可以看出，烟气在向邻近火源的第一个通风孔口扩散时，烟气层的厚度没有发生明显变化，在这个隧道区段，高温烟气在隧道纵向扩散时几乎不会卷吸流向火源的冷空气。当热烟气绕过第一个通风孔口继续沿隧道纵向方向扩散时，烟气层厚度经历了先变厚后变薄的过程，这是由于高温烟气刚绕过通风孔口时，通风孔口的排烟作用会造成通风孔口附近的烟气层变薄，而热烟气在这个区段的扩散过程中，将不断与来流冷空气发生作用，当烟气温度较高时，高温烟气对冷空气的卷吸作用将占主导地位，热烟气在扩

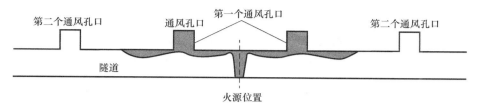

图 3-3 采用顶部开孔自然排烟的隧道发生火灾时烟气扩散形态

散过程中不断卷吸来流冷空气，造成烟气层厚度逐渐增大，烟气温度也逐渐降低，但当烟气温度降低到一定程度时，来流冷空气的惯性作用力将占主导地位，这时来流冷空气将逐渐带走隧道内的热烟气，导致烟气层厚度逐渐变薄，并最终消失。

### 3.2.1 无坡度时的羽流特性

隧道无坡度时，羽流的上升阶段和沿隧道顶壁扩散阶段均在火源处呈纵向对称分布，如图 3-4 所示。图 3-5 为无坡度隧道火灾试验时的火焰状态，当隧道无坡度时，火羽流两侧的卷吸强度相同，因此火羽流竖直向上，且关于火源中心对称分布。其形成的烟羽流撞击顶壁的位置位于火源正上方，图 3-6 为无坡度隧道火灾竖井自然排烟情况。

隧道无坡度时，对于 2 种不同火源横向位置（火源处于中轴线上和火源处于某侧轨线处）火灾羽流扩散特性的俯视图分别如图 3-7 和图 3-8 所示。火源处于纵向中轴

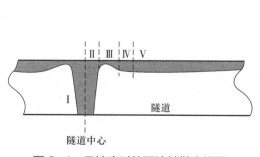

图 3-4 无坡度时的羽流扩散主视图

图 3-5 无坡度隧道火灾试验时的火焰状态

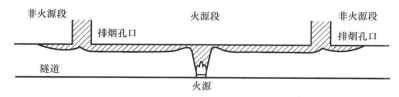

图 3-6 无坡度隧道火灾竖井自然排烟情况

线上时，火灾羽流在撞击隧道顶壁后的径向扩散阶段将同时撞击隧道侧壁，并受到隧道侧壁的限制最终转化为一维扩散阶段。火源处于某侧轨线处时，火灾羽流在撞击隧道顶壁后的径向扩散阶段将先撞击到离火源较近的隧道侧壁，并在随后的扩散过程中羽流的另一侧撞击到离火源较远的隧道侧壁，最终转化为一维扩散阶段。显然，与火源处于隧道中轴线上相比，火源处于某轨线处时，羽流三维扩散距离较大，烟气一维扩散的起始位置离火源较远。

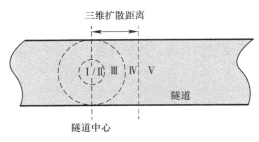
图 3-7　火源处于纵向中轴线上的羽流扩散俯视图

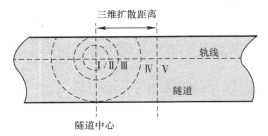
图 3-8　火源处于某侧轨线处的羽流扩散俯视图

### 3.2.2　有坡度时的羽流特性

当隧道有坡度时，为方便表述，将坡度升高的方向称为上坡侧，坡度下降的方向称为下坡侧，隧道有坡度时，火灾烟气羽流将在浮升力的作用下向隧道上坡侧偏斜，其主视图如图 3-9 所示。坡度隧道火灾试验时的火焰状态如图 3-10 所示，从图中可以看出，在沿程高差引起的烟囱效应的作用下，火焰在坡度的影响下发生偏斜，此时火羽流形成的烟气撞击顶壁的位置向上坡侧产生偏移。同时，羽流在撞击顶壁前的上升段更长，受到的扰动更剧烈，因此卷吸进羽流的新鲜空气更多。

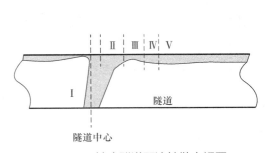
图 3-9　坡度隧道羽流扩散主视图

图 3-10　坡度隧道火灾试验时的火焰状态

根据火灾理论基础进行分析（图 3-11）：具有坡度的隧道会产生沿程高差，对隧道内的高温羽流形成烟囱效应，受这一现象的影响，火羽流向上坡侧偏斜，羽流撞击顶壁的位置相比于水平隧道会向上坡侧偏移；并且烟囱效应会促进烟气向上坡侧流动并阻碍烟气向下坡侧流动，使上坡侧的烟气温度高于下坡侧；竖井内的竖向排烟驱动力由竖井两端气体密度差和竖井高度决定，密度差由竖井两端气体的温差决定，坡度在影响竖井下方烟气温度的同时还会影响流向竖井的烟气量，因此对于火源两侧竖井的排烟情况要根据试验结果进行研究。

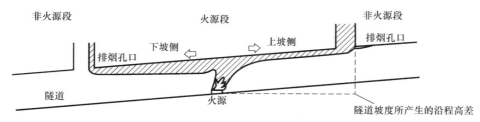

图 3-11　坡度隧道产生的沿程高差示意图

隧道有坡度时，火灾羽流扩散特性的俯视图如图 3-12 所示。羽流在隧道顶壁的撞击位置偏离了隧道纵向中心，而且由于坡度的作用，羽流在三维扩散阶段呈椭圆形分布，显然，坡度隧道火灾时羽流的三维扩散距离将加大，即烟气一维扩散的起始位置离火源较远。

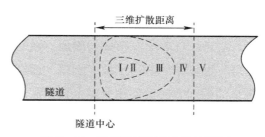

图 3-12　坡度隧道羽流扩散俯视图

为探究有坡度时烟流温度分布以及坡度对羽流偏转角的影响，在长 8m、宽 0.25m、高 0.25m 的模型隧道里进行一系列缩小尺寸的模型试验，火源位于隧道纵向中心，竖井内边距为 3m，竖井内壁与隧道口之间设置 2.5m 长度，隧道坡度分别取 2%、4%、5%，隧道模型示意图如图 3-13 所示。

图 3-13　隧道模型示意图

图 3-14 为竖井长 0.1m、高 0.1m 时水平隧道与 5% 坡度隧道的顶壁下方烟气温度分布对比图，对比水平隧道与 5% 坡度隧道顶壁下方烟气温度分布，可以得出：

首先，坡度隧道火源两侧的烟气温度衰减过程与水平隧道相似，具体过程如前所述，这一过程在顶壁下方烟气温度曲线上的表现可以描述为：在羽流撞击顶壁到烟气完全转化为一维扩散之间，羽流大量卷吸空气，且通过辐射换热的方式散热，此时顶壁下方烟气温度随火源距离的增加而快速下降，且下降速度随着与火源距离的增加而减缓，在这一区域内顶壁下方烟气温度受火羽流的影响十分剧烈；当与火源的距离进一步增加，烟气进入一维扩散段，此阶段烟气温度下降的主要原因是与顶壁之间的换热，因此烟气温度随火源距离的增加而缓慢下降，且下降速度越来越慢；当烟气扩散至顶壁开孔下方时，其与竖井上方环境空气之间的温差产生烟囱效应，驱动大量烟气通过竖井排出，因此在经过竖井后，烟气温度急剧下降，这也说明对于坡度隧道，自然排烟也具有很好的效果。

其次，在距离火源较近的范围内（图 3-14 所示距火源 0.15m 内），顶壁下方烟气温度受火羽流影响很大，此时水平隧道烟气温度明显高于坡度隧道，火羽流的偏转使烟羽流撞击顶壁的位置发生偏移，最高温度点向上坡侧移动。且火羽流受到的扰动更大，对新鲜空气卷吸的增强使烟气的质量流量增大，在火源热释放率不变的情况下，烟气温度有降低趋势。

最后，随着火源距离的增加，烟气温度衰减逐渐减缓，在火源下坡侧，水平隧道的烟气温度要明显高于坡度隧道，而在上坡侧，两者温度十分接近。这是因为坡度所带来的烟囱效应促使烟气向上坡侧流动，使上坡侧烟气温度有升高趋势，下坡侧烟气温度有下降趋势；而如前所述坡度使火羽流卷吸增强，生成的烟气温度有下降趋势。在这两方面因素的共同作用下，坡度隧道下坡侧的烟气温度相比水平隧道有明显降低而上坡侧烟气温度十分接近。

图 3-15 为坡度隧道火源两侧顶壁下方烟气温度曲线对比图，可以得出上坡侧的烟气温度衰减速率慢于下坡侧，原因是下坡侧的烟气扩散受烟囱效应的阻碍，同时 Wan 的研究表明[32]，坡度会使下坡侧隧道开口处流向隧道内的新鲜空气流速增大，因此下坡侧烟气层更容易沉降并与隧道口的来流气体之间产生卷吸，使温度衰减更快。

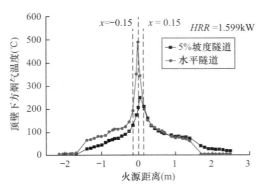

图 3-14 顶壁下方烟气温度分布图

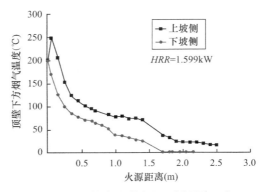

图 3-15 坡度隧道火源两侧顶壁下方烟气温度对比

图 3-16 为不同坡度下火羽流偏转角的拟合曲线，最终拟合得坡度为 5%、4%、2% 时火羽流与水平面的夹角分别为 59.38°、65.96°、74.58°。

将坡度所引起的烟囱效应对火羽流的影响与水平隧道时纵向通风速度对火羽流的影响进行对比，火羽流偏转角随坡度的增大而增大的原因是坡度所引起的沿程高差对隧道内高温烟气及高温羽流产生热压影响，这一现象与水平隧道时纵向通风速度对火羽流的影响具有相似性。Yang 等人的研究表明[33]，坡度会对隧道内的纵向气流产生影响，因此可以定义一个特征流速，称为坡度的纵向诱导风速，将坡度对火羽流的影响等效为水平隧道内诱导风速的影响，并通过这种方法对顶壁下方最高烟气温度进行了试验与模拟研究，取得了较好的结果。综上所述，将坡度对羽流偏转角的影响等效为诱导风速 $v_{\text{slope}}$ 的影响进行研究。

关于通风影响下的火焰偏转角，Raj 等人[34] 在对通风状态下的池火进行研究后，得出火焰偏转角与无量纲纵向风速 $v'$ 的关系可以表示为式（3-13）：

$$\sin\theta = \begin{cases} 1, & v' \leqslant 0.19 \\ (5.26v')^{-1/2}, & v' > 0.19 \end{cases} \quad (3\text{-}13)$$

式中，无量纲通风速度 $v' = \dfrac{u}{\omega^*}$；$u$ 为纵向风速；火羽流特征速度 $\omega^* = \left(\dfrac{Q_c g}{b_f \rho_0 c_p T_0}\right)^{1/3}$；$b_f$ 为火源半径，$\rho_0$ 为环境气体密度；$T_0$ 为环境气体温度；$Q_c$ 为对流热释放率；$g$ 为重力加速度；$c_p$ 为定压比热容。

式（3-13）表明，当通风速度较低（即 $v' \leqslant 0.19$）时，纵向通风对火羽流的卷吸没有影响，因此火羽流竖直向上；当通风速度较大（即 $v' > 0.19$）时，风速对火羽流的影响增大，火羽流偏转角随风速的增大而增大。试验中最小坡度为 2%，当坡度更小时，对火羽流卷吸的影响减弱，是否会产生偏转是未知的，因此只对试验中火羽流产生偏转时的羽流偏转角进行拟合。

图 3-16 为火羽流与水平面的夹角 $\theta$ 和坡度之间的关系图，可以看出当坡度不为 0 时，$\theta$ 随坡度的升高而线性减小，通过线性拟合，得出角 $\theta$ 可表示为式（3-14），拟合结果与试验数据吻合较好。

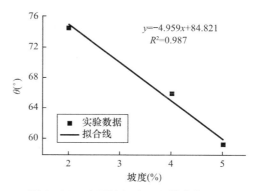

图 3-16 火羽流与水平面的夹角 $\theta$ 和坡度的关系图

$$\theta = 84.827 - 4.959\beta \quad (3\text{-}14)$$

综上所述，火羽流偏转角会随坡度的升高而增大。且可以通过式（3-14）对火羽流偏转角进行预测，需要注意的是：该试验中最小坡度为 2%，当坡度更小时火羽流受到的扰动减小，此时式（3-14）是否适用需要进一步验证。

## 3.3 烟气参数的无量纲化

隧道发生火灾时，烟气在隧道内的扩散特性受火羽流发展的影响很大，因此，可以根据隧道火灾羽流的烟气参数特征来定义隧道火灾时烟气参数的无量纲量，从而在隧道火灾的研究中可以采用烟气参数的无量纲量对火灾烟气的扩散机理进行分析。

在没有受到隧道坡度、列车阻塞以及列车风的影响时，自然通风隧道火灾羽流未撞击隧道壁面前的发展特征与自由空间羽流的发展特征相似，Heskestad对自然空间羽流建立了如下假设[35]：

（1）火源假定为弱羽流（weak plume）；
（2）火源断面为圆形或矩形；
（3）温度和速度分布在羽流不同高度处具有相似性；
（4）羽流各断面处的温度和速度分布为"高帽子"形（top hat profile）。

自然空间的羽流发展特征如图3-17所示，根据上述假设，Heskestad对其建立了质量、动量和能量守恒方程，得到了自然空间羽流半径、质量流量和中心速度的数学表达式，如下：

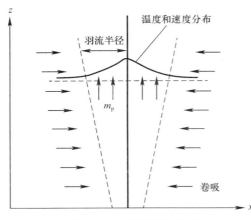

图3-17 自然空间的羽流发展特征

$$b = 0.12(T_p/T_0)^{1/2} Z \tag{3-15}$$

$$\dot{m}_p \propto \left(\frac{\rho_0^2 g}{c_p T_0}\right)^{1/3} \dot{Q}^{1/3} Z^{5/3} \tag{3-16}$$

$$\Delta T_p \propto \left(\frac{T_0}{g c_p^2 \rho_0^2}\right)^{1/3} \dot{Q}^{2/3} Z^{-5/3} \tag{3-17}$$

在隧道火灾的研究中，经常用到火源热释放率的无量纲量，以隧道断面高度$H$为特征尺寸，无量纲火源热释放率的具体表达式如下：

$$\dot{Q}^* = \frac{\dot{Q}}{\rho_0 c_p T_0 g^{1/2} H^{5/2}} \tag{3-18}$$

由式（3-15）可知，羽流半径是一个较小的数值，根据弱羽流的假设，羽流中心温度与环境温度的比值小于2，当羽流上升到隧道顶壁处时，羽流半径约为隧道高度的

0.12～0.2 倍，而地铁区间隧道的火灾位置离隧道侧壁位置约为隧道高度的 0.5 倍，因此，顶部开孔的地铁区间隧道发生火灾时，羽流在撞击隧道顶壁之前不受隧道侧壁的影响，与自由空间的羽流发展完全相同。

根据上述分析，可将隧道断面高度 $H$ 以及无量纲火源热释放率代入式（3-16）和式（3-17），得到顶部开孔的地铁区间隧道火灾时顶壁处的羽流质量流量和羽流中心温度的表达式：

$$\dot{m}_p \propto \rho_0 g^{1/2} \dot{Q}^{*1/3} H^{5/2} \qquad (3-19)$$

$$\Delta T_p \propto \dot{Q}^{*2/3} T_0 \qquad (3-20)$$

弱羽流满足 Boussinesq 假设，即有 $\rho_p \approx \rho_0$，因此，隧道火灾羽流的体积流量可以表示为：

$$\dot{V}_p = \frac{\dot{m}_p}{\rho_0} \propto g^{1/2} H^{5/2} \dot{Q}^{*1/3} \qquad (3-21)$$

上述各式中：$b$ 为羽流半径，m；$\dot{m}$ 为质量流量，kg/s；$T$ 为温度，K；$\dot{V}$ 为体积流量，m³/s；$\dot{Q}$ 为火源热释放率，kW；$\Delta$ 为烟气参数与环境参数之差；$\rho$ 为气体密度，kg/m³；$c_p$ 为气体定压比热容，kJ/(kg·K)；$g$ 为重力加速度，m/s²；$Z$ 为羽流高度，m；$H$ 为隧道断面高度，m；上标 * 代表无量纲量，下标 0 代表周围环境量，下标 p 代表火羽流。

### 3.3.1 烟气流量和烟气温度的无量纲量

根据式（3-19）、式（3-20）和式（3-21），定义自然通风隧道火灾时烟气质量流量和烟气温度的无量纲量分别为：

$$\dot{m}^* = \frac{\dot{m}}{\rho_0 g^{1/2} \dot{Q}^{*1/3} H^{5/2}} \qquad (3-22)$$

$$\Delta T^* = \frac{\Delta T}{\dot{Q}^{*2/3} T_0} \qquad (3-23)$$

$$\dot{V}^* = \frac{\dot{V}}{g^{1/2} H^{5/2} \dot{Q}^{*1/3}} \qquad (3-24)$$

### 3.3.2 烟气 CO 浓度的无量纲量

隧道内烟气的 CO 浓度定义式为：

$$C_{CO} = \frac{\dot{m}_{CO}}{\dot{m}} \times 10^6 \qquad (3-25)$$

火源燃烧时 CO 的生成量可以表示为：

$$\dot{m}_{CO,p} = y_{CO}\dot{m}_f \tag{3-26}$$

火源燃烧时燃料消耗率与火源热释放率的关系可以表示为：

$$\dot{Q} = \Delta H \dot{m}_f \tag{3-27}$$

联立式（3-26）和式（3-27），可得：

$$\dot{m}_{CO,p} = \frac{y_{CO}}{\Delta H}\dot{Q} \tag{3-28}$$

自然通风隧道发生火灾时，火源燃烧产生的 CO 量在火源卷吸周围空气的过程中全部进入火灾羽流，因此，联立式（3-19）、式（3-25）和式（3-28），并结合火源热释放率的无量纲关系式，可得到自然通风隧道火灾时羽流内的 CO 浓度表达式为：

$$C_{CO,p} \propto c_p T_0 \dot{Q}^{*2/3} \frac{y_{CO}}{\Delta H} \times 10^6 \tag{3-29}$$

因此，根据式（3-29），可定义顶部开孔的地铁区间隧道火灾时烟气在扩散过程中 CO 质量流量的无量纲量为：

$$C_{CO}^* = \frac{C_{CO}}{c_p T_0 y_{CO} \dot{Q}^{*2/3}/\Delta H} \times 10^{-6} \tag{3-30}$$

上述各式中：$C$ 表示浓度，ppm；$y$ 表示产生率，kg/kg；$\Delta H$ 表示燃烧热，kJ/kg；下标 CO 表示 CO，下标 p 表示羽流，下标 f 表示燃料。

### 3.3.3 烟气能见度的无量纲量

根据式（3-2）可知，烟气的能见度是通过消光系数体现出来的，本节对烟气消光系数和能见度的无量纲量的定义如下：

烟气的消光系数 $K$ 是烟颗粒质量消光系数与烟颗粒密度的乘积，具体表达式为：

$$K = K_m \rho_Y \tag{3-31}$$

烟颗粒质量消光系数由燃料本身的性质决定，FDS 给出的是塑料与木材的混合燃料值，其燃烧产物中烟颗粒的质量消光系数值为 $8700 m^2/kg$。

烟颗粒密度的定义为单位体积内的烟颗粒质量，表达式为：

$$\rho_Y = \frac{\dot{m}_s}{\dot{V}} \tag{3-32}$$

火源燃烧时烟颗粒的生成量可以表示为：

$$\dot{m}_{s,p} = y_s \dot{m}_f \tag{3-33}$$

联立式（3-27）和式（3-33），可得：

$$\dot{m}_{s,p} = \frac{y_s}{\Delta H}\dot{Q} \tag{3-34}$$

与 CO 类似，自然通风隧道发生火灾时，火源燃烧产生的烟颗粒在火源卷吸周围空气的过程中全部进入火灾羽流，因此，联立式（3-24）、式（3-32）和式（3-34），并结合火源热释放率的无量纲关系式，可得到自然通风隧道火灾时羽流内的烟颗粒密度表达式为：

$$\rho_{Y,p} \propto \rho_0 c_p T_0 \dot{Q}^{*2/3} \frac{y_s}{\Delta H} \tag{3-35}$$

联立式（3-31）和式（3-35），可得火灾羽流的消光系数表达式为：

$$K_p \propto \rho_0 c_p T_0 \dot{Q}^{*2/3} K_m \frac{y_s}{\Delta H} \tag{3-36}$$

因此，根据式（3-36），可定义自然通风隧道火灾时烟气在扩散过程中消光系数的无量纲量为：

$$K^* = \frac{K}{\rho_0 c_p T_0 y_s K_m \dot{Q}^{*2/3} / \Delta H} \tag{3-37}$$

同理，自然通风隧道火灾时烟气在扩散过程中能见度的无量纲可定义为：

$$S^* = \frac{S}{\Delta H \cdot C / \rho_0 c_p T_0 y_s K_m \dot{Q}^{*2/3}} \tag{3-38}$$

上述各式中，$K$ 表示消光系数，1/m；$K_m$ 表示烟颗粒质量消光系数，m²/kg；$\rho_Y$ 表示烟颗粒密度，kg/m³；$y$ 表示产生率，kg/kg；$\Delta H$ 表示燃烧热，kJ/kg；下标 s 表示烟颗粒，下标 p 表示羽流，下标 f 表示燃料。

## 3.4 烟气参数之间的关系

### 3.4.1 烟气温度与烟气流量的关系

根据烟气流量和烟气温度的无量纲量定义，隧道某纵向位置处的烟气温度和烟气流量可以分别表示为：

$$\frac{\Delta T}{T_0} \propto \dot{Q}^{*2/3} \tag{3-39}$$

$$\frac{\dot{m}}{\rho_0 g^{1/2} H^{5/2}} \propto \dot{Q}^{*1/3} \tag{3-40}$$

根据式（3-39）和式（3-40），烟气温度与烟气流量之间的关系式可以表示为：

$$\frac{\Delta T}{T_0} \propto \left( \frac{\dot{m}}{\rho_0 g^{1/2} H^{5/2}} \right)^2 \tag{3-41}$$

### 3.4.2 烟气浓度与烟气流量的关系

烟气消光系数表征的是烟气颗粒的体积浓度，根据其无量纲定义，隧道某纵向位置处的烟气消光系数可表示为：

$$\frac{K}{\rho_0 c_p K_m T_0 y_s / \Delta H} \propto \dot{Q}^{*2/3} \qquad (3-42)$$

根据式（3-42）和式（3-40），烟气消光系数与烟气流量之间的关系式可以表示为：

$$\frac{K}{\rho_0 c_p K_m T_0 y_s / \Delta H} \propto \left(\frac{\dot{m}}{\rho_0 g^{1/2} H^{5/2}}\right)^2 \qquad (3-43)$$

同理，烟气 CO 浓度与烟气流量之间的关系可以表示为：

$$\frac{C_{CO}}{c_p T_0 y_{CO} / \Delta H} \times 10^{-6} \propto \left(\frac{\dot{m}}{\rho_0 g^{1/2} H^{5/2}}\right)^2 \qquad (3-44)$$

## 3.5 本章小结

本章介绍了隧道发生火灾时危害逃生人员安全疏散的烟气参数，主要包括烟气温度、烟气辐射量、烟气 CO 浓度和烟气能见度等，根据烟气能见度的定义推导了反映实际情况的综合能见度，对这些参数的基本概念和理论计算方法进行描述的同时，给出烟气参数的无量纲量以及各无量纲量与烟气流量之间的关系，并且对有无坡度的隧道发生火灾是自然排烟情况下的火羽流行为特征进行了详细的描述。

## 本章参考文献

[1] Yao Y, Cheng X, Zhang S, et al. Maximum smoke temperature beneath the ceiling in an enclosed channel with different fire locations[J]. Applied Thermal Engineering, 2017, 111: 30-38.

[2] Tao L, Yan X, Zhang Y, et al. Experimental and numerical study on the smoke and velocity distribution in an extra-long railway tunnel fire[J]. Tunnelling and Underground Space Technology, 2021, 117: 104134.

[3] Wang Y F, Sun X F, Li B, et al. Small-scale experimental and theoretical analysis on maximum temperature beneath ceiling in tunnel fire with vertical shafts[J]. Applied Thermal Engineering, 2017, 114: 537-544.

[4] Liu C, Zhong M, Shi C, et al. Temperature profile of fire-induced smoke in node area of a full-scale mine shaft tunnel under natural ventilation[J]. Applied Thermal Engineering, 2017, 110: 382-389.

[5] Liu C, Zhong M, Tian X, et al. Experimental and numerical study on fire-induced smoke temperature

in connected area of metro tunnel under natural ventilation[J]. International Journal of Thermal Sciences, 2019, 138: 84-97.

[6] Xiaojun C. Simulation of temperature and smoke distribution of a tunnel fire based on modifications of multi-layer zone model[J]. Tunnelling and Underground Space Technology, 2008, 23(1): 75-79.

[7] Fletcher D F, Kent J H, Apte V B, et al. Numerical simulations of smoke movement from a pool fire in a ventilated tunnel[J]. Fire Safety Journal, 1994, 23(3): 305-325.

[8] Tomar M S, Khurana S. Impact of passive fire protection on heat release rates in road tunnel fire: A review[J]. Tunnelling and Underground Space Technology, 2019, 85: 149-159.

[9] Hu L H, Fong N K, Yang L Z, et al. Modeling fire-induced smoke spread and carbon monoxide transportation in a long channel: fire dynamics simulator comparisons with measured data[J]. Journal of Hazardous Materials, 2007, 140(1-2): 293-298.

[10] Tang F, Hu L H, Yang L Z, et al. Longitudinal distributions of CO concentration and temperature in buoyant tunnel fire smoke flow in a reduced pressure atmosphere with lower air entrainment at high altitude[J]. International Journal of Heat and Mass Transfer, 2014, 75: 130-134.

[11] Li L, Zhu D, Gao Z, et al. A study on longitudinal distribution of temperature rise and carbon monoxide concentration in tunnel fires with one opening portal[J]. Case Studies in Thermal Engineering, 2021, 28: 101535.

[12] Yan Z, Zhang Y, Guo Q, et al. Numerical study on the smoke control using point extraction strategy in a large cross-section tunnel in fire[J]. Tunnelling and Underground Space Technology, 2018, 82: 455-467.

[13] Lin C J, Chuah Y K. A study on long tunnel smoke extraction strategies by numerical simulation[J]. Tunnelling and Underground Space Technology, 2008, 23(5): 522-530.

[14] Liang Q, Li Y, Li J, et al. Numerical studies on the smoke control by water mist screens with transverse ventilation in tunnel fires[J]. Tunnelling and Underground Space Technology, 2017, 64: 177-183.

[15] Zhang J, Zhou X, Xu Q, et al. The inclination effect on CO generation and smoke movement in an inclined tunnel fire[J]. Tunnelling and Underground Space Technology, 2012, 29: 78-84.

[16] Bayomy A, ElBialy E, Khalil E E, et al. Effect of Fire Location on Temperature, Velocity, Visibility and CO Concentration Distributions in Under Ground Tunnel[C]//11th International Energy Conversion Engineering Conference, 2013.

[17] Ingason H, Li Y Z, Lönnermark A. Runehamar tunnel fire tests[J]. Fire Safety Journal, 2015, 71: 134-149.

[18] Ingason H, Li Y Z. Large scale tunnel fire tests with different types of large droplet fixed fire fighting systems[J]. Fire safety journal, 2019, 107: 29-43.

[19] Truchot B, Willmann C, Guivarch J. People evacuation in tunnel fires: a cross evaluation of two methodologies[C]//Journal of Physics: Conference Series. IOP Publishing, 2018, 1107(7): 072004.

[20] Tian X, Zhong M, Shi C, et al. Full-scale tunnel fire experimental study of fire-induced smoke temperature profiles with methanol-gasoline blends[J]. Applied thermal engineering, 2017, 116: 233-243.

[21] Guo X, Pan X, Zhang L, et al. Comparative study on ventilation and smoke extraction systems

of different super-long river-crossing subway tunnels under fire scenarios[J]. Tunnelling and Underground Space Technology, 2021, 113: 103849.

[22] Yan T, MingHeng S, YanFeng G, et al. Full-scale experimental study on smoke flow in natural ventilation road tunnel fires with shafts[J]. Tunnelling and underground space technology, 2009, 24(6): 627-633.

[23] Fan C, Chen J, Zhou Y, et al. Effects of fire location on the capacity of smoke exhaust from natural ventilation shafts in urban tunnels[J]. Fire and Materials, 2018, 42(8): 974-984.

[24] Fan C, Zhang L, Jiao S, et al. Smoke spread characteristics inside a tunnel with natural ventilation under a strong environmental wind[J]. Tunnelling and underground space technology, 2018, 82: 99-110.

[25] Ji J, Gao Z H, Fan C G, et al. A study of the effect of plug-holing and boundary layer separation on natural ventilation with vertical shaft in urban road tunnel fires[J]. International Journal of Heat and Mass Transfer, 2012, 55(21-22): 6032-6041.

[26] Fan C G, Ji J, Wang W, et al. Effects of vertical shaft arrangement on natural ventilation performance during tunnel fires[J]. International Journal of Heat and Mass Transfer, 2014, 73: 158-169.

[27] Tao L, Yan X, Zhang Y, et al. Experimental and numerical study on the smoke and velocity distribution in an extra-long railway tunnel fire[J]. Tunnelling and Underground Space Technology, 2021, 117: 104134.

[28] National Fire Protection Association. standard for fixed guideway transit and passenger rail systems: NFPA 130[S]. NFPA, 2003.

[29] Lacroix D, Haack A. PIARC design criteria for resistance to fire for road tunnel structures[J]. Routes/Roads, 2004 (324): 64-71.

[30] 袁中原. 顶部开孔的地铁隧道火灾烟气扩散特性及控制方法[D]. 成都：西南交通大学，2012.

[31] Kunsch J P. Critical velocity and range of a fire-gas plume in a ventilated tunnel[J]. Atmospheric Environment, 1998, 33(1): 13-24.

[32] Wan H, Gao Z, Han J, et al. A numerical study on smoke back-layering length and inlet air velocity of fires in an inclined tunnel under natural ventilation with a vertical shaft[J]. International Journal of Thermal Sciences, 2019, 138: 293-303.

[33] Yang Y X, Long Z, Cheng H H, et al. Experimental and numerical study of smoke temperature distribution characteristics in a sloped tunnel[J]. Sustainable Cities and Society, 2021, 73: 103091.

[34] Raj P P K, Moussa A N, Aravamudau K. Experiments involving pool and vapor fires from spills of liquidified natural gas on water[R]. Prepared for U.S. Dept. of Transportation, U.S. Coast Guard, Rept. No. CG-D-55-79.

[35] Heskestad G, Plumes F. Flame Height and Air Entrainment. SFPE Handbook of Fire Protection Engineering[M]. 3rd ed.. National Fire Protection Association, Quincy, MA, 2002.

# 第 4 章

# 烟气蔓延与孔口排烟特性

从烟气扩散过程可知，顶部开孔的隧道发生火灾时，可燃物在燃烧过程中不断卷吸周围的新鲜空气，形成高温烟气，在浮升力的作用下竖直向上运动，并撞击顶壁；撞击顶壁后烟气沿径向扩散，并且在扩散至隧道宽度后在侧壁的影响下逐渐转变为沿隧道纵向的一维扩散；当烟气扩散至孔口下方时，在烟囱效应的作用下大量烟气排出隧道，少部分烟气继续向非火源段扩散，并在与来流的新鲜空气的卷吸过程中达到平衡，烟气在隧道内蔓延的过程中，温度经辐射对流导热等一系列传热过程而不断衰减。本章对顶部开孔的隧道发生火灾时的烟气蔓延特性和孔口排烟特性进行了详细的阐述。

## 4.1 隧道模型

### 4.1.1 试验台

**1. 模型试验系列 1**

模型试验台由模型隧道系统、燃烧系统和测试系统三部分组成，模型试验台的所有几何尺寸按照实际单洞双线地铁自然通风区间隧道的 1/15 进行设计，模型隧道为长 15m、宽 0.7m、高 0.32m 的矩形断面隧道，隧道顶壁纵向中轴线上方均匀设置 4 个矩形断面的通风孔口，以模拟实际自然通风隧道段的通风孔口（图 4-1）。通风孔口宽度为固定 167mm，通风孔口尺寸（长 × 宽）如图 4-2 所示。

模型隧道内无列车、无吊墙时的模型试验台如图 4-3 所示。

模型试验选用直径 158mm 的多孔床燃烧器，燃烧器位于隧道底板纵向中部某侧轨道处，模拟列车燃烧时的火源，如图 4-1 所示。模型试验中采用的燃料为丙烷气体，试验时通过调节流量计和压力计得到不同的火源热释放速率；隧道烟气温度通过 K 型热电偶测量，隧道内无吊墙时，热电偶位于隧道顶壁中轴线下方；隧道内设置吊墙时，热电偶位于隧道顶壁火源侧吊墙与隧道侧壁形成的空间的纵向中轴线下方，火源附近的热电偶间距设置为 10cm，火源远端的热电偶间距设置为 20cm。隧道内无吊墙时纵向的热电偶分布（正视图）如图 4-4 所示，隧道内设置吊墙时纵向的热电偶分布正视

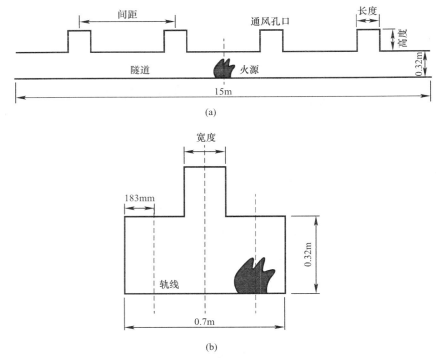

图 4-1 试验系列 1 模型隧道系统示意图

（a）隧道纵向方向；（b）隧道横向方向

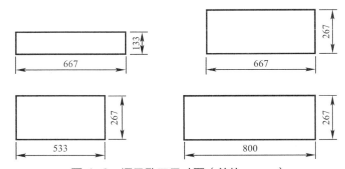

图 4-2 通风孔口尺寸图（单位：mm）

图 4-3 试验系列 1 模型试验台

图与无吊墙时类似，其俯视图如图4-5所示。

在靠近火源的排烟孔口前后竖向方向和横向方向上设置热电偶串，测量通风孔口前后的温度分布特性，以研究通风孔口对火灾烟气扩散特性的影响。其中，竖向方向上设置6个热电偶，横向方向上设置5个热电偶，通风孔口前后的热电偶分布图如图4-6所示。

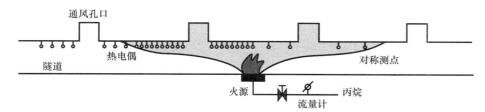

图4-4 隧道内无吊墙时纵向方向的热电偶分布（正视图）

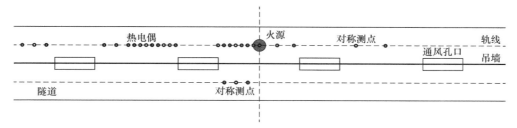

图4-5 隧道内设置吊墙时纵向方向的热电偶分布（俯视图）

通过热线风速仪测量通风孔口的排烟量和排烟温度。在通风孔口的中间高度断面上，基于有限体积法的思想设置6个测点，测量火灾试验时通风孔口内的烟气速度和温度。最终，通风孔口的排烟温度通过对6个测点的烟气温度求平均值得到，排烟量根据平均烟气速度与通风孔口断面面积的乘积计算得到。通风孔口内的测点示意图如图4-7所示。

2. 模型试验系列2

试验系列2模型隧道系统同样由模型隧道与通风孔口组成，系统示意图如图4-8所示。试验系列2模型隧道总长17m，隧道断面为矩形，研究了两种隧道断面对火灾烟气扩散特性的影响，尺寸分别为：$0.7m \times 0.32m$ 和 $0.4m \times 0.32m$。隧道顶壁纵向中轴线上方均匀设置4个矩形断面的通风孔口，以模拟实际自然通风隧道段的通风孔口，试验系列2中的孔口内边距为固定值3.33m，通风孔口宽度为固定值167mm，通风孔口尺寸（长×宽）如图4-9所示。

模型试验选用直径170mm的多孔床燃烧器，燃料为丙烷。试验时可调节连接管道上的阀门和旋子流量计以调节火源热释放率，并通过质量计测量出丙烷的质量流量以

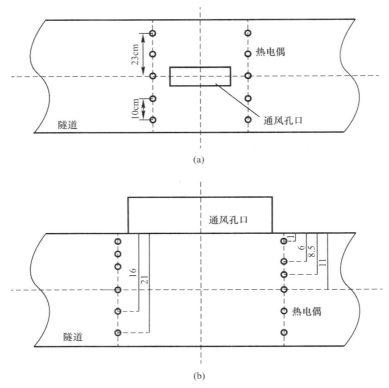

图 4-6　通风孔口前后的热电偶分布
（a）横向方向；（b）竖向方向（cm）

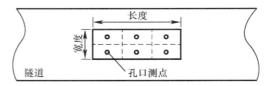

图 4-7　通风孔口内的测点示意图

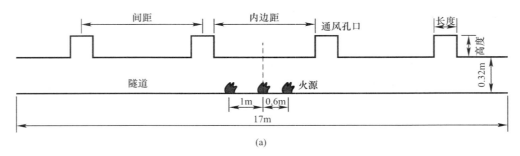

图 4-8　试验系列 2 模型隧道系统示意图
（a）隧道纵向方向；

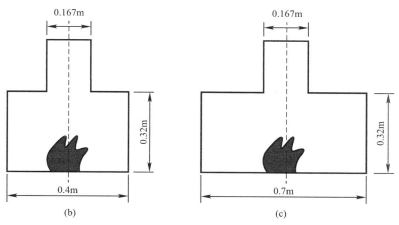

图 4-8　试验系列 2 模型隧道系统示意图（续）

（b）双线隧道断面；（c）单线隧道断面

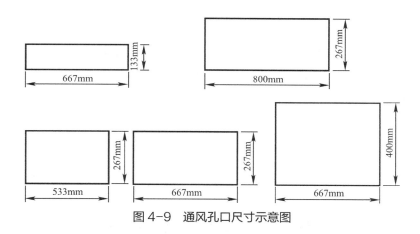

图 4-9　通风孔口尺寸示意图

得到试验时的火源热释放率。试验系列 2 中，火源均位于隧道底部纵向中轴线上，隧道烟气温度通过 K 型热电偶测量，热电偶分布图如图 4-10 所示。

3. 模型试验系列 3

模型试验系列 3 实验台采用 1/20 的缩尺比进行隧道模型的搭建，试验所模拟的实际火灾情景为火灾发生于两竖井之间，且竖井与隧道口距离较远的情景，如图 4-11（a）所示。图 4-11（b）为竖井尺寸示意图。

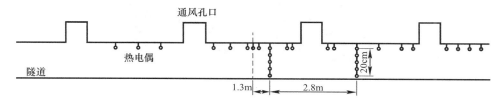

图 4-10　隧道内无吊墙时纵向方向的热电偶分布

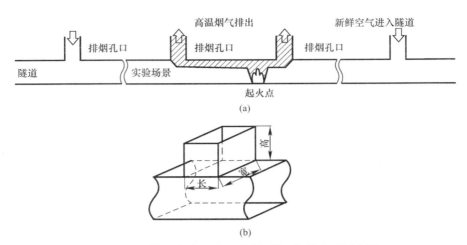

图 4-11 模型试验系列 3 试验场景及竖井尺寸示意图
（a）试验场景；（b）竖井尺寸示意图

试验台由坡度调节架、隧道主体和竖井组成。坡度调节架由方钢制成，可以在 5% 坡度与无坡度之间调节。隧道主体长 8m、宽 0.25m、高 0.25m，竖井内边距为 3m，竖井内壁与隧道口之间设置 2.5m 长度，试验台如图 4-12 所示。

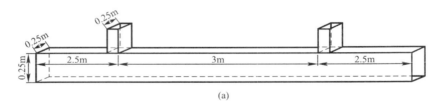

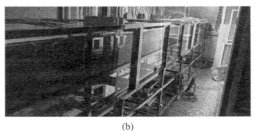

图 4-12 坡度隧道火灾试验台
（a）隧道模型示意图；（b）试验台实物图

顶部预留孔口的尺寸见表 4-1。

顶部预留孔口的尺寸　　　　　　　　表 4-1

| | 竖井宽度（m） | 竖井长度（m） | 竖井高度（m） |
|---|---|---|---|
| 调节范围 | 0.25 | 0~0.25 | 0~∞ |

试验通过 K 型铠装热电偶测量温度，并通过数据采集仪对测量结果进行监测与记录。温度采集对象主要包括顶壁下方烟气温度、竖井内烟气温度及环境温度，其热电偶的布置方法与温度采集方法如下：

（1）顶壁下方烟气温度

为监测火源段顶壁下方烟气温度，热电偶在火源段顶壁纵向中线上均匀布置，每两个热电偶之间间距为 10cm，插深为距顶板 1cm；同时，在上游竖井后方布置 6 个热电偶，下游竖井后方布置 9 个热电偶，以监测非火源段顶壁下方烟气温度，布置方法与火源段相同，热电偶布置如图 4-13 所示。

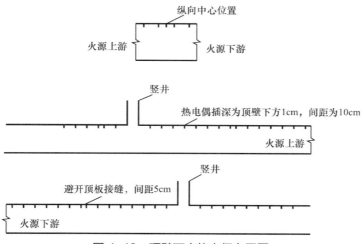

图 4-13　顶壁下方热电偶布置图

（2）竖井排烟温度

在竖井内距离隧道顶板 6cm 高的横向中心线上均匀布置 3 个热电偶，测量竖井排烟温度，排烟温度由其平均值求得，如图 4-14 所示。

（3）环境温度

在隧道外两侧的环境中分别布置一个热电偶，环境温度由其平均值得到。各个热电偶的测温结果即为稳定段温度的平均值。试验选取无水甲醇作为试验燃料通过油盘的大小来对火源热释放率进行控制，确定正方形油盘边长分别为 5.5cm、7.5cm 和 9.5cm，油盘高度统一为 2cm。表 4-2 为不同尺寸油盘的 $HRR$ 汇总结果。

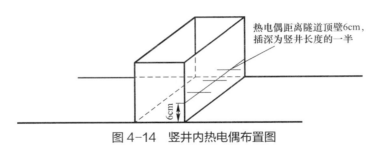

图 4-14 竖井内热电偶布置图

不同尺寸油盘的 *HRR* 汇总表　　表 4-2

| 编号 | 油盘边长（cm） | *HRR*（kW） | 对应全尺寸 *HRR*（MW） |
| --- | --- | --- | --- |
| 1 | 5.5 | 0.935 | 1.67 |
| 2 | 7.5 | 1.599 | 2.86 |
| 3 | 9.5 | 2.733 | 4.89 |

### 4.1.2 数值模拟模型

选用数值模拟工具 FDS 进行模拟计算，数值模拟模型选取标准地铁区间隧道开展火灾数值模拟研究，其中，单洞双线区间隧道的断面尺寸为 9.3m×4.8m，轨线间距为 5m，单洞单线区间隧道的断面尺寸为 4.4m×4.8m。隧道中的列车为标准 B 型车，其尺寸为 120m×2.8m×2.7m，列车在单洞双线隧道中位于某轨线侧，在单洞单线隧道中位于隧道纵向中轴线上，列车地板面距离隧道底部 1.38m。隧道中设置紧急逃生平台，逃生平台的高度与列车底板面平齐，在单洞双线隧道中，逃生平台设置在隧道中轴线上，宽度为 1.2m，在单洞单线隧道中，逃生平台设置在列车运行的左侧，宽度为 0.6m。对于单洞双线隧道，分别对隧道内无吊墙和隧道内设置吊墙两种情况下的火灾场景进行了数值模拟。

自然通风井（通风孔口）设置在隧道顶部，单洞双线隧道的自然通风井设置在隧道顶部中轴线上，宽度为 2.5m，单洞单线隧道的自然通风井设置在隧道顶部左侧位置，宽度为 1.2m。三种隧道结构的断面示意图分别如图 4-15～图 4-17 所示。

隧道壁面的材料为钢筋混凝土，厚度为 0.5m，其中导热系数取为 1.28W/(m·K)，密度取 2200kg/m³，比热取 0.88kJ/(kg·K)。

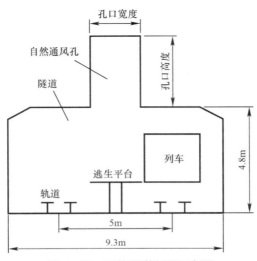

图 4-15 双线隧道断面示意图

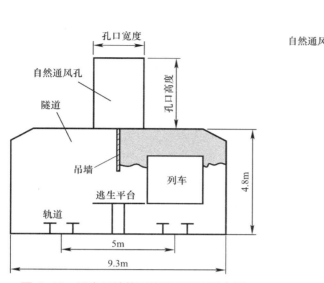 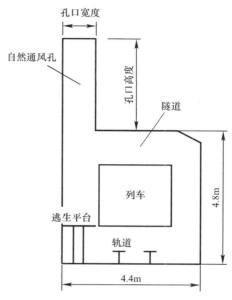

图 4-16 设有吊墙的双线隧道断面示意图　　图 4-17 单线隧道断面示意图

钢筋混凝土的外边为土壤层，根据大多数文献的研究结果，土壤层设置为恒温条件 15℃；隧道顶部通风孔口和隧道端头皆设置为实际的外界环境压力。模拟了典型隧道和孔口结构下的三种火源热释放率，分别为 5MW、7.5MW 和 10MW。隧道内列车发生火灾时的示意图如图 4-18 所示。

图 4-18 隧道内列车发生火灾时的示意图

## 4.2 烟气蔓延特性

本小节对顶部开孔的地铁区间隧道火灾时的烟气温度分布特性进行阐述。采用第 3 章定义的烟气温度无量纲量，分析各影响因素诸如火源热释放率、孔口尺寸、隧道结构、火源位置和隧道列车对烟气温度分布特性的影响规律。

### 4.2.1 烟气温度分布

在试验系列 1 的实验台上对于顶部开口地铁区间隧道发生火灾时的烟气蔓延特性

进行了缩小规模尺寸的研究。选取隧道无坡度、无吊墙,且隧道内无列车为典型工况,研究烟气温度纵向分布、竖向分布以及横向分布特征,具体的试验工况为:

(1)隧道断面尺寸(长×宽×高):15m×0.7m×0.32m;
(2)通风孔口尺寸(长×宽×高):667mm×167mm×0.267mm;
(3)通风孔口间距:4m;
(4)火源热释放率:11.89kW;
(5)火源位置:两通风孔口中间下方。

1. 烟气温度纵向分布

图4-19为顶部开孔的地铁区间隧道火灾烟气纵向温度分布特性,图中断裂处为孔口位置。从图中可以看出,火源所在火源段(图中所示的孔口位置左侧定义为火源段)的烟气温度较高,而且火源附近的温度衰减较快,但在离开火源0.8m后的隧道区域,顶壁烟气温度衰减变慢,这是因为火源附近顶壁的烟气扩散为三维扩散流动,而火源远端由于隧道侧壁的限制,烟气变为沿隧道纵向的一维扩散流动。图中显示,与火源段临近的隧道段(图中所示的孔口位置右侧定义为非火源段)的烟气温度较低,这是孔口的排烟作用造成的,图中非火源段的虚线部分为隧道顶部无通风孔口时的烟气温度变化趋势。显然,由于通风孔口的排烟作用,扩散至非火源段的烟气量将减小,导致非火源段的顶壁烟气温度降低,有利于人员逃生和安全疏散。

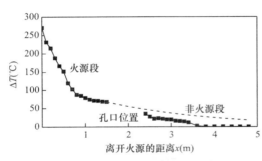

图4-19 顶部开孔的地铁区间隧道火灾烟气纵向温度分布特性

2. 烟气温度竖向分布

图4-20为顶部开孔的地铁区间隧道火灾烟气竖向温度分布特性。从图中可以看出,火源段的烟气温度比非火源段的烟气温度高,而且两个区域的烟气竖向温度分布特性较为类似,烟气温度变化都为"S"形曲线,靠近隧道顶壁处的烟气温度变化缓慢,离开隧道顶壁6cm后的区域烟气温度急剧下降,但在离开隧道顶壁16.5cm后的区域内烟气温度衰减再次趋于缓慢。隧道火灾时烟气在隧道竖向方向上可分为三个区域:烟气层、混合层和冷空气层,其中烟气层位于隧道顶壁附近,冷空气层位于隧道底部区域,混合层连接烟气层和冷空气层,顶壁附近烟气层内的温度较高,烟气参数分布较为均匀,冷空气层内的烟气量极少,温度较低,烟气参数同样分布较为均匀,但混合层内由于高温烟气与冷空气的卷吸作用,造成此区域内隧道竖向方向上烟气温度急剧下降。

3. 烟气温度横向分布

图 4-21 为顶部开孔的地铁区间隧道火灾烟气横向温度分布特性。从图中可以看出，火源段的烟气温度比非火源段的高，而且两个区域的烟气横向温度分布特性完全不同，火源段的烟气温度变化特性呈开口向下的抛物线状，非火源段的烟气温度变化特性呈开口向上的抛物线状。这是因为火源段的烟气扩散位于孔口排烟作用之前，烟气扩散尚未遭到孔口排烟作用的破坏，且烟气在扩散过程中向隧道顶壁和侧壁同时传热，造成隧道横向方向上侧壁附近的烟气温度低于隧道纵向中心线处的烟气温度。而本模型试验中该试验工况下，非火源段内用于测量横向烟气温度的热电偶串距孔口较近，孔口排烟作用造成的隧道中心线附近的烟气稀薄现象在此处还未完全恢复，导致隧道横向方向上侧壁附近的烟气温度高于隧道纵向中心线处的烟气温度。

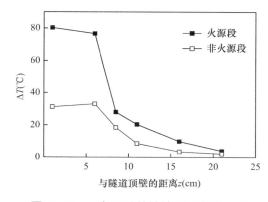

图 4-20 顶部开孔的地铁区间隧道火灾烟气竖向温度分布特性

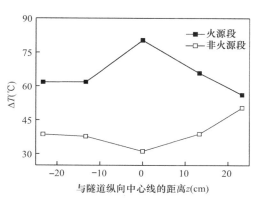

图 4-21 顶部开孔的地铁区间隧道火灾烟气横向温度分布特性

## 4.2.2 烟气蔓延参数特性

隧道发生火灾时火源燃烧产生的烟气将对逃生人员的疏散构成危害，对于第 3 章所述的影响人员逃生的隧道火灾烟气参数，国内的地铁设计规范仅规定了火灾时的纵向通风要求[1]，无法直接应用在顶部开孔的地铁自然通风设计中。袁中原[2]等人参照应用国外相关火灾烟气控制标准 NFPA 130[3] 和 PIARC[4] 制定了顶部开孔的地铁区间隧道发生火灾时的烟气参数控制标准，见第 3.1.5 节，且采用数值模拟的方法对单洞双线隧道火灾的烟气层厚度、人员高度处温度分布以及人员高度处 CO 浓度分布和能见度等烟气蔓延特性展开了研究，选取数值模拟模型中典型单洞双线全尺寸隧道火灾工况（火灾强度取 10MW），针对第 3 章所述隧道火灾烟气安全控制标准，对顶部开孔的地铁区间隧道发生火灾时，隧道顶壁烟气温度、人员高度处的温度、人员高度处的 CO 浓度和人员高度处的能见度等分布特性进行了分析研究。

因采用三维数值计算方法模拟隧道火灾时，列车内火源产生的烟气通过门窗进入隧道导致火源附近的烟气分布极不均匀，而且进行隧道火灾通风设计时一般不考虑火源附近 30m 内的烟气分布状况，因此仅对火源远处烟气分布较为均匀的隧道段内的烟气特性进行了分析研究。

1. 烟气层厚度

顶部开孔的地铁区间隧道发生火灾时，隧道内的烟气层厚度分布规律如图 4-22 所示。从图中可以看到，火源段的烟气层厚度在隧道纵向方向上几乎一致，这说明烟气在火源段的扩散过程中对隧道底部冷空气量的卷吸量极小。当隧道烟气扩散到孔口附近时，由于孔口的排烟作用，烟气层厚度急剧减小，图中显示，孔口正下方的烟气层厚度几乎为 0。孔口后方，由于在隧道中轴线两侧绕过孔口的烟气继续向前扩散的过程中，向隧道中轴线方向扩散，造成孔口附近烟气层厚度迅速增加。从图中可以看出，与火源段的烟气层厚度特性不同，非火源段的烟气层厚度经历了先增加后减小的过程，并在距离火源 120m 后的区域迅速减小，直至烟气层厚度为 0，这说明，在非火源段的扩散过程中，当烟气刚绕过孔口时，其温度较高，此时烟气对冷空气的卷吸作用占主导地位，造成隧道顶部的烟气在扩散过程中不断卷吸隧道底部的冷空气，导致烟气层厚度在这个区域内逐渐增加。而扩散过程中烟气温度不断降低，当降低到一定程度时，隧道来流的冷空气惯性力将在隧道气流运动中占主导地位，造成隧道顶部的烟气不断被来流冷空气带走，导致烟气层厚度在这个区域内逐渐减小。最终在烟气扩散过程中，火灾烟气的浮升力与来流冷空气的惯性力达到平衡，此时烟气无法继续向前扩散，导致此处烟气层厚度急剧减小，而在隧道内烟气无法扩散到的区域，烟气层厚度为 0。

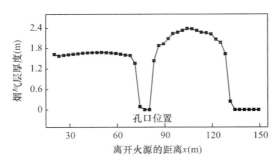

图 4-22　隧道内的烟气层厚度分布规律

2. 人员高度处烟气温度分布

隧道内人员高度处的烟气温度分布如图 4-23 所示。从图中可以看出，在火源段烟气沿隧道纵向扩散过程中，人员高度处的温度存在略微上升的趋势，这是由于烟气在火源段的微小沉降引起的。孔口附近与孔口后隧道区域的人员高度处烟气温度分布特性与烟气层厚度较为类似，这是因为，烟气扩散过程中烟气层的沉降或升高（烟气层厚度的增加或减小）会导致人员高度处烟气温度相应的升高或降低。整个隧道中人员高度处的烟气温度均远低于 70℃，完全满足本书第 3 章规定的人员逃生安全疏散的烟气控制标准。因此，顶部开孔的地铁区间隧道发生火灾时，人员高度处烟气温度不会对人员逃生造成危害。

### 3. 人员高度处 CO 浓度分布

隧道内人员高度处的 CO 浓度分布如图 4-24 所示。从图中可以看出，与烟气层厚度变化特性类似，火源段内人员高度处的 CO 浓度的变化幅度不大，且存在略微上升的区域，这是由于烟气层在火源段的微小沉降引起的；由于孔口排烟的作用，CO 浓度在孔口位置处经历了先急剧降低后急剧升高的过程；在非火源段的扩散过程中，CO 浓度同样经历了先升高后降低的过程，并最终在无烟区域降至 0。导致 CO 浓度分布特性的原因与导致烟气层厚度变化的原因相同，此处不再赘述。

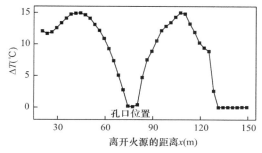 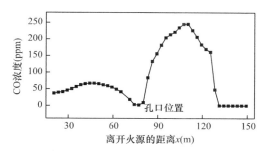

图 4-23　隧道内人员高度处的烟气温度分布　　图 4-24　隧道内人员高度处的 CO 浓度分布

图 4-24 中显示，整个隧道中人员高度处的 CO 浓度均远低于 1150ppm，完全满足本书第 3 章规定的人员逃生安全疏散的烟气控制标准。因此，顶部开孔的地铁区间隧道发生火灾时，人员高度处的 CO 浓度不会对人员逃生造成危害。

### 4. 人员高度处烟气能见度分布

根据本书第 3 章的定义，烟气的能见度最终由烟气的消光系数决定，因此，本节均采用分析烟气消光系数的方式来研究隧道内的烟气能见度特性。

隧道内人员高度处的烟气消光系数分布如图 4-25 所示。从图中可以看出，人员高度处的消光系数分布特性与烟气 CO 浓度分布特性几乎相同，这是因为烟气消光系数表征的是气流内烟气颗粒的浓度。

### 5. 隧道顶壁烟气能见度分布

从图 4-26 可以看出，火源段的顶壁烟气消光系数在烟气沿隧道纵向扩散过程中有略微降低，这可能是烟气扩散过程中烟气颗粒浓度在隧道垂直方向上微小的扩散引起的。但是在非火源段，顶壁烟气的消光系数几乎为一个定值。同样，由于孔口的排烟作用，顶壁烟气消光系数在孔口位置处出现突变，导致非火源段的顶壁烟气消光系数远低于火源段。

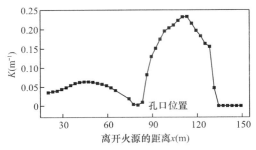 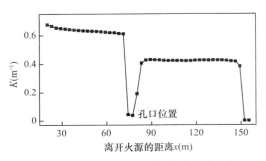

图 4-25　隧道内人员高度处的消光系数分布　　图 4-26　隧道顶壁烟气的消光系数分布

## 4.3　烟气蔓延特性的影响因素

当顶部开口自然通风隧道发生火灾时，其烟气的蔓延特性会受到隧道断面尺寸、孔口设置、火源大小等因素的影响，本节基于缩尺模型试验，探讨火源热释放率、孔口尺寸以及隧道坡度对隧道内烟气无量纲温度、顶壁最高温度以及纵向温度分布等烟气参数的影响；以数值模拟的方式对火源热释放速率对于隧道内烟气层厚度、烟气温度以及烟气能见度等的影响进行了详细阐述。

### 4.3.1　火源热释放速率

本小节探讨了火源热释放速率对烟气蔓延特性的影响，其中火源热释放速率对无量纲烟气温度的影响试验在试验系列 1 上进行，工况设置如下：

隧道无坡度、无吊墙，且隧道内无列车，具体的试验工况为：

（1）隧道断面尺寸（长 × 宽 × 高）：15m × 0.7m × 0.32m；
（2）通风孔口尺寸（长 × 宽 × 高）：667mm × 167mm × 0.267mm；
（3）通风孔口间距：4m；
（4）火源热释放率：3.9kW、4.76kW、5.88kW、7.84kW、11.89kW；
（5）火源位置：两通风孔口中间下方。

除此之外，限于试验条件，模型试验无法测量隧道内的烟气 CO 浓度以及烟气能见度，且难以得到准确的烟气层高度。因此，采用数值模拟的方法研究了火源热释放率对全尺寸隧道火灾时烟气参数的影响，选取数值模拟试验典型隧道火灾工况，三种火源热释放率分别为：5MW、7.5MW 和 10MW，以研究火源热释放率对烟气层厚度、烟气温度以及烟气能见度的影响。

**1. 火源热释放率对无量纲烟气温度的影响**

火源热释放率的增大会造成隧道内烟气温度的升高，但根据本书第 3 章的阐述，本书定义的烟气无量纲温度可以消除火源热释放率带来的影响,验证如下:火源热释放率对隧道纵向无量纲烟气温度分布的影响如图 4-27 所示,图中显示,在 5 种不同的火源热释放率下,火源正上方的无量纲温度随火源热释放率的增大而增大,但其余区域的隧道顶壁纵向无量纲烟气温度分布几乎一致。造成无量纲烟气温度在火源正上方差异的原因是:火源热释放率较小时,火焰无法撞击到隧道顶壁,此时火源上方热电偶反映的是羽流烟气的温度,当火源热释放率大于某个数值时,火源会撞击到隧道顶壁,此时热电偶反映的是火焰的温度,而且火源正上方热电偶受到火源辐射的影响因素很大。

火源热释放率对隧道竖向无量纲烟气温度分布的影响如图 4-28 所示,图中显示,在 5 种不同的火源热释放率下,隧道竖向无量纲烟气温度的差异很小。

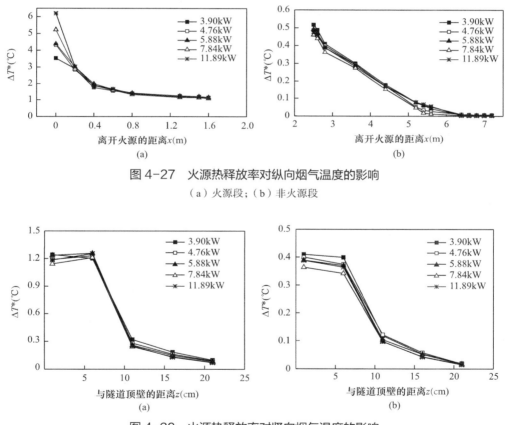

图 4-27　火源热释放率对纵向烟气温度的影响
(a)火源段;(b)非火源段

图 4-28　火源热释放率对竖向烟气温度的影响
(a)火源段;(b)非火源段

通过上述分析可知,火源正上方由于受到火焰和火源辐射的影响,无量纲温度随火源热释放率的增大而增大;但隧道其余区域的烟气无量纲温度几乎不随火源热释放率的变化而变化,即可以认为火源热释放率对顶部开孔的地铁区间隧道火灾无量纲烟气温度没有影响。

本书第 3 章定义的烟气参数无量纲量虽然是基于无坡度和列车阻塞的影响,但根据试验数据的分析发现,该无量纲量同样适用于坡度隧道和列车阻塞的情况。

**2. 火源热释放率对烟气层厚度的影响**

三种不同火源热释放率下,隧道内烟气层厚度的比较如图 4-29 所示。从图中可以看出,火源热释放率对烟气层厚度没有影响,这表明列车火灾在燃烧卷吸以及烟气扩散阶段对冷空气的卷吸作用不会受到火源热释放率的影响。图中显示,非火源段内的烟气扩散距离随着火源热释放率的增加略有增大,但增大幅度很小,可以忽略不计。

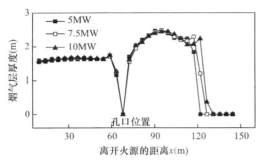

图 4-29 火源热释放率对烟气层厚度的影响

**3. 火源热释放率对烟气温度的影响**

图 4-30 给出了 4 个横断面处火源热释放率对隧道火灾烟气竖向无量纲温度的影

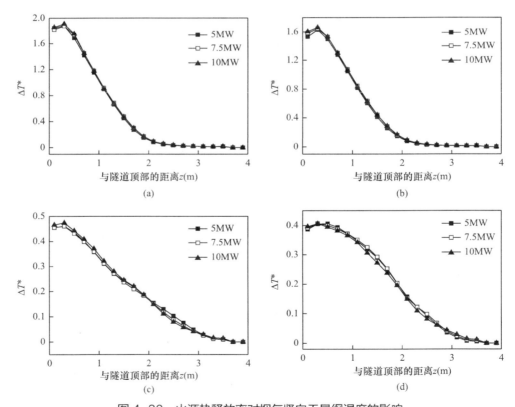

图 4-30 火源热释放率对烟气竖向无量纲温度的影响

(a) 火源段断面 1;(b) 火源段断面 2;(c) 非火源段断面 1;(d) 非火源段断面 2

响，其中两个断面位于火源段（距离火源分别为 27.4m 和 37.4m），另两个断面位于非火源段（距离火源分别为 87.4m 和 97.4m）。从图中可以看出，火源热释放率对隧道各断面的烟气无量纲温度均没有影响，这表明本书第 3 章基于隧道内无车时火灾羽流发展而定义的无量纲温度同样适用于全尺寸隧道火灾发生在列车车厢内的情况。

4. 火源热释放率对烟气能见度的影响

图 4-31 同样给出了无量纲温度研究中的四个断面处火源热释放率对隧道火灾烟气竖向无量纲消光系数的影响。图中显示，火源热释放率对隧道内烟气无量纲消光系数没有影响，这表明，本书第 3 章定义的无量纲消光系数同样适用于全尺寸隧道火灾发生在列车车厢内的情形。

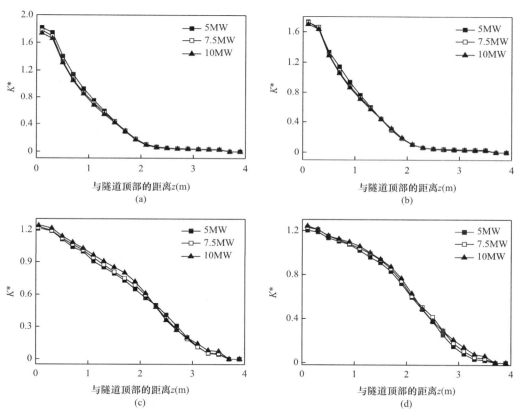

图 4-31　火源热释放率对隧道火灾烟气竖向无量纲消光系数的影响
（a）火源段断面 1；（b）火源段断面 2；（c）非火源段断面 1；（d）非火源段断面 2

根据上述分析，由于烟气消光系数表征的同样是浓度参量，因此，可以推论出火源热释放率对隧道内的无量纲 CO 浓度没有影响。

### 4.3.2 隧道坡度

在实际工程中的隧道很多是具有坡度的,本书第 3 章已经表明坡度隧道发生火灾时高温烟气的扩散与水平隧道有很大的不同。当隧道具有坡度时,其沿程高差会对火灾发生时生成的高温烟气与火羽流产生烟囱效应,使烟气的扩散受到热压的影响。在坡度的影响下,隧道内的气流速度、顶壁下方烟气温度分布、烟气扩散方向、烟气扩散距离、火羽流卷吸等相比于水平隧道都会产生变化[5-9]。因此,有必要对隧道坡度对隧道内烟气特性的影响展开研究。

**1. 坡度对无量纲烟气温度的影响**

在模型试验系列 2 试验台上研究了三种隧道坡度(0、1% 和 2%)对顶部开孔的地铁区间隧道火灾烟气扩散的影响。

隧道纵向方向上有坡度时,在浮升力的作用下火灾烟气将有利于向隧道正坡度方向扩散,造成正坡度方向上的烟气流量增大,从而影响到隧道内烟气温度的分布特性。图 4-32 和图 4-33 分别为隧道坡度对隧道纵向和竖向烟气温度分布的影响。从图中可以看出,火源正上方位置处的无量纲温度随着隧道坡度的增大而降低,这是由于隧道存在坡度时,会引起火焰向隧道正坡度方向偏转,导致隧道内的最高温度位置偏离火源正上方位置处;但火源下游方向上烟气无量纲温度随着隧道坡度的增大而升高,而且图中显示不同隧道坡度时,非火源段烟气无量纲温度的差异大于火源段无量纲温度的差异。当隧道无坡度时,在本书模型试验研究的范围内,火灾烟气无法扩散到临近火源的第二个孔口处,但当隧道坡度达到 2% 时,火灾烟气将扩散到下游方向临近火源的第二个孔口处,甚至会扩散到下游方向的隧道端口处。

**2. 坡度对顶壁下方最高烟气温度的影响分析**

试验在模型试验系列 3 上进行,火源位于隧道纵向中心位置,以分析坡度对顶壁

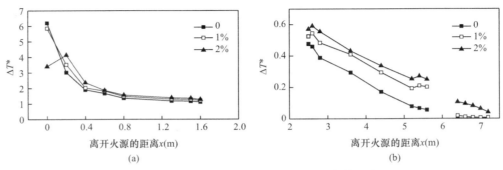

图 4-32 隧道坡度对纵向烟气温度分布的影响
(a) 火源段;(b) 非火源段

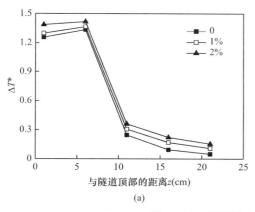
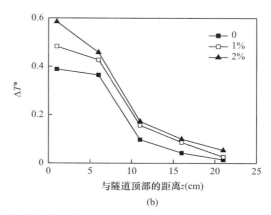

图 4-33 隧道坡度对竖向烟气温度的影响
（a）火源段；（b）非火源段

下方最高烟气温度的影响。试验工况如表 4-3 所示。

纵向火源位置、*HRR* 及坡度试验工况　　　　　　　　表 4-3

| 工况编号 | 坡度 | *HRR*（kW） | 竖井长度（m） | 竖井高度（m） | 竖井宽度（m） | 竖井间距（m） |
|---|---|---|---|---|---|---|
| 1～3 | 5% | 0.935/1.599/2.733 | 0.1 | 0.1 | 0.25 | 3 |
| 4～6 | 4% | 0.935/1.599/2.733 | 0.1 | 0.1 | 0.25 | 3 |
| 7～9 | 2% | 0.935/1.599/2.733 | 0.1 | 0.1 | 0.25 | 3 |
| 10～12 | 0% | 0.935/1.599/2.733 | 0.1 | 0.1 | 0.25 | 3 |

图 4-34 为火源两侧竖井长 0.1m、高 0.1m 时不同火源热释放率下顶壁下方最高烟气温度与坡度的关系。由试验结果可知，火源热释放率的升高会使顶壁下方最高烟气温度上升，同时顶壁下方最高烟气温度随坡度的升高而下降，其原因是坡度的升高会使火羽流上升段的长度更长，通过辐射换热的方式损失的热量更多，且如第 3.2 节所述，随着坡度的增大，火羽流受到更大的扰动，在火源热释放率不变的情况下，形成的烟气质

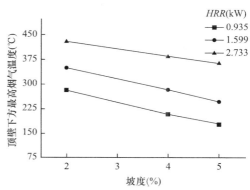

图 4-34 顶壁下方最高烟气温度与坡度关系

量流量更多，因此顶壁下方最高烟气温度随坡度的升高而下降。这与 Ji 和 Wang 关于顶壁下方最高烟气温度与坡度的关系的数值模拟研究结果是一致的[10, 11]。

3. 坡度对顶壁下方烟气温度分布的影响

由第 3.2 节可知，坡度会使得火羽流偏转，同时坡度改变会对烟囱效应的热压产生

影响,因此坡度对顶壁下方烟气温度的影响较大。本小节通过试验研究结果,详细阐述了坡度对火源段顶壁下方烟气温度分布的影响。

试验同样在模型试验系列 3 上进行,工况设置见表 4-3,图 4-35 为火源位于纵向中心位置时,不同坡度下的火源段顶壁下方烟气温度分布对比图。由试验结果可知:

(1)在距离火源较近的范围内(如图 4-35 所示距火源 0.15m 内),坡度对顶壁下方烟气温度影响较大,原因是这一范围内的烟气温度受火羽流影响很大,火羽流所受的热压与坡度相关,坡度越大,火羽流受到的扰动越强,使这一区域内的烟气温度随坡度的升高而降低。

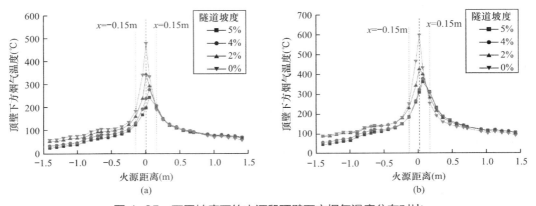

图 4-35　不同坡度下的火源段顶壁下方烟气温度分布对比
(a) $HRR = 1.599kW$;(b) $HRR = 2.733kW$

(2)随着烟气的蔓延,在距离火源较远的区域,上坡侧顶壁下方烟气温度分布随坡度改变的变化不大,坡度的变化会使烟气的温度变化产生两种趋势:促使更多的烟气流向上坡侧,使顶壁下方烟气温度有上升趋势;热压对火羽流的扰动增强,使烟气温度有下降趋势。这两种变化趋势随坡度变化而减弱的幅度相近,因此上坡侧顶壁下方烟气温度分布受坡度变化的影响很小。

(3)在距离火源较远的区域,下坡侧顶壁下方烟气温度随坡度的降低而逐渐升高,并在坡度降为 0 时和上坡侧关于火源呈对称分布,这是因为坡度对烟气流动和羽流扰动的影响都会使下坡侧烟气温度降低,而坡度的降低会使这两部分影响减弱。

4. 坡度对竖井内烟气温度与竖井后方烟气温度的影响

试验在模型试验系列 3 上进行,火源位于隧道中心位置 A,火源热释放率为 2.733kW,两侧竖井长 0.1m、高 0.1m,以探究隧道坡度对竖井排烟特性的影响。图 4-36 为火源位于纵向中心位置时,不同坡度下的火源两侧竖井内烟气温度与坡度的关系图。结果表明,上坡侧竖井内的烟气温度受坡度影响不大,下坡侧竖井内的烟气温度随坡度的升高而下降。原因是坡度的升高促使更多的烟气向上坡侧流动，从而导致下坡侧竖井内烟气温度大幅降低。同时由本节第3条的结论可知，坡度对上坡侧竖井下方的烟气温度几乎没有影响，因此竖井排烟驱动力没有变化，而此工况下，上坡侧竖井一直处于烟气无法完全排出的状态，因此进入竖井内的烟气量不受坡度影响，温度波动很小。

图4-37所示为火源两侧竖井后方顶壁下方烟气温度与坡度的关系图。由试验结果可知，下坡侧竖井后方的烟气温度在坡度为2%~5%时接近环境温度，说明当坡度大于或等于2%时，下坡侧竖井处烟气即可完全排出。上坡侧竖井后方烟气温度随坡度的升高而升高，原因是当隧道坡度升高时，上坡侧竖井内排烟驱动力的变化很小，但是流向上坡侧的烟气量更多，因此越过竖井蔓延至非火源段的烟气量更多。综上所述，坡度越大，隧道内的烟气就越难以通过竖井完全排出，使隧道内人员所处的环境更不利。

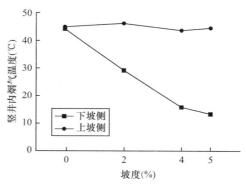

图4-36 不同坡度下的火源两侧竖井内烟气温度与坡度的关系

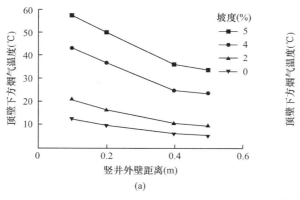
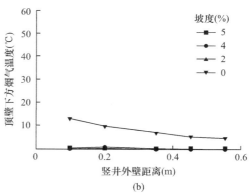

图4-37 火源两侧竖井后方顶壁下方烟气温度与坡度关系
（a）上坡侧竖井；（b）下坡侧竖井

5. 坡度对顶壁烟气消光系数的影响

在数值模拟模型上研究了有坡度的全尺寸隧道火灾时，隧道顶壁的烟气消光系数和人员高度处烟气消光系数的分布特性。两种坡度大小分别为1%、2%，有坡度的全尺寸隧道火灾时隧道顶壁烟气消光系数分布特性如图4-38所示。从图中可以看出，隧道顶壁的烟气消光系数随隧道坡度的增大而减小；由于孔口的排烟作用，隧道顶壁的烟气消光系数在孔口处存在突变，导致离开火源较远的隧道段内的顶壁烟气消光系数远低于离开火源较近的隧道段；火源段以及与火源段相邻的第一个非火源段内，烟气消光系数随着离开火源距离的增大而减小，但在与火源段相邻的第二个非火源段内，烟气消光系数几乎不随离开火源距离的变化而变化。

6. 坡度对人员高度处烟气消光系数的影响

通过数值模拟模型研究了全尺寸隧道发生火灾时，隧道坡度对人员高度处的烟气消光系数的影响，两种坡度大小分别为1%、2%。有坡度的全尺寸隧道火灾时人员高度处的烟气消光系数分布特性如图4-39所示。从图中可以看出，在大部分隧道区域内，人员高度处的烟气消光系数随隧道坡度的增大而减小；由于孔口的排烟作用，人员高度处的烟气消光系数在孔口处存在突变，但烟气在非火源段内的扩散过程中将不断沉降，导致烟气消光系数逐渐增大，且在与火源段相邻的第二个非火源段内，烟气消光系数达到最大值，随后在烟气扩散过程中，烟气消光系数逐渐减小。

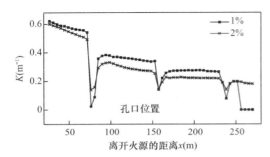

图4-38 有坡度的全尺寸隧道火灾时隧道顶壁烟气消光系数分布特性

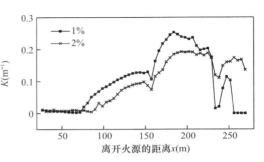

图4-39 有坡度的全尺寸隧道火灾时人员高度处的烟气消光系数分布特性

### 4.3.3 孔口设置

通过在模型试验系列1上进行缩尺模型试验，研究了孔口设置对烟气蔓延特性的影响，孔口设置包括三种孔口长度：533mm、667mm和800mm，三种孔口高度：133mm、267mm和400mm和两种孔口间距：2.67m、4m。

1. 孔口长度和高度对烟气温度的影响

孔口长度的增大有利于烟气的排出，而孔口高度的增大会导致烟气在孔口内的浮升力增强，同样有利于烟气的排出，即：当孔口长度和高度增大时会导致孔口排烟量增大，最终影响到隧道内的烟气温度分布。工况设置如表4-4所示。

火灾模型试验系列1的试验工况（一） 表4-4

| 工况序号 | 火源热释放率（kW） | 间距（m） | 孔口长度（mm） | 孔口高度（mm） | 列车阻塞情况 | 吊墙设置情况 |
| --- | --- | --- | --- | --- | --- | --- |
| 1 | 11.48 | 4 | 533 | 267 | 无 | 无 |
| 2 | 11.48 | 4 | 667 | 133 | 无 | 无 |

续表

| 工况序号 | 火源热释放率（kW） | 间距（m） | 孔口长度（mm） | 孔口高度（mm） | 列车阻塞情况 | 吊墙设置情况 |
|---|---|---|---|---|---|---|
| 3 | 11.48 | 4 | 667 | 267 | 无 | 无 |
| 4 | 11.48 | 4 | 800 | 267 | 无 | 无 |
| 5 | 5.74 | 4 | 533 | 267 | 无 | 无 |
| 6 | 5.74 | 4 | 667 | 133 | 无 | 无 |
| 7 | 5.74 | 4 | 667 | 267 | 无 | 无 |
| 8 | 5.74 | 4 | 800 | 267 | 无 | 无 |
| 9 | 6.08 | 4 | 667 | 267 | 无 | 无 |

图4-40和图4-42分别为孔口长度和孔口高度对隧道纵向烟气温度分布的影响；图4-41和图4-43分别为孔口长度和孔口高度对竖向烟气温度分布的影响。从图中可以看出，孔口长度和孔口高度对火源段的烟气无量纲温度几乎没有影响，这说明孔口

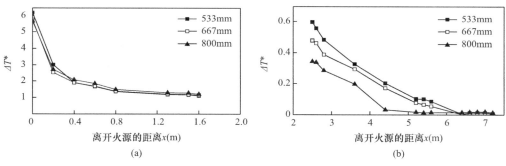

图4-40 孔口长度对纵向烟气温度分布的影响
（a）火源段；（b）非火源段

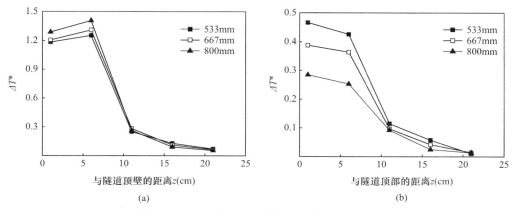

图4-41 孔口长度对竖向烟气温度分布的影响
（a）火源段；（b）非火源段

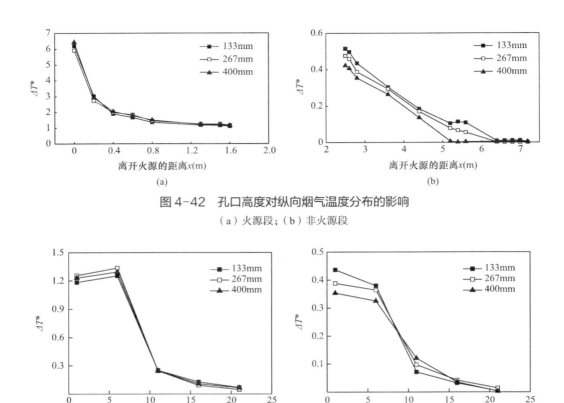

图 4-42 孔口高度对纵向烟气温度分布的影响
（a）火源段；（b）非火源段

图 4-43 孔口高度对竖向烟气温度分布的影响
（a）火源段；（b）非火源段

的排烟情况不会影响到火源段的烟气温度分布；但非火源段的烟气无量纲温度随着孔口长度和孔口高度的增大而减小，这是因为孔口排烟量的增大会导致绕过孔口的烟气量减小，即扩散到非火源段的烟气量减小，从而导致非火源段的烟气温度下降。

2. 孔口间距对烟气温度的影响

孔口间距减小时，火灾烟气易于从火源附近的孔口排出，有利于人员逃生疏散，其试验工况如表 4-5 所示。

火灾模型试验系列 1 的试验工况（二） 表 4-5

| 工况序号 | 火源热释放率（kW） | 间距（m） | 孔口长度（mm） | 孔口高度（mm） | 列车阻塞情况 | 吊墙设置情况 |
| --- | --- | --- | --- | --- | --- | --- |
| 1 | 11.48 | 4 | 667 | 267 | 无 | 无 |
| 2 | 11.48 | 2.67 | 667 | 267 | 无 | 无 |
| 3 | 5.74 | 4 | 667 | 267 | 无 | 无 |
| 4 | 5.74 | 2.67 | 667 | 267 | 无 | 无 |

续表

| 工况序号 | 火源热释放率（kW） | 间距（m） | 孔口长度（mm） | 孔口高度（mm） | 列车阻塞情况 | 吊墙设置情况 |
|---|---|---|---|---|---|---|
| 5 | 6.08 | 4 | 667 | 267 | 无 | 无 |
| 6 | 6.08 | 2.67 | 667 | 267 | 无 | 无 |

图 4-44 给出了孔口间距对隧道火灾纵向烟气温度的影响。从图中可以看出，孔口间距对火源段纵向无量纲烟气温度没有影响；但在非火源段，隧道顶壁烟气无量纲温度将随着孔口间距的减小而减小，这表明孔口间距的变化不会影响到火源段烟气的扩散特性，但孔口间距减小时，排烟孔口的排烟量将增大，将会造成扩散到非火源段的烟气量减小，从而影响了非火源段的顶壁烟气温度。

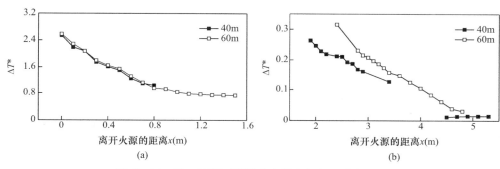

图 4-44 孔口间距对隧道火灾纵向烟气温度的影响
（a）火源段；（b）非火源段

## 4.4 孔口排烟量和烟气温度

由前所述可知，顶部开口自然排烟隧道发生火灾时，烟气的蔓延特性受火源热释放率大小、孔口设置以及有无列车阻塞等因素影响。本节基于模型试验系列 1 缩尺模型试验结果，详细讨论了火源热释放速率、孔口尺寸、孔口间距以及列车阻塞对孔口排烟量和孔口内烟气温度的影响。

### 4.4.1 火源热释放率对孔口排烟量和烟气温度的影响

火源热释放率的增大会导致孔口排烟量的增大和孔口内烟气温度的升高，但根据本书第 3 章的阐述，本书定义的无量纲烟气流量和无量纲烟气温度不受火源热释放率的影响。为了验证这个结论，本节研究了火源热释放率对孔口无量纲排烟量和孔口内无量纲烟气温度的影响。

选取的隧道无坡度、无吊墙,且隧道内无列车,具体的试验工况为:

(1) 隧道断面尺寸(长 × 宽 × 高):15m × 0.7m × 0.32m;
(2) 通风孔口尺寸(长 × 宽 × 高):667mm × 167mm × 0.267mm;
(3) 通风孔口间距:4m;
(4) 火源热释放率:11.48kW、5.74kW;
(5) 火源位置:两通风孔口中间下方。

图 4-45 给出了其他条件相同时,孔口无量纲排烟量和孔口内无量纲烟气温度分别在两种不同火源热释放率(5.74kW 和 11.48kW)下的对比关系,其中 $x$ 轴为 5.74kW 时的孔口烟气无量纲量,$y$ 轴为 11.48kW 时对应的孔口烟气无量纲量。图中显示,对应的孔口无量纲排烟量和孔口内无量纲烟气温度均聚集在 45° 线附近,这说明本书第 3 章定义的无量纲烟气流量和无量纲烟气温度不受火源热释放率的影响。

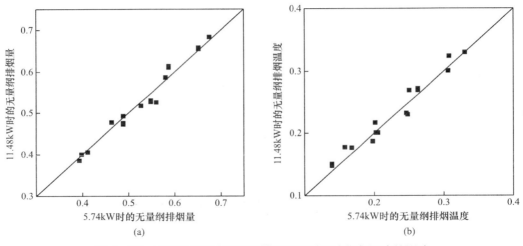

图 4-45 火源热释放率对孔口排烟量和孔口内烟气温度的影响
(a) 孔口排烟量;(b) 孔口内烟气温度

## 4.4.2 孔口尺寸对孔口排烟量和烟气温度的影响

本节研究了 3 种通风孔口长度(533mm、667mm 和 800mm),2 种通风孔口高度(133mm 和 267mm)对孔口排烟量和孔口内烟气温度的影响。

选取的隧道无坡度、无吊墙,且隧道内无列车阻塞,具体的试验工况为:

(1) 隧道断面尺寸(长 × 宽 × 高):15m × 0.7m × 0.32m;
(2) 通风孔口尺寸:长:533mm、667mm、800mm,宽:167mm,高:133mm、267mm;
(3) 通风孔口间距:4m;

（4）火源热释放率：11.48kW；

（5）火源位置：两通风孔口中间下方。

图 4-46 给出了其他条件相同时，孔口无量纲排烟量和孔口内无量纲烟气温度分别在不同的孔口尺寸下的对比关系，图中 $x$ 轴为孔口尺寸为 667mm×267mm 时的孔口无量纲排烟量和孔口内无量纲烟气温度，$y$ 轴为其余孔口尺寸时对应的孔口烟气无量纲量。图中显示，孔口长度为 533mm 和孔口高度为 133mm 时，孔口无量纲排烟量的值位于 45°线下方，但孔口内无量纲烟气温度的值位于 45°线上方，而孔口长度为 800mm 时反映的规律与上述两个孔口尺寸恰好相反。这说明孔口无量纲排烟量随孔口长度或高度的增大而增大，而孔口内无量纲烟气温度随孔口长度或高度的增大而减小。这是因为，孔口长度的增大有利于烟气的排出，孔口高度的增大会导致孔口内烟气的热压作用增强，同样有利于烟气的排出，因此当孔口长度或高度增大时，孔口的排烟量将增大，而此时孔口内混合的冷空气将相应增大，从而导致孔口内烟气温度的降低。

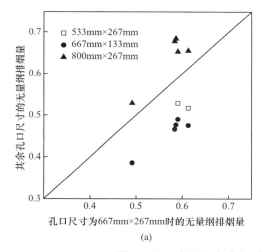 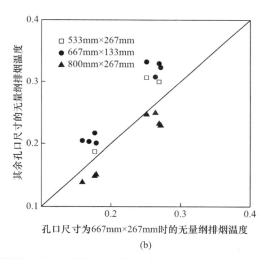

图 4-46 孔口尺寸对孔口排烟量和孔口内烟气温度的影响

（a）孔口排烟量；（b）孔口内烟气温度

## 4.4.3 孔口间距对孔口排烟量和烟气温度的影响

研究了 2 种通风孔口间距（4m 和 2.67m）对孔口排烟量和孔口内烟气温度的影响。选取的隧道无坡度、无吊墙，且隧道内无列车，具体的试验工况为：

（1）隧道断面尺寸（长 × 宽 × 高）：15m×0.7m×0.32m；

（2）通风孔口尺寸（长 × 宽 × 高）：667mm×167mm×0.267mm；

（3）通风孔口间距：4m、2.67m；

（4）火源热释放率：11.48kW；

（5）火源位置：两通风孔口中间下方。

图 4-47 给出了其他条件相同时，孔口无量纲排烟量和孔口内无量纲烟气温度分别在 2 种不同孔间距下的对比关系，图中 $x$ 轴为孔口间距为 40m 时的孔口无量纲排烟量和孔口内无量纲烟气温度，$y$ 轴为孔口间距为 60m 时对应的孔口烟气无量纲量。图中显示，对应的孔口烟气无量纲量均在 45°线下方，这说明孔口无量纲排烟量和孔口内无量纲烟气温度随孔口间距的增大而减小。这是因为，烟气在隧道内的扩散过程中将向隧道顶壁或侧壁传热，而孔口间距增大会造成烟气从火源处扩散至孔口处的距离增大，导致烟气温度衰减增大，孔口内的烟气温度也随之降低；而孔口内的烟气温度降低将导致孔口内烟气的浮升力减弱，最终导致排烟量减小。

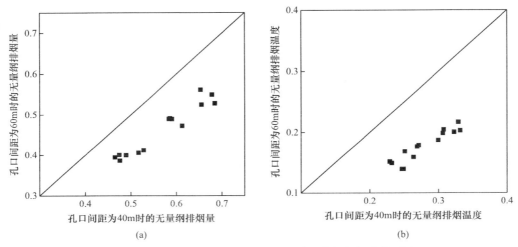

图 4-47　孔口间距对孔口排烟量和孔口内烟气温度的影响
（a）孔口排烟量；（b）孔口内烟气温度

### 4.4.4　列车阻塞对孔口排烟量和烟气温度的影响

在模型试验系列 1 上进行了有无列车阻塞对孔口排烟量和烟气温度的影响研究。选取的隧道无坡度、无吊墙，具体的试验工况为：

（1）隧道断面尺寸（长 × 宽 × 高）：15m × 0.7m × 0.32m；
（2）通风孔口尺寸（长 × 宽 × 高）：667mm × 167mm × 0.267mm；
（3）通风孔口间距：4m、2.67m；
（4）火源热释放率：11.48kW；
（5）火源位置：两通风孔口中间下方；
（6）列车阻塞：有。

图 4-48 给出了其他条件相同时，孔口无量纲排烟量和孔口内无量纲烟气温度分别

在无车隧道和列车阻塞时的对比关系，图中 $x$ 轴为隧道内无列车阻塞时的孔口无量纲排烟量和孔口内无量纲烟气温度，$y$ 轴为隧道存在列车阻塞时对应的孔口烟气无量纲量。图中显示，对应的孔口烟气无量纲量均聚集在 45°线附近，这说明火灾模型试验中的列车阻塞对孔口无量纲排烟量和孔口内无量纲烟气温度几乎没有影响。这是因为，模型列车断面与模型隧道断面的比值较小，火灾试验时烟气在模型列车上方流动，因此模型列车对烟气的扩散特性几乎没有影响，从而不会影响到孔口的排烟量和孔口内的烟气温度。

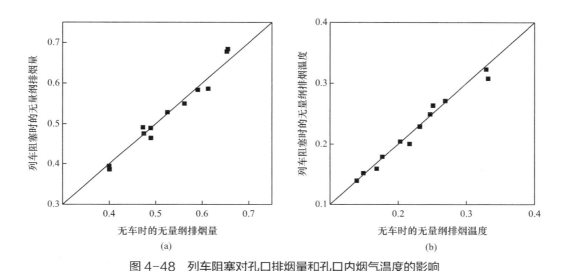

图 4-48 列车阻塞对孔口排烟量和孔口内烟气温度的影响
（a）孔口排烟量；（b）孔口内烟气温度

## 4.5 本章小结

本章对隧道火灾自然排烟烟气蔓延与孔口排烟特性进行了阐述；采用第 3 章定义的烟气温度无量纲量，分析了各影响因素诸如火源热释放率、孔口尺寸、隧道结构、火源位置和隧道列车对烟气温度分布特性的影响规律。基于缩尺模型试验，讨论了各因素对孔口排烟量和孔口内烟气温度的影响。结果表明：由于通风孔口的排烟作用，隧道顶壁纵向烟气温度在通风孔口处存在突变现象，且非火源段的烟气温度远低于火源段的烟气温度；火源热释放率对烟气无量纲温度和烟气无量纲流量均无影响，说明第 3 章定义的烟气无量纲参数适用于地铁自然通风隧道火灾；列车阻塞对隧道火灾烟气特性的影响较小；隧道断面、隧道坡度和隧道吊墙会影响到整个隧道的烟气特性参数，而孔口尺寸和孔口间距仅对非火源段内的烟气温度以及通风孔口排烟造成影响，不会影响到火源段内的烟气温度。

# 本章参考文献

[1] 中华人民共和国住房和城乡建设部. 地铁设计规范：GB 50157—2013 [S]. 北京：中国建筑工业出版社，2013.

[2] 袁中原. 顶部开孔的地铁隧道火灾烟气扩散特性及控制方法 [D]. 成都：西南交通大学，2012.

[3] NFPA. Standard for Fixed Guideway Transit and Passenger Rail Systems: NFPA 130-2007[S]. Quincy, MA, USA: National Fire Protection Association, 2007.

[4] PIARC. Fire and smoke control in road tunnels. PIARC Committee on Road Tunnels[S]. Cedex, France: World Road Association (PIARC), 1999.

[5] Yi L, Wang X, Yang Y, et al. A simplified mathematical model for estimating gas temperature and velocity under natural smoke exhaust in sloping city tunnel fires[J]. Sustainable Cities and Society, 2020, 55: 102071.

[6] Ji J, Wang Z, Ding L, et al. Effects of ambient pressure on smoke movement and temperature distribution in inclined tunnel fires[J]. International Journal of Thermal Sciences, 2019, 145: 106006.

[7] Wang Z, Ding L, Wan H, et al. Numerical investigation on the effect of tunnel width and slope on ceiling gas temperature in inclined tunnels[J]. International Journal of Thermal Sciences, 2020, 152: 106272.

[8] Yang Y, Long Z, Cheng H, et al. Experimental and numerical study of smoke temperature distribution characteristics in a sloped tunnel[J]. Sustainable Cities and Society, 2021, 73: 103091.

[9] Wan H, Gao Z, Han J, et al. A numerical study on smoke back-layering length and inlet air velocity of fires in an inclined tunnel under natural ventilation with a vertical shaft[J]. International Journal of Thermal Sciences, 2019, 138: 293-303.

[10] Ji J, Wang Z, Ding L, et al. Effects of ambient pressure on smoke movement and temperature distribution in inclined tunnel fires[J]. International Journal of Thermal Sciences, 2019, 145: 106006.

[11] Wang Z, Ding L, Wan H, et al. Numerical investigation on the effect of tunnel width and slope on ceiling gas temperature in inclined tunnels[J]. International Journal of Thermal Sciences, 2020, 152: 106272.

# 第 5 章

# 隧道火灾自然排烟的最不利火灾位置

目前对于顶部开口自然排烟隧道火灾的研究中,一般假设火灾发生位置为两通风竖井中间的正下方,对于火灾发生位置变化对排烟效果的影响的研究尚少[1-3]。实际上,隧道火灾发生位置具有任意性,可能位于两通风竖井中间任何位置,并不固定在竖井中间。当火灾发生在非隧道竖井中心位置时,在竖井尺寸相同的情况下,距离火源较近的竖井排烟温度较高,竖井与环境的压强差较大,两竖井产生的压力不平衡,可能导致隧道内火源两侧的压力不平衡,影响火源对周围冷空气的卷吸[4-6]。因此,火灾发生偏移,不位于两通风竖井中间位置时,竖井产生的压力不平衡是否会影响火焰的偏转或烟气的运动情况,需要进一步研究探讨,有必要分析不同火灾发生位置时烟气温度的分布情况,确保最不利条件下的人员安全逃生。

本章基于数值模拟和一系列模型实验,分析自然通风竖井隧道不同火灾位置对烟气温度的影响,对最不利人员安全逃生的火灾发生位置进行讨论分析,同时探讨了火灾位于最不利位置时隧道内的烟气特性,以下将做详细介绍。

## 5.1 火灾位置对烟气温度的影响

当火源位于两孔口中间下方位置时,火灾烟气将在火源处均匀地向隧道两侧扩散,理论上火源两侧的烟气参数在纵向方向上沿火源处对称分布。但当火源偏离两孔口中间下方位置时,由于排烟距离的差别,离火源较近孔口的排烟量和孔口内的温度将大于较远的孔口,这将引起火源两侧隧道内的压力分布不均匀,并导致烟气有利于向离火源较近的孔口扩散,而不利于向较远的孔口扩散。

直观的感觉,当火源偏离两孔口中间下方位置时,火灾烟气会及时从离火源较近的孔口排出,有利于逃生人员的安全疏散,即顶部开孔的地铁区间隧道的最不利火灾位置为两孔口中间下方位置。但当隧道火灾采用顶部开孔的自然通风方式时,孔口内烟气形成的热压作用不是很大,而燃烧火源却对周围的冷空气有较强的卷吸作用。因此,火源偏离两孔口中间下方位置时,孔口排烟引起的压力不均匀分布是否会影响到火灾羽流的对称扩散,后文将作出阐述。

## 5.1.1 纵向火源位置对火源段顶壁下方烟气温度分布的影响

在模型试验系列 2 中坡度分别为 0 和 2% 的隧道里研究了三个火源纵向位置对火源段下游隧道顶壁烟气无量纲温度的分布特性的影响,火源位置分布图如图 5-1 所示。图中火源右侧为下游方向,研究下游方向上的烟气温度分布。

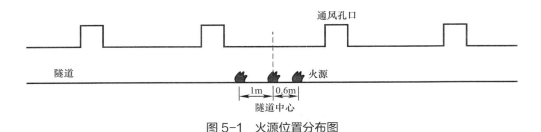

图 5-1 火源位置分布图

图 5-2(a)和(b)分别为隧道无坡度和隧道坡度为 2% 时,火源纵向位置对火源段顶壁烟气温度分布的影响。从图中可以看出,在隧道无坡度和有坡度两种情形下,火源正上方位置处的无量纲温度存在较小的差异,这是由于火灾试验时微弱的室内风造成火焰偏转引起的。但在隧道的其他区域,火源纵向位置对火源段隧道顶壁烟气无量纲温度的分布特性都没有影响,这说明火源偏离两孔口中间下方位置时造成的隧道火源两侧的不均匀压力分布不会影响到火灾烟气的对称扩散。与火源位于两孔口中间下方位置的情况相比,在离火源较远的孔口方向上,火灾烟气的扩散距离将增大,不利于逃生人员的安全疏散。

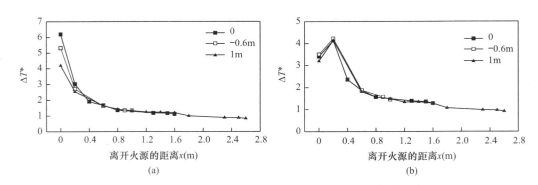

图 5-2 火源纵向位置对火源段顶壁烟气温度分布的影响
(a)无坡度隧道;(b)隧道坡度为 2%

在模型试验系列 3 中,于坡度为 5% 的隧道展开试验,竖井尺寸为长 0.1m、高 0.1m,选取纵向火源位置 A、B、C、D、E、B′、C′、D′、E′,以分析纵向火源位置对顶壁下方烟气温度的影响，其具体火源位置如图 5-3 所示。其中位置 A 为隧道纵向中心，位置 E 为竖井内壁的正下方，位置 B 为位置 A 与位置 E 的中点，位置 C 为位置 B 与位置 E 的中点，位置 D 为火源外侧紧贴竖井内壁的位置，根据火源热释放率的大小不同而进行调整。因为坡度隧道与水平隧道不同，不具有对称性，因此在位置 B、C、D、E 关于位置 A 对称的位置选取位置 B′、C′、D′、E′。所有火源位置都位于隧道的中轴线上。

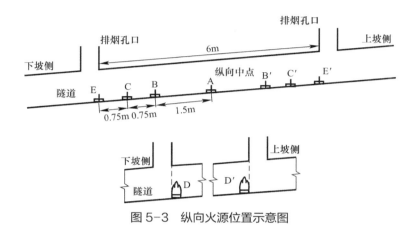

图 5-3 纵向火源位置示意图

纵向火源位置、火源热释放率（HRR）及坡度对烟气特性的影响试验工况见表 5-1。

纵向火源位置、HRR 及坡度试验工况表　　　　表 5-1

| 工况编号 | 坡度 | HRR（kW） | 竖井长度（m） | 竖井高度（m） | 竖井宽度（m） | 竖井间距（m） | 火源位置 |
|---|---|---|---|---|---|---|---|
| 1～3 | 5% | 0.935/1.599/2.733 | 0.1 | 0.1 | 0.25 | 3 | A |
| 4～6 | | | | | | | B |
| 7～9 | | | | | | | C |
| 10～12 | | | | | | | D |
| 13～15 | | | | | | | E |
| 16～18 | | | | | | | B′ |
| 19～21 | | | | | | | C′ |
| 22～24 | | | | | | | D′ |
| 25～27 | | | | | | | E′ |

图 5-4 所示为不同火源热释放率时，不同纵向火源位置处的顶壁下方烟气温度分布。由试验结果可知：

（1）当火源位于 E、E′ 时，顶壁下方温度明显低于其他火源位置，原因是当火源位于 E、E′ 时，有一部分火羽流直接位于顶部开孔的正下方，其所产生的高温烟气有

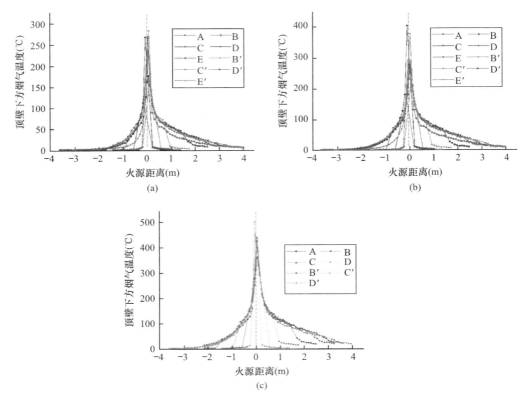

图 5-4　隧道坡度为 5%，不同火源热释放率时顶壁下方烟气温度分布与火源位置关系图
（a）$HRR=0.935$kW；（b）$HRR=1.599$kW；（c）$HRR=2.733$kW

很大一部分在热压作用下直接通过顶部开孔排出，因此流向火源段和非火源段的高温烟气量减少，导致顶壁下方烟气温度相较其他位置时更低。

（2）当火源位于 A、B、C、D、B′、C′、D′ 时，火羽流完全位于火源段以内，高温烟气先撞击顶壁，扩散至顶部开孔下方时才通过竖井排出。由图可以看出，火源段的顶壁下方烟气温度曲线几乎重合，说明纵向火源位置变化所引起的两侧竖井排烟驱动力与两侧沿程高差烟囱效应的变化对羽流卷吸及烟气扩散的影响很小，各火源位置处顶壁下方烟气温度分布规律一致。

（3）当火源位于 D′、C′ 时，上坡侧竖井后方的烟气温度接近环境温度，说明烟气被完全排出，而当火源位于 B′ 时，上坡侧竖井后方烟气温度高于环境温度，且随着火源的进一步远离而不断升高，这说明上坡侧竖井处的烟气随着火源的远离而转变为无法完全排出，并且扩散至非火源段的烟气不断增多，其原因是随着火源位置的远离，上坡侧竖井下方的烟气温度降低，使排烟驱动力减弱。而对于下坡侧竖井，因为流向下坡侧的烟气较少，所以当火源位置改变时，烟气都可以完全排出。因此当火源外边缘紧贴下坡侧竖井内壁，即位于位置 D 时，烟气在火源段蔓延的距离最长，且竖井后方烟气温度较高，此时有大量烟气蔓延至上坡侧竖井后方，并通过沉降随新鲜空气回流至火源段，对人员安全造成威胁。

### 5.1.2 纵向火源位置对竖井内烟气温度的影响

在第 4 章所述模型试验系列 3 上进行试验，探究了在隧道坡度为 5% 时纵向火源位置对两侧竖井内烟气温度的影响，纵向火源位置如图 5-3 所示。

图 5-5 为火源两侧竖井内的烟气温度与火源和竖井内壁距离的关系图。由试验结果可知，火源两侧竖井内烟气温度都会随火源的远离而降低，原因是火源的远离使竖井下方烟气温度降低，同时排烟驱动力减弱使得进入竖井的烟气更少，从而使竖井内烟气温度降低。

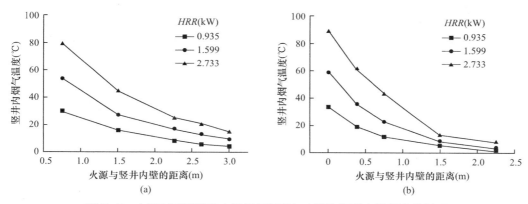

图 5-5　火源对两侧竖井内的烟气温度与火源和竖井内壁距离的关系
（a）上坡侧竖井；（b）下坡侧竖井

由图 5-5 中曲线还可以得出，随着火源逐渐远离竖井，竖井内烟气温度下降的速度逐渐减缓，原因是随着烟气蔓延距离的增大，烟气温度衰减的速率减慢，因此竖井下方烟气温度的下降速度也变慢，导致竖井内烟气温度下降速度逐渐减缓。

## 5.2　最不利火灾位置

如前所述，竖井自然通风隧道发生火灾时，当火源逐渐向其中一个竖井靠近时，可能导致更多烟气无法从孔口排出而弥漫在隧道内，也就是说火源远离隧道段中心可能会导致更恶劣的疏散环境[6]。本节通过对隧道内火源不同纵向位置烟气特性的研究，确定自然通风条件下隧道火灾最不利火源位置。

## 5.2.1 水平隧道最不利火源位置模型试验研究

**1. 实验设置**

模型试验系列 4：模型隧道系统由模型隧道和排烟竖井组成，如图 5-6 所示。模型隧道长 14m、宽 0.25m、高 0.25m，隧道顶壁纵向中轴线上方设置 2 个矩形断面的排烟竖井。火源位置、竖井尺寸及竖井间距根据实验工况确定，隧道两端均为开口。

图 5-6　模型隧道试验台实物图（1/20 尺寸）

温度的测量采用直径为 1mm 的 K 型铠装热电偶，为了研究自然通风隧道火灾烟气沿隧道纵向的扩散特性，以隧道断面中心为轴，两侧热电偶对称布置，两个热电偶之间的距离为 10cm，热电偶距离顶壁的距离为 1cm，每个竖井在距离隧道顶壁 6cm 处布置 3 个热电偶，测量火灾试验时竖井内的排烟温度，自然通风竖井内排烟温度通过对 3 个测点的烟气温度求平均值得到，热电偶的位置如图 5-7 所示。

试验所用模拟火源为无水甲醇（含量≥99.5%）。

计算甲醇火源功率以及根据 Froude 模型相似关系得全尺寸火源功率，计算结果如表 5-2 所示。

不同油盘对应的火源功率　　　　　　　　　　表 5-2

| 编号 | 油盘规格<br>（cm×cm） | 火源功率<br>（kW） | 全尺寸火源功率<br>（mW） |
|---|---|---|---|
| 1 | 7.4×7.4 | 1.678 | 3.00 |
| 2 | 9.4×9.4 | 2.754 | 4.93 |
| 3 | 11.5×11.5 | 3.773 | 6.75 |
| 4 | 13.5×13.5 | 5.158 | 9.23 |

# 第 5 章 隧道火灾自然排烟的最不利火灾位置

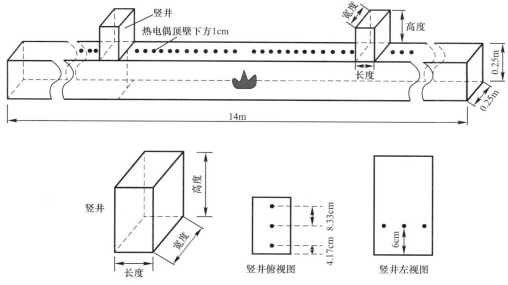

图 5-7 热电偶测点分布及竖井结构

**2. 实验结果**

为了便于描述和说明,定义竖井内边距之间的区域为火源段,竖井及内边距之外的区域为非火源段。

选取两通风竖井下方之间的区间隧道作为火灾可能发生的位置,分析了火源在不同位置处顶壁烟气温度分布。由于火灾发生位置位于该区间隧道中心右侧时的火灾烟气特性与左侧对应位置具有相同性,因此仅针对隧道中心左侧的火源位置进行研究。研究了 6 个不同的火源位置,分别为,A:火源中心位于两竖井正中间;B:火源中心距离竖井内侧壁 30cm;C:火源外边缘距离竖井内侧壁 6.7cm;D:火源外边缘位于竖井内侧壁正下方;E:火源中心位于竖井内侧壁正下方;F:火源中心处于竖井正下方,如图 5-8 所示。

火源位置试验工况如表 5-3 所示。

火源位置试验工况    表 5-3

| 工况 | 热释放率(kW) | 火源位置 | 竖井间距 | 竖井尺寸(mm)(长×宽×高) |
|---|---|---|---|---|
| 1~4 | 1.678、2.754、3.773、5.158 | A | 3.0m | 150×250×0 |
| 5~8 | 1.678、2.754、3.773、5.158 | B | | |
| 9~12 | 1.678、2.754、3.773、5.158 | C | | |
| 13~16 | 1.678、2.754、3.773、5.158 | D | | |
| 17 | 3.773 | E | | |
| 18 | 3.773 | F | | |

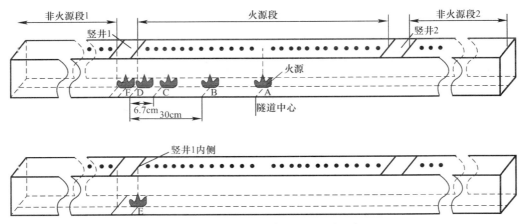

图 5-8 火源位置（竖井高度为 0）

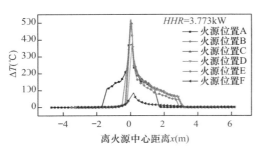

图 5-9 火源位置对顶壁烟气温度的影响

图 5-9 给出了火源热释放率为 3.773kW 时，火源在隧道不同位置时隧道顶壁烟气温度的对比情况。从图中可以看出，烟气温度沿隧道纵向方向逐渐降低，当烟气扩散到竖井处时，由于浮升力的作用，大量烟气从竖井排出，竖井处烟气温度陡然下降，导致非火源段烟气温度几乎等于环境温度且明显低于火源段烟气温度。上述分析说明，非火源段内的顶壁烟气温度对人员逃生几乎没有影响。因此，通过分析火源段内的烟气温度分布，研究隧道火灾自然通风的最不利火源位置。

图 5-9 显示，当火源位于 A、B、C、D 时，火源段内火源右侧隧道顶壁下方烟气温度几乎相等，但当火源位置处于 D 时，烟气扩散距离比火源位于 A、B、C 时的烟气距离都长。当火源处于 E 时，部分烟气直接被竖井排出，造成火源段烟气温度明显比 A、B、C、D 处低。当火源处于 F 时，整个火源处于竖井的正下方，大部分烟气直接从竖井排走，造成火源段烟气温度进一步降低。

综上分析，从人员安全疏散的角度，火源位置 D 为隧道内最不利火源位置，火源位置 F 为最有利火源位置。

为研究在不同的火源热释放率下，最不利火源位置是否会发生变化。对其他火源释放率情况下的火源最不利位置进行了研究，分别为：1.678kW、2.754kW、5.158kW。如前所述，火源位置 E、F 是较有利的，不再赘述，仅对火源位置 A、B、C、D 进行分析。

从图 5-10 可以看出，在同一火源热释放率下，不同火源位置，火源右侧温度基本相等，位置 D 的烟气扩散距离比位置 A、B、C 长，与火源热释放率为 3.773kW 时情况一致。因此，最不利火源位置不受火源热释放率的影响。从图 5-11 可以看出，在火源位置 D 处，不同火源热释放率火焰几乎没有发生偏转，说明两通风竖井内的压力不平衡不会对火焰的偏转造成影响，或者说燃料燃烧对周围冷空气的卷吸作用远大于竖井压力不平衡可能导致的隧道内火源两侧压力不平衡。

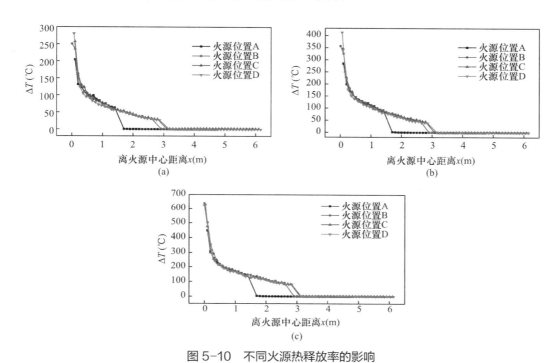

图 5-10　不同火源热释放率的影响

（a）火源热释放率为 1.678kW；（b）火源热释放率为 2.754kW；（c）火源热释放率为 5.158kW

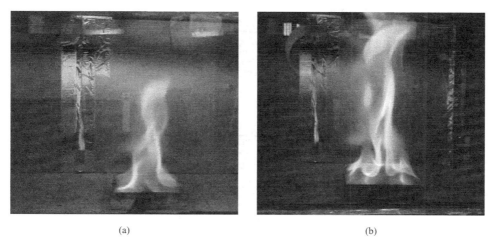

图 5-11　火源位置 D，不同火源热释放率火焰的偏转情况

（a）$HRR = 1.678$kW；（b）$HRR = 2.754$kW

(c)　　　　　　　　　　　　　(d)

图 5-11　火源位置 D，不同火源热释放率火焰的偏转情况（续）
（c）$HRR=3.773$kW；（d）$HRR=5.158$kW

## 5.2.2　坡度隧道最不利火源位置模型试验研究

试验在第 4 章所述模型试验系列 3 上进行，在隧道的中轴线上共选取 9 个不同的火源位置，具体如图 5-12 所示。其中，位置 A 为隧道纵向中心，位置 E 为竖井内壁的正下方，位置 B 为位置 A 与位置 E 的中点，位置 C 为位置 B 与位置 E 的中点，位置 D 为火源外侧紧贴竖井内壁的位置，根据火源热释放率的大小不同而进行调整。因为坡度隧道与水平隧道不同，不具有对称性，因此在位置 B、C、D、E 关于位置 A 对称的位置选取位置 B′、C′、D′、E′。所有火源位置都位于隧道的中轴线上。

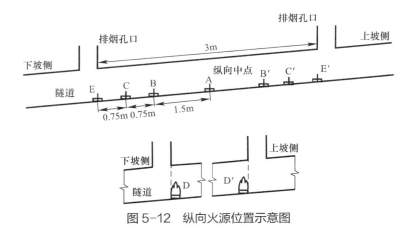

图 5-12　纵向火源位置示意图

在 5% 坡度隧道中展开试验，竖井尺寸为长 0.1m、高 0.1m，选取纵向火源位置 A、B、C、D、E、B′、C′、D′、E′，以通过分析纵向火源位置对顶壁下方烟气温度的影响，并从隧道内人员安全与疏散的角度出发，确定采用自然排烟的坡度隧道发生火灾时的最不利火源位置。

具体试验工况与第 5.1.1 节所设工况一致，由第 5.1.1 节对不同纵向火源位置处的顶壁下方烟气温度分布影响（图 5-4）可知：火源位于位置 D 时，烟气在火源段蔓延的距离最长，且竖井后方烟气温度较高，此时有大量烟气蔓延至上坡侧竖井后方，并通过沉降随新鲜空气回流至火源段，对人员安全造成威胁。也就是其发生火灾时的最不利火源位置为纵向位置 D，即火源外边缘紧贴竖井内壁的位置，且最不利火源位置与火源热释放率无关。

### 5.2.3 最不利火灾位置数值模拟研究

本节利用数值模拟模型（见第 4 章）研究了隧道中不同列车位置、车厢中不同火源位置、列车中不同着火车厢位置对顶部开孔的地铁区间隧道火灾烟气特性的影响，分析了影响人员逃生安全疏散的最不利火灾位置。

#### 1. 最不利列车位置

用数值模拟分析隧道中列车位置对火灾烟气特性的影响时，火源位于列车中部。如图 5-13 所示。当火灾列车向隧道某侧偏移造成列车中部火源位置偏离两相邻孔口下方隧道段的中心位置时，会导致隧道内的烟气特性发生变化，进而对人员逃生的安全疏散造成影响。选取某特定两相邻孔口下方的隧道段作为研究对象，研究火灾列车位于该段隧道中心及其左侧不同位置时的火灾烟气特性，显然，火灾列车位于该段隧道中心右侧对应位置处时，火灾烟气具有与左侧相似的特性。

根据上述分析，研究了 5 种不同列车位置对火灾烟气特性的影响，如图 5-13 所示。其中，列车处于位置 1 时，着火车厢位于两相邻孔口的中间下方；列车处于位置 2 时，着火车厢的最左端位于左侧孔口的内侧面下方；列车位于位置 3 时，着火车厢左端最外侧门窗的外侧面位于左侧孔口的内侧面下方；列车处于位置 4 时，着火车厢门窗位于左侧孔口下方；列车位于位置 5 时，着火车厢门窗及车内火源位于该孔口下方。

5 种不同列车位置的隧道火灾顶壁烟气温度、人员高度处烟气温度、人员高度处 CO 浓度和人员高度处的消光系数如图 5-14~图 5-17 所示。

图 5-15 显示，由于火灾烟气从列车内流出时会受到列车门窗的影响，导致火源正上方的顶壁烟气温度略低。

从图 5-14 中可以看出，当列车处于位置 1、2 和 3 时火源段中火灾烟气温度几乎相同，这三个位置的共同特点是：着火车厢中所有的门窗都在两相邻孔口之间的下方隧道段内，此时，火灾烟气从列车进入隧道的过程中不会受到隧道顶部孔口的影响。

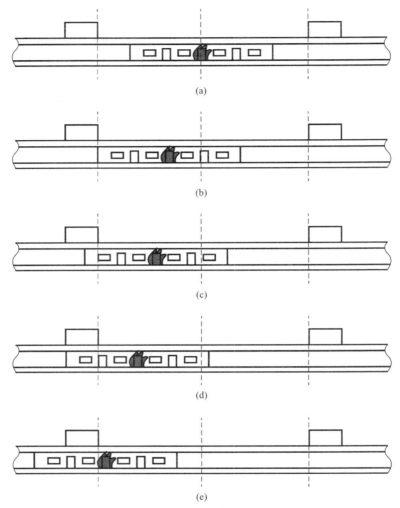

图 5-13 不同的列车位置

（a）列车位置 1；（b）列车位置 2；（c）列车位置 3；（d）列车位置 4；（e）列车位置 5

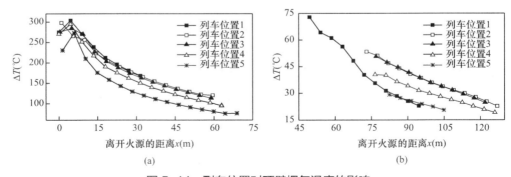

图 5-14 列车位置对顶壁烟气温度的影响

（a）火源段；（b）非火源段

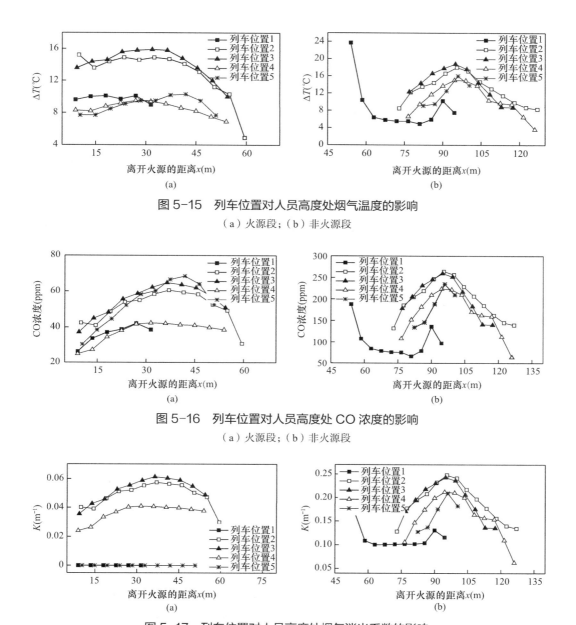

图 5-15 列车位置对人员高度处烟气温度的影响
（a）火源段；（b）非火源段

图 5-16 列车位置对人员高度处 CO 浓度的影响
（a）火源段；（b）非火源段

图 5-17 列车位置对人员高度处烟气消光系数的影响
（a）火源段；（b）非火源段

当列车处于位置 4 时，着火车厢门窗将位于左侧孔口下方，这时火灾烟气从列车进入隧道时将会受到该孔口的影响，造成火源段烟气温度下降。当列车处在位置 5 时，火源及着火车厢门窗都位于左侧孔口下方，此时火源的卷吸过程以及火灾烟气从列车进入隧道时都将受到顶部孔口的影响，造成火源段烟气温度进一步降低。

图 5-14 中显示，非火源段内相同位置处，列车处于位置 2 和位置 3 时的顶壁烟气

温度比列车处于位置 1 时的顶壁烟气温度高，这是因为列车处于位置 2 和位置 3 时火源与右侧相邻孔口的位置较远，与列车处于位置 1 时相比，火灾烟气到达该孔口处时的烟气温度较低，造成孔口排烟量减小，从而导致扩散到非火源段的烟气量增大，最终导致非火源段的顶壁烟气温度较高。与火源段相同，火源处于位置 4 和位置 5 时，由于顶部孔口的影响，非火源段的顶壁烟气温度同样较低。

列车处于隧道中不同位置时顶壁烟气温度的分析结果表明，从人员逃生的安全疏散角度出发，列车处于位置 2 和位置 3 时为列车在隧道中的最不利位置，但列车处于位置 3 时，火源与右侧相邻孔口的距离比火源处于位置 2 时远 1.8m，因此，将列车位置 3 定为隧道发生火灾时列车在隧道中的最不利位置。

从图 5-15～图 5-17 可以看出，人员高度处的烟气温度在隧道纵向上变化较为剧烈，这是由于人员高度处位于烟气混合层内（介于顶壁热烟气层和下部冷烟气层之间）。图中显示，人员高度处烟气参数的分布结果同样表明位置 3 为列车在隧道中的最不利位置。

2. 最不利火源位置

隧道火灾列车位于最不利位置，火源位于着火车厢中部，而当火源偏离着火车厢中部位置时，由于门窗的影响，会造成进入隧道的火灾烟气特性发生变化。由于烟气特性的对称相似性，且为了与最不利列车位置的研究相统一，本文同样研究了火源位于着火车厢中部及其左侧不同位置处的火灾特性。

根据上述分析，本小节研究了着火车厢中 3 种不同的火源位置对火灾烟气特性的影响，火源位置 1 为火源位于着火车厢中部（即上述的列车位置 5），如图 5-13（e）所示；火源位置 2 为火源位于着火车厢最左侧门窗处，火源位置 3 为火源位于着火车厢最左端，如图 5-18 所示。

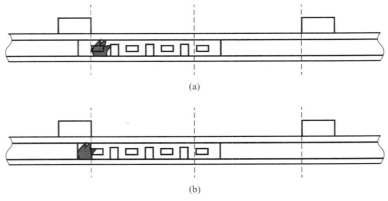

图 5-18　不同的火源位置
（a）火源位置 2；（b）火源位置 3

着火车厢中 3 种不同火源位置时，隧道顶壁烟气温度、人员高度处温度、人员高度处 CO 浓度和人员高度处的消光系数比较分别如图 5-19～图 5-22 所示。

从图中可以看出，除个别点外，火源处于位置 3 时的烟气参数均高于其余两个位置时的烟气参数，而且火源处于位置 3 时，与右侧相邻孔口的距离最远，即烟气扩散距离最远，因此，将火源位置 3 定为隧道发生火灾时火源在着火车厢中的最不利位置。

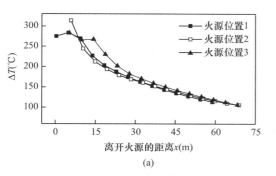 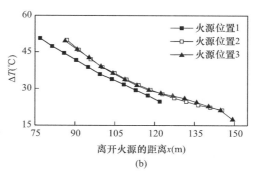

图 5-19　着火车厢中火源位置对隧道顶壁烟气温度的影响
（a）火源段；（b）非火源段

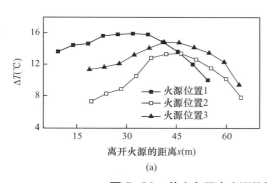 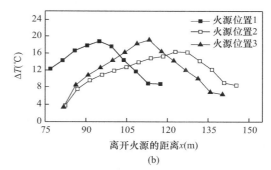

图 5-20　着火车厢中火源位置对人员高度处烟气温度的影响
（a）火源段；（b）非火源段

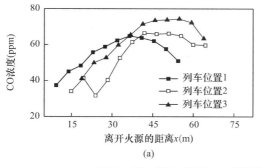 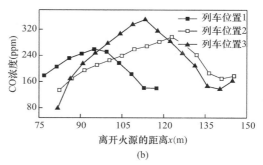

图 5-21　着火车厢中火源位置对人员高度处 CO 浓度的影响
（a）火源段；（b）非火源段

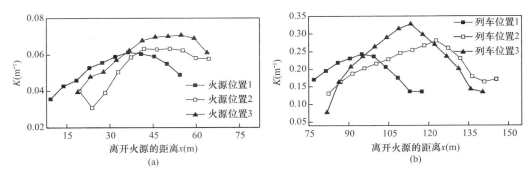

图 5-22 着火车厢中火源位置对人员高度处烟气消光系数的影响
（a）火源段；（b）非火源段

**3. 最不利车厢位置**

研究隧道火灾列车最不利位置和最不利火源位置时，着火车厢位于列车中部，而当着火车厢偏离列车中部位置时，由于列车阻塞的影响，会造成隧道内火灾烟气特性发生变化。但根据第 4 章的分析结果，隧道中的列车阻塞对隧道火灾烟气特性的影响很小，为了安全起见，对着火车厢位于列车中部和位于列车最左端两种极限位置进行了分析研究，结果表明，在两种极限着火车厢位置下，隧道内的烟气特性几乎相同，显然着火车厢在列车中的位置对火灾烟气特性没有影响。由于第 4 章已经分析了列车阻塞对火灾烟气特性的影响，在此不再赘述不同着火车厢位置的比较结果。

**4. 火灾最不利位置小结**

本小节对隧道内 5 种不同列车位置、着火车厢内 3 种不同火源位置和列车中 2 种不同着火车厢位置影响下的隧道火灾烟气特性进行了详细、系统的研究，结果表明，顶部开孔的地铁区间隧道火灾最不利位置为：列车最外侧门窗的外侧边位于某隧道段的孔口内侧边正下方，火源位于着火车厢相应的最外端，如图 5-23 所示。接下来对烟气特性、烟气计算模型等的研究，皆采用此火灾最不利位置。

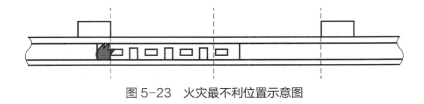

图 5-23 火灾最不利位置示意图

## 5.3 火灾最不利位置时烟气扩散特性

本节采用第 5.2.1 节所述模型试验系列 4 试验台，结合第 5.2.1 节的研究结果，将火源设置在最不利位置（D）处，如图 5-24 所示，进行一系列模型实验，测定隧道火灾顶壁烟气温度，研究火源热释放率、竖井横向位置、竖井间距、竖井长宽比、竖井尺寸因素影响下的隧道顶壁火灾烟气温度以及竖井排烟温度特性分布。

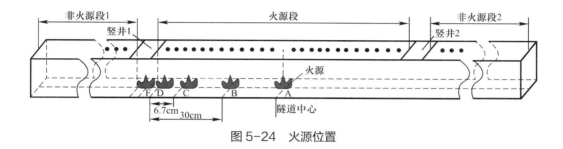

图 5-24　火源位置

为了便于描述和说明，定义火源近端的竖井为竖井 1，远离火源端的竖井为竖井 2。

## 5.3.1　隧道顶壁烟气温度分布特性

隧道顶壁烟气温度分布如图 5-25 所示（$HRR=3.773\text{kW}$），在有竖井的情况下（竖井长度为 8cm），随着烟气的蔓延，火源的右侧烟气温度逐渐衰减，这是由于烟气不断与隧道壁面进行热传递，当烟气蔓延到竖井 2 之后，部分烟气直接通过它排出，大部分热量直接被排走，烟气的温度会陡然降低；对于火源的左侧，由于竖井 1 位于羽流形成区上方，在烟气一维扩散前即开始排烟，大部分烟气从竖井 1 排走，导致竖井 1 之后的烟气温度很低。在无竖井的情况下，隧道顶壁处烟气温度沿着火源的中心对称分布。在火源附近的几个热电偶测得的温度衰减较快，其余顶壁烟气温度衰减较慢，因为烟气羽流上升撞击隧道顶壁后进行径向的三维扩散，当受隧道侧壁的限制时转为纵向的一维扩散。

通过对比发现，火源段的温度几乎相等，通过前文分析可知，这是因为竖井排烟压力的不平衡不会对火羽流的偏转产生影响；非火源段有竖井时烟气温度远低于同一位置没有竖井时的烟气温度，尤其是火源左侧的烟气温度相差较大，说明竖井可以达到一个很好的排烟、排热效果。如果以烟气温度与环境温度相等来判断烟气的扩散长度，无竖井两侧的烟气扩散长度明显比有竖井要长，从烟气温度和烟气回流长度的角度出

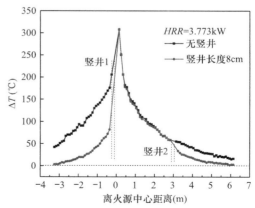

图 5-25　隧道顶壁烟气温度分布特性
（竖井高度为 0）

发，竖井有利于人员安全逃生。

## 5.3.2 隧道顶壁烟气温度分布影响因素

**1. 火源热释放率**

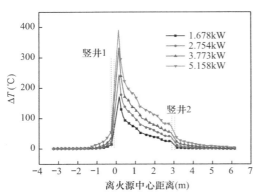

图 5-26 火源释放率对顶壁烟气温度的影响

从图 5-26 可以看出（图为竖井的间距为 3.0m，竖井长度为 6cm，竖井高度为 10cm），火源段隧道顶壁温度随着火源释放率的增加呈现同步增加，非火源段呈现出同样的趋势。同样，随着烟气的扩散，烟气不断与隧道顶壁的进行热传递，顶壁烟气的温度逐渐降低。

**2. 竖井横向位置**

在竖井尺寸相同的情况下，改变竖井横向位置（隧道中间、隧道一侧），隧道中间是指竖井截面的纵向中心线于隧道顶壁的纵向中心线重合，隧道一侧是指竖井的一侧于隧道侧壁一侧重合，对顶壁烟气温度分布进行分析，如图 5-27 所示。具体试验工况如表 5-4 所示。

竖井横向位置试验工况（火源位置 D）　　　　表 5-4

| 工况 | 热释放率（kW） | 竖井位置 | 竖井间距 | 竖井尺寸（长 × 宽 × 高）(mm) |
|---|---|---|---|---|
| 19～20 | | | | 250 × 100 × 0 |
| 21～22 | | | | 208.33 × 120 × 0 |
| 23～24 | 3.773 | 隧道中间、一侧 | 3.0m | 156.25 × 160 × 0 |
| 25～26 | | | | 125 × 200 × 0 |
| 27～28 | | | | 100 × 250 × 0 |

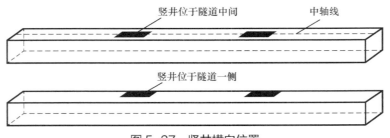

图 5-27 竖井横向位置

图 5-28 为竖井横向位置不同，4 种不同的竖井尺寸下（250mm×100mm×0、208.33mm×120mm×0、156.25mm×160mm×0、125mm×200mm×0）隧道顶壁烟气温度的分布情况。从图中可以看出，火源段顶壁的烟气温度几乎相等，说明竖井横向位置不会对火焰的偏转情况造成影响，对于非火源段，竖井位置在隧道中间比隧道一侧的烟气温度偏低。这是因为在靠近隧道一侧，烟气同时与隧道顶壁和隧道侧壁进行热量交换，而隧道纵向中心线的烟气只与隧道顶壁进行热量交换，这样就造成靠近隧道一侧的烟气温度低于隧道中心线上的烟气温度，在竖井尺寸相同的条件下，竖井位于隧道一侧比竖井位于中间位置排走的烟气热量相对偏少，导致扩散到竖井后方的温度相对偏高。

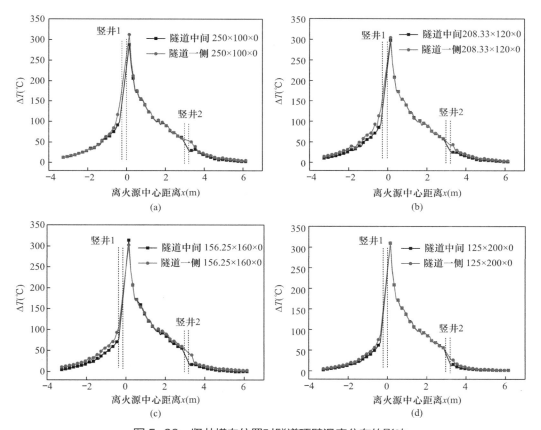

图 5-28　竖井横向位置对隧道顶壁温度分布的影响

（a）250mm×100mm×0；（b）208.33mm×120mm×0；（c）156.25mm×160mm×0；（d）125mm×200mm×0

3. 竖井间距

本小节研究了 3 种竖井间距（1.5m、3.0m 和 4.4m）对自然通风竖井地铁区间隧道火灾顶壁烟气温度的影响。

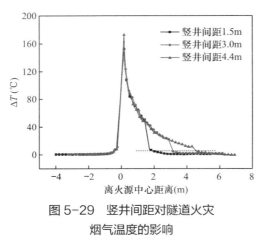

图 5-29 竖井间距对隧道火灾
烟气温度的影响

图 5-29 给出了竖井间距对隧道火灾烟气温度的影响（HRR 为 1.678kW，竖井长度为 10cm，竖井高度为 10cm）。从图中可以看出，竖井间距对火源段顶壁烟气温度几乎没有影响，说明竖井间距不会对火焰的偏转情况造成影响。竖井间距对于非火源顶壁烟气温度随着竖井间距的减小而略有减少，这是因为竖井间距变小时，烟气在火源段蔓延距离变小。从图中可以看出，竖井下方的烟气温度相对较高，从而进去竖井内的烟气温度就较高，竖井内热烟与室外空气之间的压强差增大，导致更强的烟囱效应，更多的烟气通过竖井排走，扩散到竖井后方的烟气量减少，从而非火源段的顶壁烟气温度就相对较低。

4. 竖井长宽比

在竖井面积相等（竖井的高度为 0）的条件下，研究了 5 种竖井长宽比 [ 分别为 2.50（长 250mm、宽 100mm）、1.74（长 208.33mm、宽 120mm）、0.98（长 156.25mm、宽 160mm）、0.63（长 125mm、宽 200mm）、0.40（长 100mm、宽 250mm）]，对自然通风竖井地铁区间隧道火灾顶壁烟气温度的影响。

图 5-30（a）为火源释放率为 3.773kW、不同竖井长宽比对隧道顶部烟气温度分布的影响，可以看出，火源段顶壁烟气温度基本保持不变，说明竖井长宽比不会对火焰的偏转情况造成影响，非火源段竖井长宽比为 2.5 时烟气温度最高，当竖井长宽比为 0.4 时烟气温度最低，可以看出随着竖井长宽比的减小，非火源段的烟气温度是逐渐降低的。因为竖井长宽比较大时 [ 图 5-31（a）]，一部分烟气从竖井的两侧绕过继续向非火源段扩散，当竖井长宽比较小时 [ 图 5-31（b）]，较多的烟气从竖井排走，导致非火源段的烟气温度相对较低。表明竖井宽度与隧道宽度相同时，排烟效果最好。图 5-30（b）为火源释放率为 5.158kW，其情况与火源热释放率为 3.773kW 时一样。

5. 竖井尺寸

图 5-32（HRR 为 1.678kW，竖井高度为 0）和图 5-33（HRR 为 3.773kW，竖井长度为 8cm）分别为竖井长度和竖井高度对隧道顶壁烟气温度纵向分布的影响。从图中可以看出，竖井长度和竖井高度对火源段顶壁的烟气温度几乎没有影响，说明竖井的排烟情况不会影响到火源段的顶壁烟气温度分布，非火源段顶壁的烟气温度随着竖井长度和竖井高度的增加而减小。因为随着竖井高度的增加，竖井与环境之间的压强差增大，导致烟囱效应增强，更多的烟气通过竖井排走；竖井长度增加，竖井下方烟

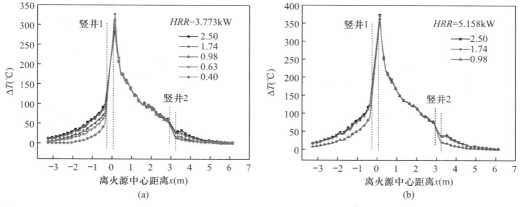

图 5-30　竖井长宽比对隧道顶壁烟气温度分布的影响

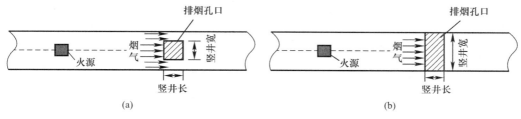

图 5-31　不同竖井长宽比下孔口处烟气扩散情况
（a）长宽比较大；（b）长宽比较小

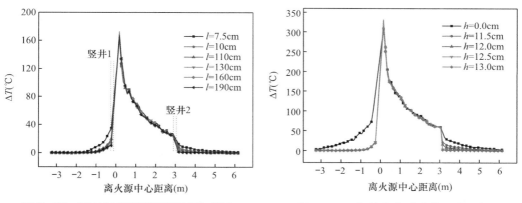

图 5-32　竖井长度对隧道顶壁烟气温度
纵向分布的影响

图 5-33　竖井高度对隧道顶壁温度
纵向分布的影响

气的惯性力一定，导致烟气能够越过竖井的能力减弱，同时竖井的横截面面积增加，导致竖井的排烟量增加。所以竖井长度或竖井高度增大都会导致一样的结果，即竖井排走更多的热量，扩散到竖井后方的烟气量减少，从而造成竖井后方的烟气温度变低，正如图 5-34 和图 5-35 所示，竖井长度或竖井高度增加，烟气越过竖井之后的烟气层厚度减小。

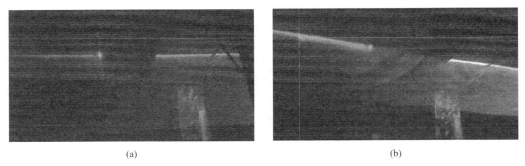

图 5-34　竖井长度对竖井下方烟气层特征的影响（$HRR$ = 1.678kW，间距 4.4m，竖井高 12cm）

（a）竖井长 10cm；（b）竖井长 13cm

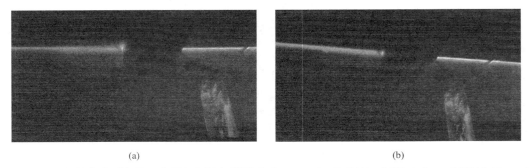

图 5-35　竖井高度对竖井下方烟气层特征的影响（$HRR$ = 2.754kW，间距 4.4m，竖井长 10cm）

（a）竖井高 14cm；（b）竖井高 15.5cm

### 5.3.3　竖井内烟气温度影响因素

由于竖井 1 位于在烟气未进行一维扩散时就进行排烟，竖井 2 的排烟相对是不利的，所以只针对竖井 2 的排烟情况进行分析。

1. 火源热释放率

图 5-36 为不同火源热释放率对竖井 2 排烟温度的影响（竖井间距为 3.0m，竖井长度为 4cm，竖井高度为 16m），通过对图 5-36 中的数据进行拟合得到 $\Delta T = -4.81 + 17.72Q$，相关系数为 0.99。可以看出，竖井排烟温度随着火源释放率的增加几乎呈线性升高，随着火源热释放率的增加，隧道顶壁的烟气温度升高，烟气扩散到竖井处的温度升高，相应进入竖井内的烟气温度升高，导致竖井的烟囱效应增强，竖井的排烟温度逐渐上升。

2. 竖井间距

图 5-37 为不同竖井间距对竖井 2 排烟温度的影响（$HRR$ = 1.678kW，竖井长度为 10cm，竖井高度为 10cm），从图中可以看出，竖井内排烟温度随竖井间距的增加几乎呈线性降低，这是因为随着竖井间距变小，烟气在火源段蔓延距离变小，从而进入竖

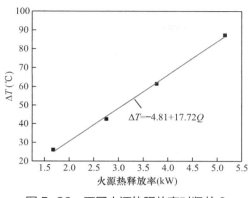

图 5-36 不同火源热释放率对竖井 2
排烟温度的影响

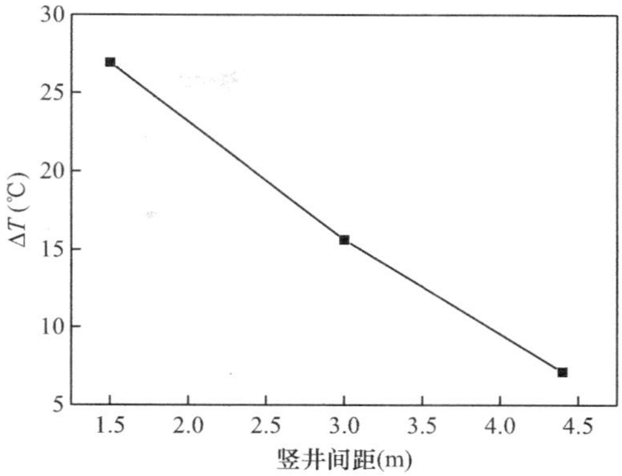

图 5-37 竖井间距对竖井 2 排烟温度的影响

井内的烟气温度较高,竖井与环境的压强差增大,导致烟囱效应较强,更多的烟气通过竖井排走。

3. 竖井长度

图 5-38(a)为不同竖井长度下竖井 2 的排烟温度(竖井间距为 3.0m,$HRR$ = 1.678kW,竖井高度为 14cm),从图中可以看出,竖井内排烟温度随着竖井长度的增加先下降后几乎保持不变。随着竖井长度的增加,竖井的排烟面积变大,更多的来流空气卷吸进入竖井内的冷空气增加,导致竖井内的烟气温度下降,当竖井的长度增加到一定值时,烟气集中在竖井的内侧(靠近火源的一侧)排走,此时竖井的排烟温度几乎不再会随着竖井长度的增加而下降。图 5-38(b)为竖井间距为 3.0m,$HRR$ = 5.158kW,竖井高度为 12cm 时,与图 5-38(a)的情况一样。

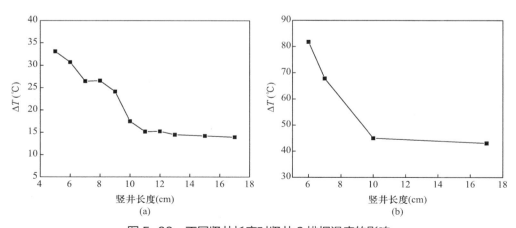

图 5-38 不同竖井长度对竖井 2 排烟温度的影响

(a)$HRR$ = 1.678kW、竖井高度为 14cm;(b)$HRR$ = 5.158kW,竖井高度为 15cm

#### 4. 竖井高度

图 5-39（a）为不同竖井高度下竖井 2 的排烟温度（竖井间距为 3.0m，$HRR$ = 1.678kW，竖井长度为 6cm），从图中可以看出，随着竖井高度的增加，竖井内的排烟温度的升高幅度不大。竖井高度的增加导致竖井内的热压作用增强，更多的烟气通过竖井排走，同时也会让竖井的排烟温度上升，但是上升的幅度并不大，当火源热释放率为 1.678kW 时，竖井内排烟温度仅上升了 5℃，说明竖井高度的增加也会让更多的冷空气进入到竖井中与其中的烟气进行混合。图 5-39（b）为竖井间距为 3.0m，$HRR$ = 5.158kW，竖井长度为 6cm 时的情况，与图 5-39（a）的情况类似。

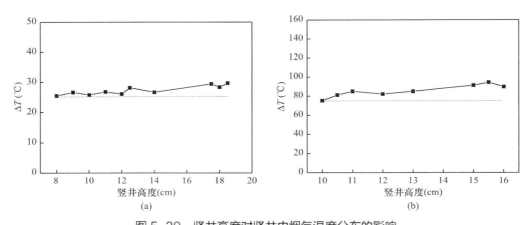

图 5-39　竖井高度对竖井内烟气温度分布的影响
（a）$HRR$ = 1.678kW，竖井长度为 6cm；（b）$HRR$ = 5.158kW，竖井长度为 6cm

## 5.4　本章小结

本章首先探究了纵向火源位置对火源段顶壁下方烟气温度、竖井内烟气温度的影响，结论为当火源完全位于火源段内时，纵向火源位置对火源段顶壁下方烟气温度分布没有影响。通过纵向火源位置对竖井内烟气温度的影响研究分析得出，火源两侧竖井内烟气温度都会随火源的远离而降低，随着火源逐渐远离竖井，竖井内烟气温度下降的速度逐渐减缓。

然后，采用第 4 章建立的隧道火灾三维数值模拟方法开展全尺寸隧道火灾数值计算，分析了顶部开孔的地铁区间隧道火灾最不利位置，结果表明：火灾最不利位置为：列车最外侧门窗的外侧边位于某隧道段的孔口内侧边正下方，火源位于着火车厢相应的最外端；其次在模型试验系列 4 上进行试验，分析自然排烟水平隧道最不利火源位置，得出最不利火源位置在火源外边缘紧贴竖井内壁。在模型试验系列 3 上进行了坡度隧道最不利火源位置的模型试验，得出结论：对于自然排烟的坡度隧道，当火源完全位于火源段内时，纵向火源位置对火源段顶壁下方烟气温度分布没有影响，从人员安全与疏散角度出发，确定了其最不利火源位置为位置 D；竖井两端温差和竖井尺寸所引起的两侧竖井排烟驱动力的变化，也都对火源段顶壁下方烟气温度分布没有影响；火源热释放率会使顶壁下方烟气温度升高，但对其衰减规律没有影响，以上现象与水平隧道具有一致性。

最后，在模型试验系列 4 上进行一系列试验，探讨了火源位于最不利火灾位置处顶壁烟气温度分布特性，以及火源位于最不利位置处顶壁烟气温度分布和竖井内烟气温度的影响，得出以下结论：

（1）随着烟气的蔓延，隧道顶部烟气温度逐渐降低，且随着火源热释放率的增加而增加，由于竖井的排烟作用，隧道顶壁纵向烟气温度在竖井处陡然下降，且火源段的顶壁温度比非火源段烟气温度高很多。通过有无竖井对比，火源段烟气温度基本相等；非火源段，有竖井时的烟气温度明显低于没有竖井时。

（2）竖井横向位置、竖井间距、竖井长宽比、竖井尺寸对火源段内的纵向烟气温度没有影响，但会对非火源段烟气温度造成影响，表现为竖井位于隧道中间、竖井间距越长、竖井长宽比越小、竖井越长或越高，非火源段内烟气温度越低。竖井内的排烟温度随着竖井间距的增加而减小，随着竖井长度的增加先下降后几乎保持不变，随着竖井高度的增加略有增加。

# 本章参考文献

［1］ Wang Y, Jiang J, Zhu D. Full-scale experiment research and theoretical study for fires in tunnels with roof openings[J]. Fire Safety Journal, 2009, 44(3): 339-348.

［2］ Cong H, Wang X, Kong X, et al. Effects of fire source position on smoke extraction efficiency by natural ventilation through a board-coupled shaft during tunnel fires[J]. Proceedings of the Combustion Institute, 2019, 37(3): 3975-3984.

［3］ Fan C, Chen J, Zhou Y, et al. Effects of fire location on the capacity of smoke exhaust from natural ventilation shafts in urban tunnels[J]. Fire and Materials, 2018, 42(8): 974-984.

［4］ 袁中原. 顶部开孔的地铁隧道火灾烟气扩散特性及控制方法［D］. 成都：西南交通大学，2012.

［5］ Zhao P, Chen T, Yuan Z, et al. Critical shaft height for complete smoke exhaustion during fire at the worst longitudinal fire location in tunnels with natural ventilation[J]. Fire safety journal, 2020, 116: 103207.

［6］ 陈滔. 地铁隧道火灾自然通风烟气特性及临界竖井长度研究［D］. 成都：西南交通大学，2019.

［7］ Yuan Z, Lei B, Bi H. The effect of fire location on smoke temperature in tunnel fires with natural ventilation[J]. Procedia Engineering, 2015, 121: 2119-2124.

# 第 6 章

# 烟气蔓延与孔口排烟的半经验预测模型

本章根据顶部开孔的地铁区间隧道火灾时的烟气扩散特性,结合隧道火灾的理论分析方法,得到了描述顶部开孔地铁区间隧道火灾特性的理论计算模型,主要有:隧道顶壁烟气温度纵向衰减模型、孔口排烟模型、隧道烟气温度分布模型、烟气扩散长度模型、烟气临界距离模型、隧道烟气能见度分布模型等。

## 6.1 顶壁烟气温度纵向衰减

隧道发生火灾时,烟气沿隧道纵向的扩散过程中会不断地向隧道顶壁和侧壁传热,同时不断卷吸隧道底部的冷空气,造成烟气在扩散过程中的温度逐渐衰减。

在隧道火灾纵向烟气温度分布规律方面,Hu 等人[1, 2]根据烟气沿隧道顶壁一维扩散的质量和能量守恒方程,在合理假设的基础上得到了烟气温度纵向分布的计算模型,并采用全尺寸试验对计算模型的相关参数进行了确定。有关学者如 Hinkley、Kim、Bailey、Delichatsios 等人[3-5][7]采用试验和理论分析相结合的方法,研究了烟气扩散过程与隧道火灾相似的走廊火灾烟气纵向温度分布规律。上述研究均表明,烟气温度沿纵向流动方向呈指数衰减规律。

在隧道火灾纵向烟气温度分布规律方面,纵向烟气温度分布涉及顶棚射流的理论。Alpert[8]是最早研究顶棚射流的学者,他根据理论分析的方法得到了建筑房间发生火灾时的顶棚射流表达式。Emmons[9]基于火灾羽流的高帽子分布特性,得到了不同于 Alpert 的一套计算顶棚射流的计算模型。Li[10]等人对走廊火灾羽流的发展过程进行合理假设,并在此基础上采用理论分析和试验研究相结合的方法得到了走廊火灾时顶棚射流的计算模型。Kung、Oka、Sugawa 等人[11-13]采用理论分析和模型试验相结合的方法研究了倾斜顶壁火灾时的顶棚射流问题,研究表明:烟气温度沿纵向流动方向呈指数衰减规律。

本节根据隧道火灾烟气的扩散特性,采用理论分析的方法对隧道火灾烟气温度的纵向衰减计算模型进行分析,并结合模型隧道火灾试验结果以及全尺寸隧道火灾数值模拟结果给出顶部开孔的地铁区间隧道发生火灾时的烟气温度纵向衰减特性。

## 6.1.1 顶壁烟气温度纵向衰减计算模型

考虑隧道火灾时烟气在纵向方向（定义为 $x$ 方向）上的热物性变化，如图 6-1 所示，并对烟气在隧道中的扩散做出如下假设[14]：

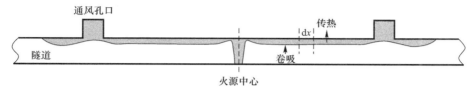

图 6-1 烟气纵向方向上的热物性变化

（1）隧道内的流动为双层流动模型，即上部为烟气层、下部为冷空气层；
（2）隧道断面处的烟气参数分布一致；
（3）烟气温度不太高，可忽略烟气辐射的影响；
（4）整个隧道内烟气的定压比热容 $c_p$ 为常数；
（5）整个隧道内烟气与壁面的对流传热系数 $\alpha$ 为常数[15-17]；
（6）隧道内的烟气或冷空气的流动为不可压缩流动。

根据上述假设，烟气扩散过程中的质量守恒方程可以表示为：

$$\frac{d\dot{m}}{dx} = \rho_0 B w_e \tag{6-1}$$

能量守恒方程可以表示为：

$$\frac{d}{dx}(c_p \dot{m} T) = \rho_0 c_p B w_e T_0 - \alpha l(T - T_w) \tag{6-2}$$

其中，式（6-1）右端为烟气流动过程中卷吸的下层冷空气量，式（6-2）右端第一项为进入烟气的空气含热量，第二项为烟气扩散过程中向隧道壁面的传热量。

$w_e$ 为卷吸系数，定义为：

$$w_e = \beta u \tag{6-3}$$

根据假设定压比热容 $c_p$ 为常数，式（6-2）可以写成如下形式：

$$\dot{m}\frac{dT}{dx} + T\frac{d\dot{m}}{dx} = \rho_0 B w_e T_0 - \frac{\alpha l(T - T_w)}{c_p} \tag{6-4}$$

联立式（6-1）和式（6-4），有

$$\frac{dT}{dx} = \frac{\rho_0 B w_e \Delta T}{\dot{m}} - \frac{\alpha l(T - T_w)}{c_p \dot{m}} \tag{6-5}$$

根据前人的研究，火灾烟气在隧道内的一维扩散阶段，$\beta$ 的值约为 0.00015[18, 19]，因此式（6-5）右端第一项可以忽略不计，同时假定隧道壁面温度 $T_w$ 为室外环境温度

$T_0$，且忽略烟气扩散过程中向隧道侧壁的传热量，即 $l \approx B$，此时式（6-5）可以写为：

$$\frac{d(\Delta T)}{\Delta T} = -\frac{\alpha B}{c_p \dot{m}} dx \qquad (6-6)$$

在火源段内的烟气一维扩散段选取一个参考位置 $x_{ref}$，该位置处对应的烟气温度为参考温度 $\Delta T_{ref}$，对式（6-6）进行积分有：

$$\int_{\Delta T_{ref}}^{\Delta T} \frac{d(\Delta T)}{\Delta T} = \int_{x_{ref}}^{x} -\frac{\alpha B}{c_p \dot{m}} dx \qquad (6-7)$$

式（6-7）的积分结果即为隧道火灾时烟气扩散过程中的温度衰减计算模型：

$$\frac{\Delta T}{\Delta T_{ref}} = e^{-k(x-x_{ref})} \qquad (6-8)$$

其中，$k$ 为衰减系数，表达式为：$k = \frac{\alpha B}{c_p \dot{m}}$

式（6-8）中的烟气温度可以替换为烟气的无量纲温度，有：

$$\frac{\Delta T^*}{\Delta T_{ref}^*} = e^{-k(x-x_{ref})} \qquad (6-9)$$

上述各式中：$B$ 为隧道宽度，$l$ 为隧道断面处烟气与隧道壁面接触的长度，$\alpha$ 为对流传热系数。

式（6-9）反映了隧道火灾烟气温度衰减符合自然指数的衰减规律，其中 $\Delta T$ 表征的是隧道断面处的烟气平均温度，此处将隧道顶壁的烟气温度视为特征温度，假定其同样满足该表达式。

## 6.1.2 顶壁烟气温度纵向衰减特性

采用模型隧道火灾试验结果和全尺寸隧道火灾三维数值模拟结果对式（6-8）进行验证，并对顶部开孔的地铁区间隧道火灾时的烟气温度纵向衰减特性进行研究。

式（6-8）是根据烟气在隧道内的一维扩散理论得到的，因此需要将参考位置选取在烟气的一维扩散段，根据对试验数据或数值模拟结果的观察，选取模型试验系列 1 中的参考位置为距离火源 0.9m 处，模型试验系列 2 中的参考位置为距离火源 0.6m 处，全尺寸隧道火灾三维数值模拟的参考位置为距离火源 27.8m 处。

选取隧道火灾模型试验和全尺寸隧道火灾三维数值模拟的典型工况，采用式（6-8）分别对顶壁纵向无量纲烟气温度衰减进行拟合，如图 6-2~图 6-4 所示。由于顶部开孔的隧道火灾烟气扩散过程中，烟气参数在临近火源的孔口处会发生突变，因此图 6-2~图 6-4 中仅对火源段的无量纲烟气温度进行了拟合，并在图中绘制了其他区域沿火源段温度衰减的趋势线，以阐述顶部开孔的地铁区间隧道顶部烟气温度衰减特性。

图 6-2～图 6-4 显示，火灾模型试验和全尺寸隧道火灾三维数值模拟中，火源段顶壁烟气无量纲温度纵向衰减结果均与拟合曲线吻合较好，这说明顶部开孔的地铁区间隧道火灾烟气温度在火源段的衰减符合式（6-8）的理论计算模型。但非火源段中，模型试验与全尺寸隧道火灾三维数值模拟结果均在拟合曲线下方，这是由于孔口排烟引起的隧道火灾纵向烟气温度在孔口处的突降而造成的。

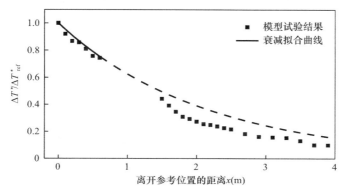

图 6-2 模型试验系列 1 中典型工况烟气纵向温度衰减

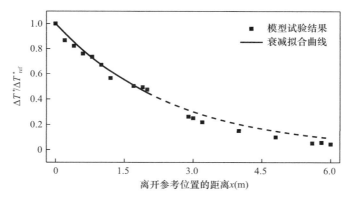

图 6-3 模型试验系列 2 中典型工况烟气纵向温度衰减

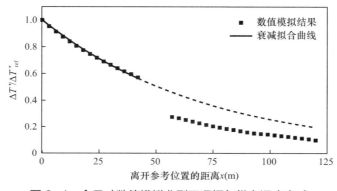

图 6-4 全尺寸数值模拟典型工况烟气纵向温度衰减

上述对隧道火灾烟气温度衰减特性的分析结果表明，由于孔口的排烟作用，顶部开孔的地铁区间隧道火灾烟气温度纵向衰减不能直接用式（6-8）进行理论计算，但烟气绕过孔口后的扩散过程中仍存在沿隧道纵向的一维扩散区域，而且通过对图 6-2～图 6-4 中的曲线进行观察发现，非火源段中的温度衰减特性与火源段的温度衰减特性较为类似，因此，可以认为非火源段中烟气一维扩散段的温度衰减仍符合式（6-9），但此时需要针对非火源段选取合理的参考位置 $x_{nref}$，该位置处对应的参考温度为 $\Delta T_{nref}$，此时非火源段中烟气温度的衰减理论计算模型可以表示为：

$$\frac{\Delta T}{\Delta T_{nref}} = e^{-k_n(x-x_{nref})} \quad (6-10)$$

式中 $k_n$——非火源段中的衰减系数。

采用针对非火源段选取的参考位置和其对应的参考温度，应用式（6-10）对上述选取的典型工况中非火源段的烟气无量纲温度衰减进行拟合，如图 6-5～图 6-7 所示。从图中可以看出，典型工况中的顶壁烟气无量纲温度纵向衰减结果均与拟合曲线吻合较好，这说明在选取合理的参考位置时，顶部开孔的地铁区间隧道火灾烟气温度在非

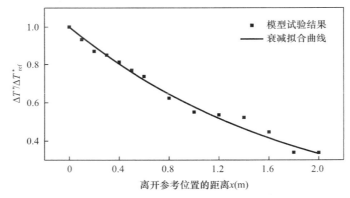

图 6-5 模型试验系列 1 典型工况非火源段烟气纵向温度衰减

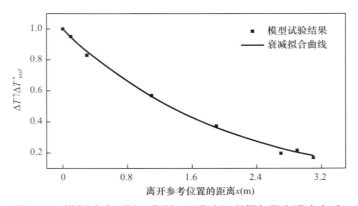

图 6-6 模型试验系列 2 典型工况非火源段烟气纵向温度衰减

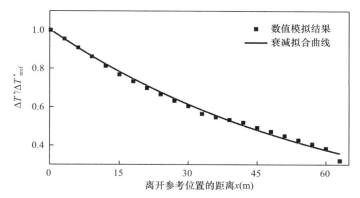

图 6-7　全尺寸数值模拟典型工况非火源段烟气纵向温度衰减

火源段的衰减可以用式（6-10）进行理论计算。

上述分析表明，顶部开孔的地铁区间隧道发生火灾时，由于孔口的排烟作用，整个隧道纵向方向上的顶壁烟气温度衰减无法单纯采用一个自然指数衰减关系式进行描述，但火源段和非火源段的烟气一维扩散段均符合自然指数衰减规律，而此时需要分别对其选取合理的参考位置。

## 6.2　孔口排烟量与孔口内烟气温度

顶部开孔的地铁区间隧道发生火灾时，烟气在浮升力的作用下由隧道顶部孔口排出，通风孔口的排烟作用直接影响到区间隧道火灾的排烟效果。根据前述章节的研究，孔口排烟受到孔口间距、孔口尺寸、隧道坡度、隧道断面等因素的影响，但这些因素对孔口排烟的综合影响极其复杂，难以用一个统一的计算模型表述。而研究孔口排烟的主要目的是分析孔口对隧道内烟气特性的影响，因此，孔口排烟的研究重点将集中在孔口特征，如孔口间距和孔口尺寸对孔口排烟的影响上。

### 6.2.1　孔口排烟的理论计算模型

顶部开孔的地铁区间隧道火灾自然通风的前期研究成果表明：水平单洞双线地铁区间隧道在通风孔口间距和通风孔口尺寸设计合理的情况下，烟气不会扩散到临近火源的第二个孔口处，即火源卷吸产生的烟气全部由临近火源的第一个孔口排出。本节基于这一要点，采用理论分析的方法得到了地铁区间隧道的孔口排烟量和孔口内烟气温度的计算关系式。

根据上述分析，在本节的研究范围内，建立控制体如图 6-8 所示，研究烟气由孔口排出的规律。图中的控制体为加粗的隧道边界和虚线包围的部分，控制体左端界面

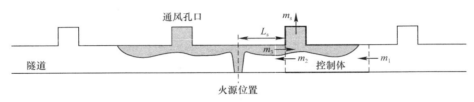

图 6-8 研究孔口排烟规律的控制体

无限接近孔口，右端界面位于烟气扩散距离之外。其中，控制体左端界面下部有冷空气流出控制体，上部有热烟气流入控制体；控制体右端界面有冷空气流入控制体；控制体上方界面有热烟气流出控制体，该流出的烟气即为通风孔口的排烟。

控制体内的质量守恒方程可以写为：

$$\dot{m}_s + \dot{m}_2 = \dot{m}_1 + \dot{m}_3 \tag{6-11}$$

式中，下标 s 代表孔口内的烟气参数。

隧道内的烟气流动沿火源纵向对称，因此对于火源所在的隧道段，流出控制体的新鲜空气 $m_2$ 流向火源，在火源附近被卷吸并与燃烧产物混合形成热烟气，热烟气沿隧道顶壁扩散，最终流入控制体。火源燃烧时的燃烧产物远小于羽流卷吸的新鲜空气量，可以忽略不计，因此有

$$\dot{m}_2 = \dot{m}_3 \tag{6-12}$$

将式（6-12）代入式（6-13），有

$$\dot{m}_s = \dot{m}_1 \tag{6-13}$$

由于控制体左端界面无限接近孔口，火源所在段的控制体内不存在烟气向顶壁传热；绕过孔口继续向前扩散的烟气量较小，烟气温度较低，可以忽略这部分烟气向隧道顶壁的传热量；孔口高度较小，且孔口内的烟气温度不是很高，可以忽略烟气排出过程中向孔口壁面的传热量；孔口周围烟气温升不是很高，定压比热容 $c_p$ 可作为常数处理，因此控制体内的能量守恒方程可以写为：

$$c_p \dot{m}_1 T_1 + c_p \dot{m}_3 T_3 = c_p \dot{m}_s T_s + c_p \dot{m}_2 T_2 \tag{6-14}$$

由于浮升力的作用，烟气从孔口处排出。假定孔口内的烟气均匀分布，孔口内各点烟气参数均相同，因此，根据伯努利方程可以得到孔口处的排烟关系式：

$$\frac{1}{2}\rho_s \xi v^2 = \Delta \rho_s g h \tag{6-15}$$

式中  $v$——烟气速度，m/s；

$\xi$——局部阻力系数；

$h$——孔口高度，m。

假定烟气为理想气体，将理想气体状态方程 $\dfrac{\rho}{\rho_0} = \dfrac{T_0}{T}$ 代入式（6-15）可得：

$$v^2 = \frac{2gh}{\xi} \cdot \frac{\Delta T_s}{T_0} \tag{6-16}$$

假设隧道内的冷空气为环境温度，即 $T_1 = T_2 = T_0$，因此，将式（6-12）和式（6-13）代入式（6-14）可得：

$$\dot{m}_s \frac{\Delta T_s}{T_0} = \dot{m}_3 \frac{\Delta T_3}{T_0} \tag{6-17}$$

其中 $\dot{m}_s = \rho_s A v$、$A = l \cdot w$，而且孔口内烟气温度不是很高，符合 Boussinesq 假设，即存在 $\rho_s \approx \rho_0$，将上述三式代入式（6-17）可以得到：

$$\frac{\Delta T_s}{T_0} = \frac{\dot{m}_s^2}{2l^2 h w^2 \rho_0^2 g \xi^{-1}} \tag{6-18}$$

式中　$l$、$h$、$w$——分别为孔口长度、高度和宽度，m。

将式（6-18）代入式（6-17），有

$$\dot{m}_s = \left(2\dot{m}_3 l^2 h w^2 \rho_0^2 g \xi^{-1} \frac{\Delta T_3}{T_0}\right)^{1/3} \tag{6-19}$$

在火源段烟气一维扩散段选取一个参考位置 $x_{\text{ref}}$，该位置处对应的烟气温度即为参考温度 $T_{\text{ref}}$，根据火源段烟气纵向温度的计算模型，有

$$\frac{\Delta T_3}{\Delta T_{\text{ref}}} = e^{-k(x_3 - x_{\text{ref}})} \tag{6-20}$$

通过第 5 章对模型试验结果的分析可知，火源热释放率、孔口间距、孔口尺寸和列车阻塞对火源段的纵向烟气无量纲温度没有影响，而且火源热释放率对孔口的无量纲排烟量也没有影响，因此，可推理假定孔口间距、孔口尺寸和列车阻塞同样对火源段的顶壁烟气无量纲质量流量没有影响。模型试验系列 1 中无吊墙的隧道火灾烟气一维扩散段的参考位置均为距离火源位置 0.9m 处，根据前述分析结果，参考位置处烟气的无量纲量为定值，根据烟气参数无量纲量的定义式，参考位置处的烟气流量和烟气温度分别满足下述关系式：

$$\dot{m}_{\text{ref}} = \dot{m}_{\text{ref}}^* \rho_0 g^{1/2} H^{5/2} \dot{Q}^{*1/3} \tag{6-21}$$

$$\Delta T_{\text{ref}} = \Delta T_{\text{ref}}^* \dot{Q}^{*2/3} T_0 \tag{6-22}$$

通过第 4 章对三维数值模拟结果的分析，顶部开孔的地铁区间隧道火灾烟气在火源段的一维扩散过程中，烟气层高度维持一个定值，而且烟气为不可压缩流体，因此可知，烟气在火源段的一维扩散过程中烟气流量为定值，即

$$\dot{m}_3 = \dot{m}_{\text{ref}} \tag{6-23}$$

联立式（6-20）~式（6-23）和式（6-19），可以得到临近火源的通风孔口排烟量满足以下关系式：

$$\dot{m}_s = (\dot{m}_{ref}^{*1/3}\rho_0 g^{1/2}\xi^{-1/3})\dot{Q}^{*1/3}\Delta T_{ref}^{*1/3}l^{2/3}w^{2/3}h^{1/3}H^{5/6}e^{-k(x_3-x_{ref})\cdot 1/3} \qquad (6-24)$$

基于 Boussinesq 假设，可以得到孔口排烟量的表达式为：

$$\dot{V}_s = \frac{\dot{m}_s}{\rho_0} \propto (\dot{m}_{ref}^{*1/3}g^{1/2}\xi^{-1/3})\dot{Q}^{*1/3}\Delta T_{ref}^{*1/3}l^{2/3}w^{2/3}h^{1/3}H^{5/6}e^{-k(x_3-x_{ref})\cdot 1/3} \qquad (6-25)$$

由式（6-24）和式（6-25）可以得到孔口内烟气温度的表达式为：

$$\Delta T_s = (\dot{m}_{ref}^{*2/3}\xi^{1/3})\dot{Q}^{*2/3}\Delta T_{ref}^{*2/3}T_0 l^{-2/3}w^{-2/3}h^{-1/3}H^{5/3}e^{-k(x_3-x_{ref})\cdot 2/3} \qquad (6-26)$$

仔细观察式（6-24）、式（6-25）和式（6-26），发现可以定义一个长度参量的无量纲量，进行简化处理，即：

$$H^* = l^{-2/3}w^{-2/3}h^{-1/3}H^{5/3} \qquad (6-27)$$

此时，式（6-24）、式（6-25）和式（6-26）可以分别写为：

$$\dot{m}_s = (\dot{m}_{ref}^{*1/3}\rho_0 g^{1/2}\xi^{-1/3})\dot{Q}^{*1/3}\Delta T_{ref}^{*1/3}H^{*-1}H^{5/2}e^{-k(x_3-x_{ref})\cdot 1/3} \qquad (6-28)$$

$$\dot{V}_s = \frac{\dot{m}_s}{\rho_0} = (\dot{m}_{ref}^{*1/3}g^{1/2}\xi^{-1/3})\dot{Q}^{*1/3}\Delta T_{ref}^{*1/3}H^{*-1}H^{5/2}e^{-k(x_3-x_{ref})\cdot 1/3} \qquad (6-29)$$

$$\Delta T_s = (\dot{m}_{ref}^{*2/3}\xi^{1/3})\dot{Q}^{*2/3}\Delta T_{ref}^{*2/3}T_0 H^* e^{-k(x_3-x_{ref})\cdot 2/3} \qquad (6-30)$$

式（6-29）和式（6-30）右端括号内的参量一般为定值，因此，顶部开孔的地铁区间隧道火灾模型试验中临近火源的通风孔口排烟量和孔口内烟气温度的理论计算模型最终可以分别表述为：

$$\dot{V}_s = a\dot{Q}^{*1/3}\Delta T_{ref}^{*1/3}H^{*-1}H^{5/2}e^{-k(x_3-x_{ref})\cdot 1/3} \qquad (6-31)$$

$$\Delta T_s = b\Delta T_{ref}^{*2/3}\dot{Q}^{*2/3}T_0 H^* e^{-k(x_3-x_{ref})\cdot 2/3} \qquad (6-32)$$

此时，通风孔口内的烟气质量流量可以表示为：

$$\dot{m}_s = a\rho_0 \dot{Q}^{*1/3}\Delta T_{ref}^{*1/3}H^{*-1}H^{5/2}e^{-k(x_3-x_{ref})\cdot 1/3} \qquad (6-33)$$

式（6-31）和式（6-32）中的 $a$ 和 $b$ 为定值，需要根据试验数据确定。注意到上述关系式中的 $x_3-x_{ref}$ 表征的是火源到临近火源的第一个孔口内侧边之间的距离 $L_s$，根据前述分析，火源纵向位置对火源段的烟气参数没有影响，因此，上述关系式中的 $x_3-x_{ref}$ 可以替换为 $L_s$。

根据前述章节的研究，模型试验系列 1、模型试验系列 2 和全尺寸数值模拟中界面 3 与参考位置的距离 $L_s$ 分别满足以下关系式：

$$L_s = (L-l)/2 - x_{ref} \qquad (6-34)$$

$$L_s = L_n/2 + s - x_{ref} \qquad (6-35)$$

$$L_s = L_n + 1.8 - x_{ref} \qquad (6-36)$$

式中　$L$——通风孔口间距，m；

　　　$L_n$——通风孔口内边距，m；

　　　$L_s$——火源距离孔口内边的距离，m。

此时,通风孔口内的烟气质量流量、体积流量和烟气温度最终可以分别表示为:

$$\dot{m}_s = a\rho_0 \dot{Q}^{*1/3} \Delta T_{\text{ref}}^{*1/3} H^{*-1} H^{5/2} e^{-1/3kL_s} \quad (6-37)$$

$$\dot{V}_s = a\dot{Q}^{*1/3} \Delta T_{\text{ref}}^{*1/3} H^{*-1} H^{5/2} e^{-1/3kL_s} \quad (6-38)$$

$$\Delta T_s = b\dot{Q}^{*2/3} \Delta T_{\text{ref}}^{*2/3} T_0 H^* e^{-2/3kL_s} \quad (6-39)$$

孔口排烟量和孔口内烟气温度理论计算模型的推导过程中,采用了隧道火灾理论分析时一些必要的假设条件,因此,需要采用实际的火灾模型试验结果对其进行验证,并确定相应的 $a$ 与 $b$ 的值。

## 6.2.2 孔口排烟的理论计算模型验证及系数确定

采用式(6-38)和式(6-39)分别拟合模型试验隧道以及全尺寸隧道的孔口排烟量和孔口内烟气温度。

模型试验隧道的孔口排烟量和孔口内烟气温度拟合结果分别如图 6-9 和图 6-10 所示,拟合得到的 $a$、$b$ 值分别为 1.77、0.22,拟合的相关系数分别为 0.982 和 0.978。

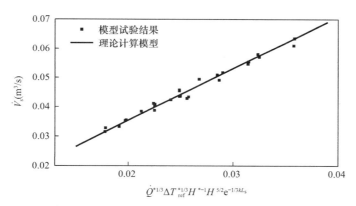

图 6-9 模型试验隧道孔口排烟量

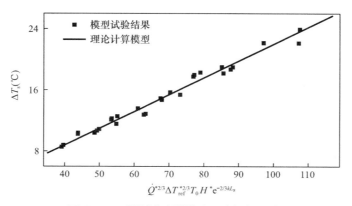

图 6-10 模型试验隧道孔口内烟气温度

全尺寸隧道的孔口排烟量和孔口内烟气温度拟合结果分别如图 6-11 和图 6-12 所示,拟合得到的 $a$、$b$ 值分别为 1.36、0.32,拟合相关系数分别为 0.935 和 0.971。

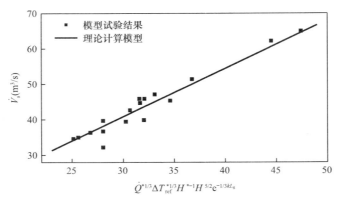

图 6-11　全尺寸隧道孔口排烟量

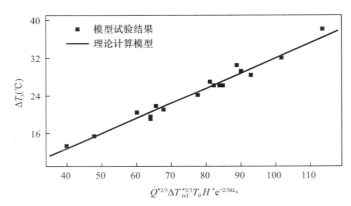

图 6-12　全尺寸隧道孔口内烟气温度

从这些拟合图中可以看出,火灾模型试验结果或全尺寸隧道火灾数值模拟结果均与理论关系式的拟合情况较好。因此,顶部开孔的地铁区间隧道火灾模型试验中通风孔口的排烟量和孔口内烟气温度可以分别表示为式(6-38)和式(6-39)。

## 6.3　顶壁烟气纵向温度分布

根据烟气纵向温度衰减的分析以及温度衰减理论计算模型可知,顶部开孔的地铁区间隧道发生火灾时,火源段与非火源段的顶壁烟气温度可以表示为:

$$\Delta T_x = \Delta T_{ref} e^{-k(x-x_{ref})} \qquad (6\text{-}40)$$

$$\Delta T_x = \Delta T_{nref} e^{-k_n(x-x_{nref})} \qquad (6\text{-}41)$$

采用上述两式计算顶壁烟气纵向温度分布时，需要分别选取火源段与非火源段的参考位置，并分别确定参考位置处对应的参考温度，以及烟气温度沿隧道纵向的衰减系数。

通过前述章节对火灾模型试验结果和全尺寸数值模拟结果的分析可知，火源段的顶壁烟气无量纲温度分布不受孔口间距、孔口尺寸、火源热释放率、火源纵向位置、模型列车的影响，但受到隧道坡度、隧道断面、隧道吊墙等隧道结构的影响；与火源段不同，非火源段的顶壁烟气无量纲温度分布还受到孔口因素即孔口间距和孔口尺寸的影响。

因此，首先采用理论分析的方法得到了水平单洞双线隧道的顶壁烟气温度分布计算模型，然后根据前述章节研究的其他因素对隧道烟气特性的影响规律，得到了不同隧道结构下隧道内的顶壁烟气温度分布计算模型。

## 6.3.1 水平隧道顶壁烟气温度分布

**1. 火源段参考温度**

根据烟气无量纲温度的定义式（3-23），火源段参考位置 $x_{ref}$ 处对应的参考温度可以表示为：

$$\Delta T_{ref} = \Delta T_{ref}^* \dot{Q}^{*2/3} T_0 \tag{6-42}$$

$\Delta T_{ref}^*$ 表征 $\Delta T_{ref}$ 的无量纲量，根据上述的研究结果可知，$\Delta T_{ref}^*$ 为定值。

**2. 非火源段参考温度**

隧道顶部无通风孔口时，假设非火源段参考位置处 $x_{nref}$ 的烟气质量流量为 $\dot{m}_n$，当隧道顶部设置通风孔口时，由于孔口的排烟作用，导致扩散到非火源段的烟气流量减小，因此，孔口作用下非火源段参考位置处顶壁烟气质量流量的表达式可以写为：

$$\dot{m}_{nref} = f(\dot{m}_n, \dot{m}_s) \tag{6-43}$$

式中 $\dot{m}_s$——临近火源第一个通风孔口的排烟量。

根据前述对顶壁烟气质量流量和通风孔口排烟量的分析结果，式（6-43）可以写为：

$$\dot{m}_{nref} \propto \dot{Q}^{*1/3} \rho_0 g^{1/2} H^{5/2} (1-b\xi^{-1/3} H^{*-1} \Delta T_{ref}^{*1/3} e^{-1/3kL_s}) \tag{6-44}$$

式中，$b$ 为常数，当隧道顶部无通风孔口时（孔口长度和高度为0），式（6-44）右端括号内的值为1，即：此时非火源段参考位置处顶壁烟气质量流量为 $\dot{m}_n$，与实际情况相符合。

根据烟气温度与烟气流量之间的关系式（3-41）可得到非火源段参考温度的表达式为：

$$\frac{\Delta T_{\mathrm{nref}}}{T_0} \propto \left(\frac{\dot{m}_{\mathrm{nref}}}{\rho_0 g^{1/2} H^{5/2}}\right)^2 \qquad (6-45)$$

联立式（6-44）和式（6-45），有

$$\Delta T_{\mathrm{nref}} \propto \dot{Q}^{*2/3} T_0 (1 - b\xi^{-1/3} m_{\mathrm{ref}}^{*-2/3} H^{*-1} \Delta T_{\mathrm{ref}}^{*1/3} \mathrm{e}^{-1/3 k L_s})^2 \qquad (6-46)$$

通常情况下，孔口局部阻力系数 $\xi$ 为定值，式（6-46）中 $b\xi^{-1/3} m_{\mathrm{ref}}^{*-2/3}$ 可以合并为一个定值，仍用 $b$ 表示，因此，非火源段的参考温度可以表示为：

$$\Delta T_{\mathrm{nref}} = a\dot{Q}^{*2/3} T_0 (1 - bH^{*-1} \Delta T_{\mathrm{ref}}^{*1/3} \mathrm{e}^{-1/3 k L_s})^2 \qquad (6-47)$$

式中，$a$、$b$ 为常数。

当隧道顶部无通风孔口时（孔口长度和高度为 0），假设非火源段参考位置处 $x_{\mathrm{nref}}$ 的顶壁烟气温度为 $\Delta T_{\mathrm{n}}$，此时式（6-47）中右端括号中的值为 1，且此时 $\Delta T_{\mathrm{nref}}$ 与 $\Delta T_{\mathrm{n}}$ 相等，即可以得到式（6-47）中 $a$ 的值为：$\Delta T_{\mathrm{n}} / (\dot{Q}^{*2/3} T_0)$。

根据烟气温度纵向衰减特性的分析，$\Delta T_{\mathrm{n}}$ 的表达式为：

$$\Delta T_{\mathrm{n}} = \Delta T_{\mathrm{ref}} \mathrm{e}^{-k(x_{\mathrm{nref}} - x_{\mathrm{ref}})} \qquad (6-48)$$

联立上述各式，可以得到非火源段参考温度的表达式为：

$$\Delta T_{\mathrm{nref}} = \Delta T_{\mathrm{ref}}^* \dot{Q}^{*2/3} T_0 \mathrm{e}^{-k(x_{\mathrm{nref}} - x_{\mathrm{ref}})} (1 - bH^{*-1} \Delta T_{\mathrm{ref}}^{*1/3} \mathrm{e}^{-1/3 k L_s})^2 \qquad (6-49)$$

式（6-49）可以写为以下形式：

$$1 - \left(\frac{\Delta T_{\mathrm{nref}}^*}{\Delta T_{\mathrm{ref}}^* \mathrm{e}^{-k(x_{\mathrm{nref}} - x_{\mathrm{ref}})}}\right)^{1/2} = bH^{*-1} \Delta T_{\mathrm{ref}}^{*1/3} \mathrm{e}^{-1/3 k L_s} \qquad (6-50)$$

其中 $b$ 为常数，需要通过试验或数值模拟结果确定。

为了简化式（6-50），可以定义一个非火源段参考位置处的烟气温度二阶无量纲量，该无量纲量表征的是：隧道顶部开设孔口时非火源段参考位置处烟气温度与顶部不设置孔口情况下该处烟气温度的比值，其表达式如下：

$$\Delta T_{\mathrm{nref}}^{**} = \frac{\Delta T_{\mathrm{nref}}^*}{\Delta T_{\mathrm{ref}}^* \mathrm{e}^{-k(x_{\mathrm{nref}} - x_{\mathrm{ref}})}} \qquad (6-51)$$

此时，式（6-50）可以写为：

$$1 - \Delta T_{\mathrm{nref}}^{**1/2} = bH^{*-1} \Delta T_{\mathrm{ref}}^{*1/3} \mathrm{e}^{-1/3 k L_s} \qquad (6-52)$$

式（6-52）表征的是非火源段内参考温度的二阶无量纲量与通风孔口排烟量之间的线性关系。

**3. 火源段参考温度计算模型验证及系数确定**

根据模型试验结果和全尺寸隧道结果的分析，模型试验系列 1 中火源段的参考位置选取为距离火源 0.9m 处，模型试验系列 2 中火源段的参考位置选取为距离火源 0.6m 处，全尺寸隧道中火源段的参考位置选取为距离火源 27.8m 处。

采用式（6-42）拟合模型试验系列 1、模型试验系列 2 和全尺寸隧道的火源段参考温度，分别图 6-13～图 6-15 所示，拟合得到的 $\Delta T_{\text{ref}}^*$ 值分别为 0.93、1.68 和 1.96，拟合的相关系数分别为 0.981、0.984 和 0.941。

三个系列试验中拟合得到的 $\Delta T_{\text{ref}}^*$ 具有不同的数值，这是火源结构、壁面传热、参

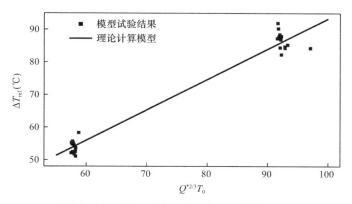

图 6-13　模型试验系列 1 火源段参考温度

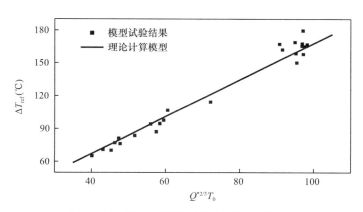

图 6-14　模型试验系列 2 火源段参考温度

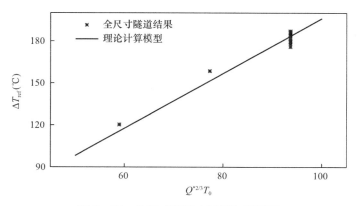

图 6-15　全尺寸隧道火源段参考温度

考位置等因素的差异造成的。

从图 6-13～图 6-15 中可以看出，火灾模型试验结果或全尺寸隧道火灾数值模拟结果均与理论关系式的拟合情况较好。因此，顶部开孔的地铁区间隧道火灾模型试验和数值模拟中火源段内参考位置处的参考温度可以表示为式（6-42）。

4. 非火源段参考温度计算模型验证及系数确定

根据模型试验结果和全尺寸隧道结果的分析，选取距离临近火源孔口外侧壁面 40cm 处作为模型隧道的非火源段参考位置，距离临近火源孔口外侧壁面 6m 处作为全尺寸隧道的非火源段参考位置。

由于式（6-52）表征的是非火源段内参考温度的二阶无量纲量与通风孔口排烟量之间的线性关系，因此，对于本书研究的三种不同类型的隧道，$b$ 值应该为一常数。

采用式（6-52）来拟合所有模型隧道火灾试验和全尺寸隧道火灾数值模拟的非火源段参考温度，如图 6-16 所示，拟合得到的 $b$ 值为 0.244，拟合的相关系数分别为 0.923。

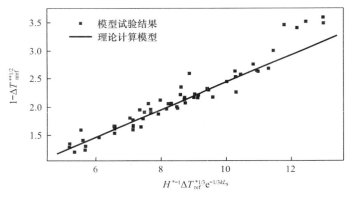

图 6-16 非火源段的参考温度

从拟合结果可以看出，模型隧道火灾试验结果和全尺寸隧道火灾数值模拟结果均与理论关系式的拟合情况较好。因此，顶部开孔的地铁区间隧道火灾模型试验和数值模拟中非火源段内参考位置处的参考温度可以表示为式（6-49）。

5. 衰减系数的确定

采用隧道顶壁烟气温度衰减计算模型式（6-8）和式（6-10）来拟合模型试验系列 1、模型试验系列 2 和全尺寸隧道的顶壁烟气温度衰减。

模型试验系列 1 中隧道顶壁烟气温度的衰减系数拟合结果如图 6-17 所示，拟合得到的 $k$ 和 $k_n$ 分别为 0.47 和 0.58，拟合的相关系数分别为 0.858 和 0.971。

模型试验系列 2 中隧道顶壁烟气温度的衰减系数拟合结果如图 6-18 所示，拟合得到的 $k$ 和 $k_n$ 分别为 0.40 和 0.55，拟合的相关系数分别为 0.903 和 0.987。

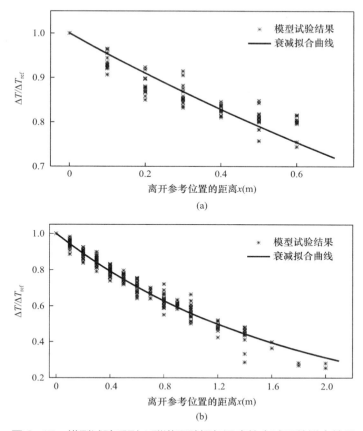

图 6-17 模型试验系列 1 隧道顶壁烟气温度的衰减系数拟合结果
（a）火源段；（b）非火源段

全尺寸隧道顶壁烟气温度的衰减系数拟合结果如图 6-19 所示，拟合得到的 $k$ 和 $k_n$ 分别为 0.0136 和 0.0146，拟合的相关系数分别为 0.987 和 0.989。

从拟合结果可以看出，火灾模型试验结果或全尺寸隧道火灾数值模拟结果均与理论关系式的拟合情况较好。因此，顶部开孔的地铁区间隧道火灾时火源段和非火源段的顶壁烟气温度衰减可以分别表示为式（6-8）和式（6-10）。

可得水平隧道火源段和非火源段温度预测模型分别为：

$$\Delta T_x = \Delta T_{ref}^* \dot{Q}^{*2/3} T_0 e^{-k(x-x_{ref})} \qquad (6-53)$$

$$\Delta T_x = \Delta T_{ref}^* \dot{Q}^{*2/3} T_0 e^{-k(x_{nref}-x_{ref})}(1-bH^{*-1}\Delta T_{ref}^{*1/3}e^{-1/3kL_s})^2 e^{-k_n(x-x_{nref})} \qquad (6-54)$$

其中：

模型试验系列 1 中：$\Delta T_{ref}^*$ 为 0.93，$x_{ref}$ 为 0.9m，$b$ 为 0.244，$k$ 为 0.47，$k_n$ 为 0.58；

模型试验系列 2 中：$\Delta T_{ref}^*$ 为 1.68，$x_{ref}$ 为 0.6m，$b$ 为 0.244，$k$ 为 0.40，$k_n$ 为 0.55；

全尺寸隧道模拟中：$\Delta T_{ref}^*$ 为 1.96，$x_{ref}$ 为 27.8m，$b$ 为 0.244，$k$ 为 0.0136，$k_n$ 为 0.0154。

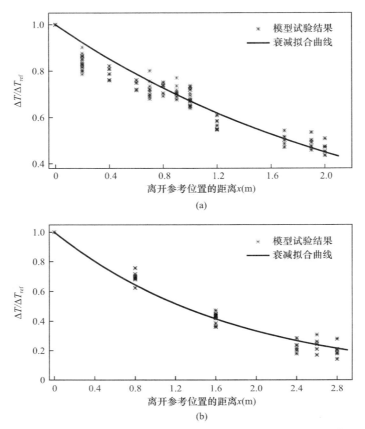

图 6-18 模型试验系列 2 隧道顶壁烟气温度的衰减系数拟合结果
（a）火源段；（b）非火源段

除此之外，陈涛等人在断面尺寸为宽 0.25m、高 0.25m 的水平隧道上对不同纵向火源位置的火源段纵向温度衰减特性进行了研究。试验设置见模型试验系列 4。

第 5 章的研究表明在同一火源热释放率下，不同纵向火源位置的顶壁温升几乎一致，通过对不同影响因素对顶壁烟气温度分布影响的研究也表明，火源段的烟气温度几乎相等，因此，不同纵向火源位置的火源段也能用纵向温度衰减公式表达。

如前所述，根据烟气一维扩散理论，纵向温度衰减可以用式（6-55）所示无量纲温度来表示：

$$\frac{\Delta T}{\Delta T_{\text{ref}}} = e^{-k(x-x_{\text{ref}})} \tag{6-55}$$

由第 3 章得无量纲烟气温度为：

$$\Delta T^* = \frac{\Delta T}{Q^{*2/3} T_0} \tag{6-56}$$

$$\Delta T_{\text{ref}}^* = \frac{\Delta T_{\text{ref}}}{Q^{*2/3} T_0} \quad (6-57)$$

同理

$$Q^* = \frac{Q}{\rho_0 c_p T_0 g^{1/2} H^{5/2}} \quad (6-58)$$

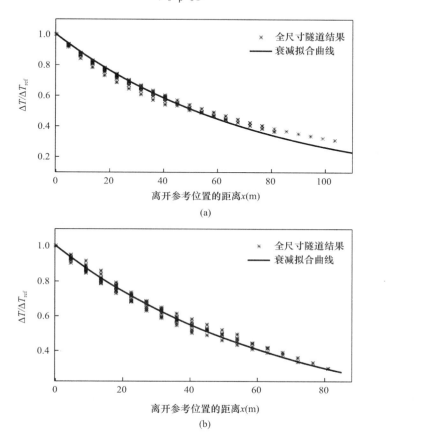

图 6-19 全尺寸隧道顶壁烟气温度的衰减系数拟合结果
（a）火源段；（b）非火源段

上述各式中，$x$ 是距离参考点的距离；$k$ 是衰减系数；ref 是火源段的参考性质；* 表示无量纲参量。从试验数据发现，距离火源中心第四个热电偶以内的温度受到火源的影响较大（通过不同纵向火源位置对比此处的温度数据波动较大），距离火源中心第五个热电偶以后隧道顶壁纵向烟气温度分布几乎一致，因此选取参考位置为距离火源中心第五个热电偶处。表 6-1 为不同纵向火源位置处参考点的参数值。

对表 6-1 距离火源中心第五个热电偶参数进行分析，实验结果表明在同一火源热释放率下的不同火源位置，参考点位置的烟气温升几乎保持不变。因此，由式（6-57）计算参考点的无量纲烟气温升（$\Delta T_{\text{ref}}^*$）值在 2.655 附近波动，取 2.655 作为此试验的无量纲烟气温度。

不同纵向火源位置处参考点的参数　　　　　表 6-1

| 火源位置 | HRR（kW） | $Q^*$ | 离火源中心距（m） | $\Delta T_{ref}$（℃） | $T_0$（℃） |
|---|---|---|---|---|---|
| A | 1.678 | 0.04788 | 0.5 | 103.86978 | 22.35 |
|   | 2.754 | 0.07859 | 0.5 | 144.9531 | 22.34 |
|   | 3.773 | 0.10756 | 0.5 | 180.12657 | 22.63 |
|   | 5.158 | 0.14715 | 0.5 | 216.12404 | 22.42 |
| B | 1.678 | 0.04775 | 0.5 | 100.08436 | 23.18 |
|   | 2.754 | 0.07799 | 0.5 | 142.33897 | 24.6 |
|   | 3.773 | 0.10732 | 0.5 | 183.03547 | 23.3 |
|   | 5.158 | 0.14670 | 0.5 | 220.16267 | 23.34 |
| C | 1.678 | 0.04772 | 0.496 | 104.68847 | 23.36 |
|   | 2.754 | 0.07799 | 0.486 | 142.37861 | 24.6 |
|   | 3.773 | 0.10739 | 0.4755 | 183.41181 | 23.11 |
|   | 5.158 | 0.14670 | 0.5 | 212.51431 | 23.34 |
| D | 1.678 | 0.04789 | 0.463 | 96.62567 | 22.33 |
|   | 2.754 | 0.07857 | 0.453 | 138.62592 | 22.42 |
|   | 3.773 | 0.10756 | 0.4425 | 182.27142 | 22.63 |
|   | 5.158 | 0.14697 | 0.4325 | 217.19822 | 22.79 |

把距参考点位置距离无量纲化，$(x-x_{ref})/H$（$H$ 为隧道高度），不同火源热释放率、纵向火源位置下 $\Delta T_x/\Delta T_{ref}$ 与 $(x-x_{ref})/H$ 的关系如图 6-20 所示。

火源在隧道内纵向某一位置时，所有油池工况下 $\Delta T_x/\Delta T_{ref}$ 与 $(x-x_{ref})/H$ 之间的关系用式（6-59）表示：

$$\frac{\Delta T}{\Delta T_{ref}} = e^{\frac{-k(x-x_{ref})}{H}} \tag{6-59}$$

通过对图 6-15 进行拟合得到 $k$ 的数值分别为 0.135、0.135、0.118、0.116，相关系数分别为 0.99、0.99、0.99、0.98。求得 $k$ 的平均值为 0.126，把 $\Delta T_{ref}^*=2.655$ 及式（6-56）代入式（6-59）得

$$\Delta T = 2.655 Q^{*2/3} T_0 e^{\frac{-0.126(x-x_{ref})}{H}} \tag{6-60}$$

图 6-21 给出了不同纵向火源位置试验数值和式（6-60）计算值进行对比的情况，可以看出，试验值与计算值吻合得较好，式（6-60）可以很好地表达不同火源位置顶壁下方纵向烟气温升的分布情况。

第 6 章 烟气蔓延与孔口排烟的半经验预测模型 **131**

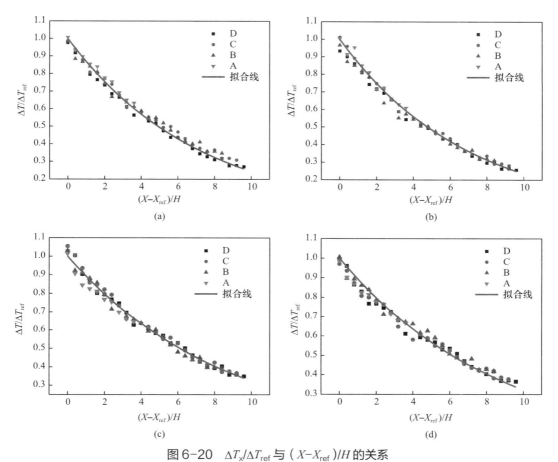

图 6-20 $\Delta T_x/\Delta T_{ref}$ 与 $(X-X_{ref})/H$ 的关系

(a) $HRR=1.678kW$；(b) $HRR=2.754kW$；(c) $HRR=3.773kW$；(d) $HRR=5.158kW$

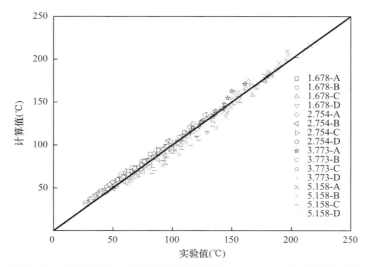

图 6-21 不同纵向火源位置试验数值和式（6-60）计算值的对比

### 6.3.2 坡度隧道顶壁烟气温度分布

通过对模型试验和全尺寸隧道的结果进行分析，含有坡度的顶部开孔地铁区间隧道发生火灾时，隧道顶壁烟气温度计算模型与隧道无坡度时的表达式相同，但由于坡度的存在，需要对其中的系数进行修正。

1. 火源段参考温度

$$\Delta T_{\text{ref}} = G \Delta T_{\text{ref}}^* \dot{Q}^{*2/3} T_0 \tag{6-61}$$

其中，$G$ 为坡度修正系数，其表达式为：

$$G = 1.04^\theta \tag{6-62}$$

式中 $\theta$——隧道坡度，%。

2. 非火源段参考温度

$$\Delta T_{\text{nref}} = G \Delta T_{\text{ref}}^* \dot{Q}^{*2/3} T_0 e^{-k(x_{\text{nref}} - x_{\text{ref}})} [1 - b(1 - G_b) H^{*-1} \Delta T_{\text{ref}}^{*1/3} e^{-1/3 k L_s}]^2 \tag{6-63}$$

其中，$G_b$ 为坡度修正系数，表达式为：

$$G_b = 0.26 \theta^{1/3} \tag{6-64}$$

根据前述章节的分析，坡度隧道火灾时绕过临近火源第一个孔口的烟气质量流量的关系式可以写为：

$$\dot{m}_{\text{nref}} \propto \dot{Q}^{*1/3} \rho_0 g^{1/2} H^{5/2} [1 - b(1 - G_b) H^{*-1} \Delta T_{\text{ref}}^* e^{-1/3 k L_s}]^2 \tag{6-65}$$

3. 衰减系数

模型隧道火灾试验和全尺寸隧道三维数值计算结果表明，含有坡度的隧道火灾时，火源段顶壁烟气温度的衰减系数与无坡度时相同，但非火源段的顶壁烟气温度衰减系数与坡度相关，具体的表达式为：

$$K_{\text{Gn}} = G_n K_n \tag{6-66}$$

其中，$K_{\text{Gn}}$ 为坡度隧道非火源段的顶壁烟气温度衰减系数；$G_n$ 为坡度系数。

根据模型隧道火灾试验和全尺寸隧道三维数值计算结果的分析，坡度系数的表达式可以写为：

$$G_n = 1.13^\theta \tag{6-67}$$

考虑坡度影响因素，顶部开孔的地铁区间隧道火灾时火源段和非火源段内的隧道顶壁烟气温度的理论计算模型可以分别表示为：

$$\Delta T_x = 1.04^\theta \Delta T_{\text{ref}}^* \dot{Q}^{*2/3} T_0 e^{-k(x - x_{\text{ref}})} \tag{6-68}$$

$$\Delta T_x = 1.04^\theta \Delta T_{\text{ref}}^* \dot{Q}^{*2/3} T_0 e^{-k(x_{\text{nref}} - x_{\text{ref}})} [1 - b(1 - 0.26 \theta^{1/3}) H^{*-1} \Delta T_{\text{ref}}^{*1/3} e^{-1/3 k L_s}]^2 e^{-1.13^\theta k_n (x - x_{\text{nref}})} \tag{6-69}$$

其中：

模型试验系列 1 中：$\Delta T_{\text{ref}}^*$ 为 0.93，$x_{\text{ref}}$ 为 0.9m，$b$ 为 0.244，$k$ 为 0.47，$k_n$ 为 0.58；

模型试验系列 2 中：$\Delta T_{\text{ref}}^*$ 为 1.68，$x_{\text{ref}}$ 为 0.6m，$b$ 为 0.244，$k$ 为 0.40，$k_n$ 为 0.55；

全尺寸隧道模拟中：$\Delta T_{\text{ref}}^*$ 为 1.96，$x_{\text{ref}}$ 为 27.8m，$b$ 为 0.244，$k$ 为 0.0136，$k_n$ 为 0.0154。

除此之外，还对有坡度的顶部开孔地铁区间隧道发生火灾时，纵向火源位置和竖井尺寸对火源段的顶壁下方烟气温度分布进行了研究，得出上坡侧和下坡侧的温度预测模型，其试验在模型试验系列 3 上进行，由前文可知，不同的火源热释放率时顶壁下方烟气温度分布具有相同的形式。因此，对于坡度隧道火灾自然排烟，其发生火灾时火源段的顶壁下方烟气温度分布可以通过纵向温度衰减公式表达。

如前所述，对于坡度隧道，其顶壁下方温度衰减可以表示为：

$$\frac{\Delta T}{\Delta T_{\text{ref}}} = \mathrm{e}^{-kk_s(x-x_{\text{ref}})} \tag{6-70}$$

式中，$x_{\text{ref}}$ 为在一维扩散段选取的参考点；$k$ 为水平隧道时的衰减系数；$k_s$ 为坡度隧道的坡度修正系数；下标 ref 表示参考点；$x$ 为火源距离；$\Delta T$ 为烟气温升。

将火源距离无量纲化，无量纲火源距离为 $(x-x_{\text{ref}})/H$，式（6-71）变为：

$$\frac{\Delta T}{\Delta T_{\text{ref}}} = \mathrm{e}^{\frac{-kk_s(x-x_{\text{ref}})}{H}} \tag{6-71}$$

式中　$H$——隧道高度。

由第 3 章得无量纲烟气温度为：

$$\Delta T^* = \frac{\Delta T}{Q^{*2/3}T_0} \tag{6-72}$$

同理

$$\Delta T_{\text{ref}}^* = \frac{\Delta T_{\text{ref}}}{Q^{*2/3}T_0} \tag{6-73}$$

其中

$$Q^* = \frac{Q}{\rho_0 c_p T_0 g^{1/2} H^{5/2}} \tag{6-74}$$

式中，$g$ 为重力加速度；$\rho_0$ 为环境气体密度；$T_0$ 为环境气体温度；$Q$ 为火源热释放率；$c_p$ 为烟气定压比热容；$H$ 为隧道高度。

可得

$$\Delta T = \Delta T_{\text{ref}}^* Q^{*2/3} T_0 \mathrm{e}^{\frac{-kk_s(x-x_{\text{ref}})}{H}} \tag{6-75}$$

当坡度为 5% 时，上坡侧第 5 个热电偶附近和下坡侧第 4 个热电偶附近为烟气完全转变为一维扩散的位置。因此统一选取距离火源第 5 个热电偶处（距火源 0.45m）为参考点，此热电偶测得的温度即为参考点的顶壁下方烟气温度。

以 5% 坡度隧道为例，将火源热释放率为 0.925kW、1.599kW、2.733kW，火源位于纵向位置 A、B、D 时的试验数据进行拟合，图 6-22 为参考点无量纲烟气温度拟合结果，上坡侧的无量纲烟气温度 $\Delta T_{\mathrm{ref}}^{*}=3.059$，下坡侧的无量纲烟气温度 $\Delta T_{\mathrm{ref}}^{*}=2.271$。

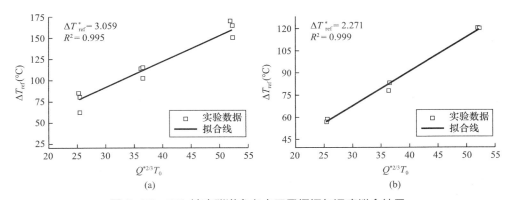

图 6-22 5% 坡度隧道参考点无量纲烟气温度拟合结果
（a）上坡侧参考点无量纲烟气温度；（b）下坡侧参考点无量纲烟气温度

图 6-23 为顶壁下方烟气温度衰减系数拟合结果，上坡侧的衰减系数 $kk_s=0.123$，下坡侧的衰减系数 $kk_s=0.273$，试验数据拟合情况较好。

对坡度分别为 0、2%、4%、5% 进行拟合，最终结果见表 6-2。

坡度隧道拟合结果    表 6-2

| 坡度（%） | 上坡侧参考点无量纲烟气温度 $\Delta T_{\mathrm{ref}}^{*}$ | 下坡侧参考点无量纲烟气温度 $\Delta T_{\mathrm{ref}}^{*}$ | 上坡侧温度衰减系数 $kk_s$ | 下坡侧温度衰减系数 $kk_s$ |
|---|---|---|---|---|
| 5 | 3.059 | 2.271 | 0.123 | 0.273 |
| 4 | 3.033 | 2.458 | 0.129 | 0.234 |
| 2 | 2.992 | 2.805 | 0.141 | 0.180 |
| 0 | 2.973 | 2.973 | 0.131 | 0.131 |

由拟合结果可知，当坡度变化时，上坡侧温度衰减系数非常接近，这与温度分布相近的原因相同；下坡侧参考点无量纲烟气温度随坡度的下降而升高，烟气温度衰减系数随坡度的下降而下降，并在坡度降至 0 时与上坡侧相等，其原因是坡度下降时对烟气向下坡侧扩散的阻碍作用减小，更多的烟气流向下坡侧，且流向下坡侧的烟气受到隧道下层来流的扰乱减弱。

对坡度隧道参考点无量纲烟气温度与水平隧道参考点无量纲烟气温度的比值 $\Delta T_{\mathrm{refs}}^{*}/\Delta T_{\mathrm{ref0}}^{*}$，及下坡侧温度衰减系数 $k_s$ 关于坡度进行拟合，结果见图 6-24、图 6-25。因为上坡侧各坡度温度衰减系数十分接近，因此对其求平均得 $k=0.131$。

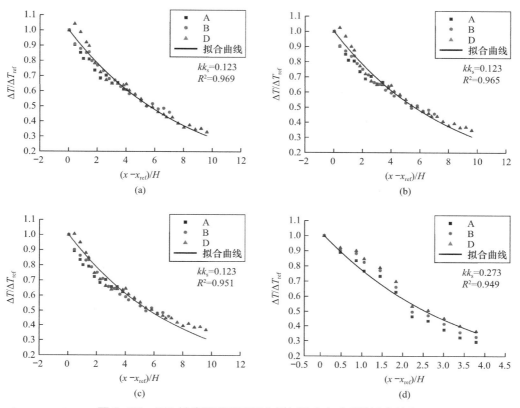

图 6-23  5% 坡度隧道顶壁下方烟气温度衰减系数拟合结果
（a）$HRR=0.935$kW，上坡侧；（b）$HRR=1.599$kW，上坡侧；（c）$HRR=2.733$kW，上坡侧；（d）下坡侧

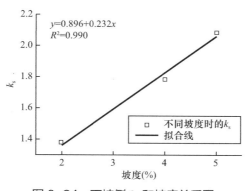

图 6-24  下坡侧 $k_s$ 和坡度关系图

根据拟合结果，水平隧道火灾自然排烟的火源段顶壁下方烟气温度可用下式表示：

$$\Delta T = 2.973 Q^{*2/3} T_0 e^{\frac{-0.131(x-x_{ref})}{H}} \qquad (6-76)$$

坡度隧道火灾自然排烟的火源段顶壁下方烟气温度可以表示为式（6-77），坡度为 $\beta$：

$$\Delta T = \begin{cases} (0.991+0.008b)2.973Q^{*2/3}T_0 e^{\frac{-0.131(x-x_{ref})}{H}}, & \text{上坡侧} \\ (1.068-0.006b)2.973Q^{*2/3}T_0 e^{\frac{-(0.0896+0.232b)0.131(x-x_{ref})}{H}}, & \text{下坡侧} \end{cases} \quad (6-77)$$

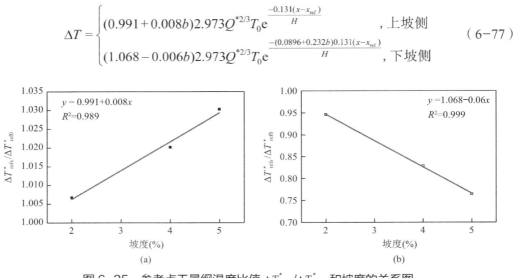

图 6-25 参考点无量纲温度比值 $\Delta T^*_{refs}/\Delta T^*_{ref0}$ 和坡度的关系图
(a) 上坡侧;(b) 下坡侧

图 6-26 为式（6-77）计算值与试验值对比图，由图可见计算值与试验值吻合较好，可以通过式（6-77）对坡度隧道火灾自然排烟的火源段顶壁下方烟气温度进行预测。

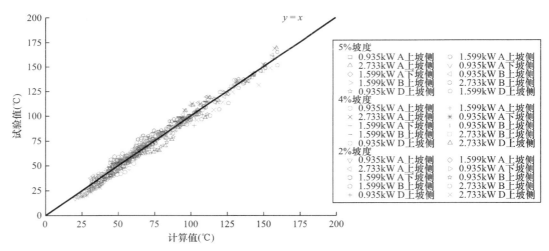

图 6-26 顶壁下方烟气温度计算值与试验值对比图

综上所述，对于自然排烟的坡度隧道火灾，当坡度升高时，受沿程高差引起的烟囱效应影响，上坡侧顶壁下方烟气温度逐渐下降，下坡侧则相差不大。可以通过式（6-77）对坡度隧道火源段的顶壁下方烟气温度进行预测。

本节根据顶部开孔的地铁区间隧道火灾时的烟气扩散特性，结合隧道火灾的理论分析方法得到了描述顶部开孔地铁区间隧道火灾特性的理论计算模型，主要有：隧道顶壁烟气温度纵向衰减模型、孔口排烟模型、隧道烟气温度分布模型、烟气扩散长度模型、烟气临界距离模型、隧道烟气能见度分布模型等。

## 6.4 烟气扩散长度

### 6.4.1 烟气扩散长度计算模型

本小节分析了水平单洞双线地铁区间隧道火灾时的烟气扩散距离，由第4章对顶部开孔地铁区间隧道火灾时的烟气扩散形态分析可知，烟气绕过临近火源第一个孔口继续向前的扩散过程中，将和隧道远端来流新鲜空气发生作用，在这个过程中隧道顶壁烟气温度逐渐降低，导致烟气的浮升力逐渐减小，当烟气浮升力与来流新鲜空气的惯性力达到平衡时，烟气停止继续向前扩散[20]。

此位置与火源的距离即为烟气扩散长度 $D$，其示意图如图 6-27 所示。

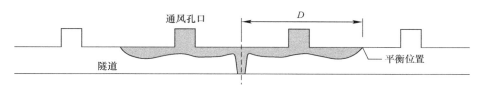

图 6-27 烟气扩散长度示意图

根据上述分析，在烟气停止扩散位置处，存在以下关系式：

$$P_b = P_i \tag{6-78}$$

式中 $P_b$——烟气浮升力产生的压力，Pa；

$P_i$——来流空气惯性力产生的压力，Pa。

根据流体力学原理，浮升力产生的压力和来流空气惯性力产生的压力可以分别表述为：

$$P_b \propto \Delta \rho g H \tag{6-79}$$

$$P_i = \frac{\rho_0 u^2}{2} \tag{6-80}$$

式中 $u$——隧道来流新鲜空气的速度，m/s。

联立式（6-78）、式（6-79）和式（6-80）可得：

$$\frac{\Delta \rho}{\rho_0} \propto \frac{u^2}{2gH} \tag{6-81}$$

根据理想气体状态方程有：

$$\frac{\Delta \rho}{\rho} = \frac{\Delta T}{T_0} \tag{6-82}$$

隧道中来流新鲜空气的速度可以表达为：

$$u = \frac{\dot{m}}{\rho_0 BH} \tag{6-83}$$

式中 $\dot{m}$——隧道来流新鲜空气的质量流量，kg/s；
$B$——隧道宽度，m；
$H$——隧道高度，m。

根据前述孔口排烟计算模型的研究，隧道来流新鲜空气的质量流量即为临近火源第一个孔口的烟气质量流量。

联立式（6-28）、式（6-81）、式（6-82）和式（6-83），并基于 Boussinesq 假设，可得：

$$\frac{\Delta T}{T_0} \propto \frac{\xi^{-2/3} H^2}{2B^2} \dot{Q}^{*2/3} H^{*-2} \Delta T_{\text{ref}}^{*2/3} e^{-2/3 k L_s} \tag{6-84}$$

隧道内烟气停止向前扩散的位置位于非火源段内，因此，式（6-84）中该位置处的烟气温度可以表达为：

$$\Delta T = \Delta T_{\text{nref}} e^{-k_n(D - x_{\text{nref}})} \tag{6-85}$$

联立式（6-84）、式（6-85）、式（6-49），可得到烟气扩散长度的关系式如下：

$$e^{-k_n(D - x_{\text{nref}})} \propto \left(\frac{\xi^{-2/3}}{2}\right) \cdot \frac{H^2 H^{*-2} \Delta T_{\text{ref}}^{*2/3} e^{-2/3 k L_s}}{B^2 \Delta T_{\text{ref}}^* e^{-k(x_{\text{nref}} - x_{\text{ref}})} (1 - bH^{*-1} \Delta T_{\text{ref}}^{*1/3} e^{-1/3 k L_s})^2} \tag{6-86}$$

仔细观察式（6-86），可以定义一个烟气扩散长度的无量纲量，该无量纲量表征的是非火源段中来流新鲜空气惯性力与烟气浮升力的比值，其表达式如下：

$$D^* = \frac{H^2 H^{*-2} \Delta T_{\text{ref}}^{*2/3} e^{-2/3 k L_s}}{B^2 \Delta T_{\text{ref}}^* e^{-k(x_{\text{nref}} - x_{\text{ref}})} (1 - bH^{*-1} \Delta T_{\text{ref}}^{*1/3} e^{-1/3 k L_s})^2} \tag{6-87}$$

式（6-86）右端括号内的参量一般为定值，因此，烟气扩散长度的关系式可以表述为：

$$e^{-k_n(D - x_{\text{nref}})} = aD^* \tag{6-88}$$

其中，$a$ 为定值，需要根据模型试验或数值模拟结果确定。

式（6-88）表征的是烟气扩散长度的无量纲量与烟气滞止点处烟气温度衰减值之间的线性关系。

根据式（6-88），烟气扩散长度可以表述为：

$$D = x_{\text{nref}} - \ln(aD^*) / k_n \tag{6-89}$$

### 6.4.2 烟气扩散长度计算模型验证及系数确定

由于式（6-88）表征的是烟气扩散长度的无量纲量与烟气滞止点处烟气温度衰减值之间的线性关系，对于本书研究的三种不同类型的隧道，$a$ 值应该为一常数。

采用式（6-88）统一拟合所有的模型试验隧道和全尺寸隧道下的烟气扩散长度结果，如图 6-28 所示，拟合得到的 $a$ 值为 1.77，拟合的相关系数为 0.935。

从拟合结果可以看出，火灾模型试验结果或全尺寸隧道火灾数值模拟结果均与理论关系式的拟合情况较好。因此，顶部开孔的地铁区间隧道火灾时烟气的扩散长度可用式（6-89）表达。

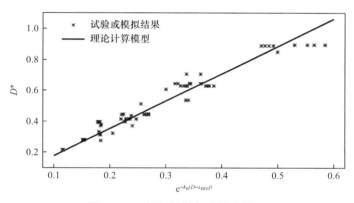

图 6-28　烟气扩散长度拟合结果

## 6.5　烟气临界距离

### 6.5.1　烟气临界距离计算模型

根据第 4 章中烟气层厚度的分布特性，烟气在非火源段扩散过程中，烟气温度较高时，烟气对来流新鲜空气的卷吸作用占主导地位，但当烟气温度降低到一定程度时，隧道远端的来流新鲜空气将占主导地位，定义该位置为烟气层厚度临界点，定义火源到该位置的距离为烟气临界距离 $d$，其示意图如图 6-29 所示。

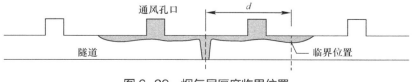

图 6-29　烟气层厚度临界位置

通过对全尺寸隧道火灾数值模拟结果的分析可知，人员高度处的烟气能见度在烟气临界距离 $d$ 处达到最小值。

烟气临界距离 $d$ 表征的是烟气产生的浮升力与来流新鲜空气惯性力达到一定比值时，该位置距离火源的距离，此时，浮升力与惯性力的关系式如下：

$$P_\mathrm{b} \propto P_\mathrm{i} \tag{6-90}$$

与烟气扩散距离计算模型的推导过程类似，最终可以得到烟气临界距离的关系式如下：

$$\mathrm{e}^{-k_\mathrm{n}(d-x_\mathrm{nref})} = cD^* \tag{6-91}$$

其中，$c$ 为常数，需要通过数值模拟结果确定

根据式（6-91），烟气临界距离可以表述为：

$$d = x_\mathrm{nref} - \ln(cD^*)/k_\mathrm{n} \tag{6-92}$$

### 6.5.2 烟气临界距离计算模型验证及系数确定

采用式（6-91）拟合全尺寸隧道火灾时的烟气临界距离数值模拟结果，如图 6-30 所示，拟合得到的 $c$ 值为 2.57，拟合的相关系数为 0.907。

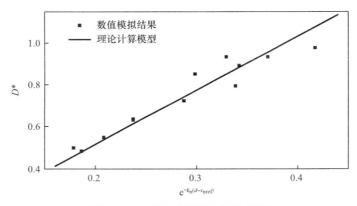

图 6-30 烟气临界距离拟合结果

从拟合结果可以看出，全尺寸隧道火灾数值模拟结果均与理论关系式的拟合情况较好。因此，顶部开孔的地铁区间隧道火灾时的烟气临界距离可以用式（6-92）表达。

### 6.5.3 坡度隧道烟气临界距离计算模型

根据前述章节的分析，坡度隧道发生火灾时烟气临界距离位于临近火源的第二个非火源段，但根据三维数值模拟结果的分析，临近火源的第一个非火源段顶壁烟气温度衰减系数与第二个火源段相近，而且，临近火源的第二个孔口的排烟量远小于第一

个孔口的排烟量,因此,坡度隧道烟气临界距离计算模型的表达式可以写为:

$$e^{-G_n k_n [d - x_{nref} - (L_n + l)]} = G_c c D^* \tag{6-93}$$

其中,$G_c$ 为坡度系数,通过对三维数值模拟结果进行分析,其值为 1;$L_n$ 为孔口内边距;$l$ 为孔口长度

式(6-93)左端括号内 $L_n + l$ 表征的是坡度隧道烟气临界距离位于临近火源的第二个非火源段内。

## 6.6　隧道烟气能见度

由第 4 章中对隧道人员高度处的能见度分布特性可知,地铁区间隧道发生火灾时,火源段中的烟气位于逃生人员头部上方,致使隧道中的能见度在人员高度处几乎为外界环境能见度,不会对人员的逃生造成影响;而非火源段中的烟气在扩散过程中将会降低至人员高度处,导致此处的烟气能见度将会危害到逃生人员的安全疏散。

根据上述分析,本节采用理论分析的方法首先得到了水平单洞双线隧道火灾时非火源段内的烟气能见度理论计算模型,然后根据前述章节研究的其他因素对隧道烟气特性的影响规律,得到了不同隧道结构下隧道内人员高度处的最小能见度计算模型。

### 6.6.1　隧道顶壁烟气消光系数

隧道顶壁烟气消光系数不会影响到人员逃生的安全疏散,但在分析隧道内人员高度处最小能见度的计算模型时,将会应用到顶壁烟气消光系数的分析结果。因此,此处首先采用理论分析的方法得到隧道顶壁烟气消光系数的计算模型。

1. 隧道顶壁烟气消光系数计算模型

由第 4 章中对隧道顶壁消光系数的分布特性可知,由于孔口的排烟作用,隧道顶壁烟气消光系数在孔口处存在突变,且几乎整个非火源段的烟气消光系数为定值。

根据火源热释放率对烟气能见度的影响分析以及烟气能见度与烟气流量之间的关系式,联立式(3-43)和式(6-44),可得到非火源段顶壁烟气消光系数的计算模型表达式为:

$$K_c = a \rho_0 c_p \frac{K_m y_s}{\Delta H} \dot{Q}^{*2/3} T_0 (1 - bH^{*-1} \Delta T_{ref}^{*1/3} e^{-1/3 k L_s})^2 \tag{6-94}$$

式(6-94)中 $\rho_0 c_p$ 一般为定值,可以与式中的 $a$ 合并,此时,非火源段顶壁烟气消光系数的计算模型表达式为:

$$K_c = a \frac{K_m y_s}{\Delta H} \dot{Q}^{*2/3} T_0 (1 - bH^{*-1} \Delta T_{ref}^{*1/3} e^{-1/3 k L_s})^2 \tag{6-95}$$

其中，$a$、$b$ 为常数，需要通过数值模拟结果确定，显然，式（6-95）中常数 $b$ 的值与非火源段参考温度计算模型中的 $b$ 值相同。

2. 隧道顶壁烟气消光系数计算模型验证及系数确定

采用式（6-95）拟合隧道火灾时的顶壁烟气消光系数，如图 6-31 所示，拟合得到的 $a$ 值为 0.427，拟合的相关系数为 0.923。

从拟合结果可以看出，全尺寸隧道火灾数值模拟结果与理论关系式的拟合情况较好。因此，顶部开孔的地铁区间隧道火灾时隧道顶壁的烟气消光系数可以用式（6-95）表示。

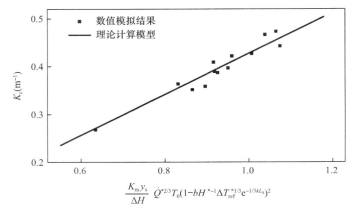

图 6-31　隧道顶壁烟气消光系数拟合结果

3. 坡度隧道顶壁烟气消光系数计算模型

隧道有坡度时，临近火源第一个孔口的排烟量远大于第二个孔口的排烟量，因此，可以假定临近火源第一个孔口的排烟量表征了隧道顶部孔口的总排烟量。

根据上述分析，联立式（3-41）和式（6-36）可以得到坡度隧道顶壁烟气消光系数的计算模型表达式为：

$$K_c = a(1-G_a)\frac{K_m y_s}{\Delta H}\dot{Q}^{*2/3}T_0[1-b(1-G_b)H^{*-1}\Delta T_{ref}^{*1/3}e^{-1/3kL_s}]^2 \quad (6\text{-}96)$$

其中，$G_a$ 为坡度修正系数，其表达式为：

$$G_a = 0.46\theta^{1/3} \quad (6\text{-}97)$$

### 6.3.2　隧道人员高度处最小能见度

根据第 4 章的研究可知，隧道内人员高度处消光系数纵向分布规律较为复杂，难以通过理论分析的方法得到其计算模型，而隧道火灾控制主要关注的是人员高度处的最小能见度能否满足安全疏散要求。因此，本节采用理论分析的方法得到了隧道内人员高度处的最小能见度。

1. 隧道人员高度处最小能见度计算模型

根据第 3 章的分析可知，隧道火灾控制时人员高度处的能见度与烟气综合消光系数之间的关系式为：

$$S_{\min} = 3/K \tag{6-98}$$

显然，人员高度处的能见度与烟气综合消光系数呈倒数的关系，因此，本节首先得到了人员高度处最大烟气综合消光系数的理论计算模型。

通过对试验数据的分析，人员高度处最大烟气综合消光系数与隧道顶壁的消光系数和烟气临界距离之间的关系式可以表示为：

$$K/K_c = m(d - x_{\text{nref}})^{1/8} \tag{6-99}$$

其中，$m$ 为常数，需要通过数值模拟结果确定

联立式（6-98）和式（6-99）可以得到隧道内人员高度处最小能见度的关系式为：

$$S_{\min} = \frac{3}{mK_c(d - x_{\text{nref}})^{1/8}} \tag{6-100}$$

2. 隧道人员高度处最小能见度计算模型验证及系数确定

采用式（6-99）拟合普通双线隧道火灾时人员高度处的最大烟气综合消光系数，如图 6-32 所示，拟合得到的 $m$ 值为 0.517，拟合的相关系数为 0.973。

从拟合结果可以看出，全尺寸隧道火灾数值模拟结果与理论关系式的拟合情况较好。因此，顶部开孔的地铁区间隧道火灾时人员高度处的最大烟气综合消光系数可以用式（6-99）表示，最小能见度可由式（6-100）表示。

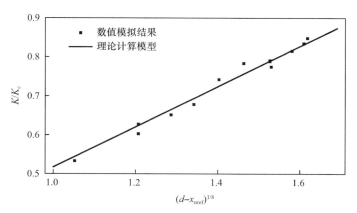

图 6-32 人员高度处最大烟气综合消光系数拟合结果

3. 坡度隧道人员高度处最小能见度

通过对三维数值模拟结果的分析，与式（6-99）类似，坡度隧道火灾时，人员高

度处最大烟气综合消光系数与隧道顶壁烟气消光系数和烟气临界距离之间的关系式可以表示为：

$$K/K_c = G_m m [d - x_{nref} - (L_n + l)]^{1/8} \qquad (6-101)$$

其中，$G_m$ 为坡度系数，通过三维数值模拟结果的分析，其值为 1。

显然，式（6-101）右端括号中 $L_n + l$，表征的是：人员高度处最大烟气消光系数位于临近火源的第二个非火源段内。

联立式（6-98）和式（6-101），可以得到坡度隧道火灾时人员高度处最小能见度的关系式为：

$$S_{min} = \frac{3}{G_m m K_c (d - x_{nref} - L_n - l)^{1/8}} \qquad (6-102)$$

**4. 设有吊墙的隧道人员高度处最小能见度**

设有吊墙的顶部开孔地铁区间隧道发生火灾时，火源侧烟气扩散过程中，烟气的不断沉降将会导致有少量的烟气越过吊墙扩散到非火源侧，该过程是一个复杂的三维流动过程，难以用理论分析的方法得到隧道人员高度处最小能见度的计算模型，但通过数值模拟结果的分析发现，当通风孔口内边距大于 130m 时，隧道设有吊墙时人员高度处的最小能见度与隧道不设吊墙时存在以下关系式：

$$S_{min} = f(L_n - 80) \qquad (6-103)$$

其中，$S_{min}$ 为设有吊墙的隧道人员高度处的最小能见度；$L_n$ 为设有吊墙的隧道顶部通风孔口内边距；$f$ 为隧道不设置吊墙时通风孔口内边距与人员高度处最小能见度的函数关系式，可通过式（6-100）进行计算。

**5. 理论模型适用范围**

水平单洞双线地铁区间隧道火灾理论计算模型的建立是基于一个重要的假定：火灾烟气没有扩散到临近火源的第二个通风孔口处，而坡度隧道和吊墙隧道火灾理论计算模型是通过对水平单洞双线隧道火灾理论计算模型进行修正得到的。因此，本书建立的顶部开孔地铁区间隧道火灾理论计算模型的适用范围为：隧道顶部通风孔口内边距大于一定的值，使得火灾烟气在水平单洞双线隧道内无法扩散到临近火源的第二个通风孔口处。下面采用三维数值模拟对水平单洞双线地铁区间隧道火灾理论模型的适用范围进行验证。

顶部开孔的地铁区间隧道发生火灾时，影响人员逃生安全疏散的烟气参数为隧道顶壁烟气温度和隧道内人员高度处的能见度，为了满足安全疏散要求，距离火灾位置 30m 外的隧道顶壁烟气温度应控制在 180℃以下，人员高度处的能见度应大于 10m。根据前述章节的研究，通风孔口对火源段内的烟气参数没有影响，而非火源段内隧道顶壁烟气温度远低于 180℃，不会对人员逃生的安全疏散造成影响，因此仅验证了最小能见度理论计算模型式（6-100）的适用范围。

式（6-100）适用范围的验证条件为：火源热释放率 $\dot{Q}$ 为 7.5MW，隧道宽度 $W$ 为 9.3m，隧道高度 $H$ 为 4.8m，通风孔口高度 $h$ 为 4m，通风孔口宽度 $w$ 为 2.5m，燃烧烟气产生率 $y_s$ 为 0.1kg/kg，燃烧热 $\Delta H$ 为 46460kJ/kg，燃烧烟气的质量消光系数 $K_m$ 为 8700m²/kg，隧道内人员高度处的最小能见度 $S_{min}$ 设置为 10m。在此条件下，根据式（6-100）可以计算出不同通风孔口内边距 $L_n$ 对应的和最小通风孔口长度 $l_{min}$，表 6-3 给出了通风孔口内边距在 30～150m 范围内的最小通风孔口长度。

理论计算结果　　　　　　　　　　　　　　　　表 6-3

| $L_n$(m) | 30 | 40 | 50 | 60 | 70 | 80 | 90 | 100 | 110 | 120 | 130 | 140 | 150 |
|---|---|---|---|---|---|---|---|---|---|---|---|---|---|
| $l_{min}$(m) | 8.7 | 9.3 | 9.9 | 10.6 | 11.4 | 12.2 | 13.1 | 14 | 15 | 16 | 17.1 | 18.3 | 19.6 |

采用数值计算方法对表 6-3 相应条件下人员高度处最小能见度进行计算，结果如图 6-33 所示。图 6-33 中 $x$ 坐标为通风孔口内边距 $L_n$；$y$ 坐标为通风孔口内边距和对应的最小通风孔口长度条件下，隧道内人员高度处的最小能见度 $S$。

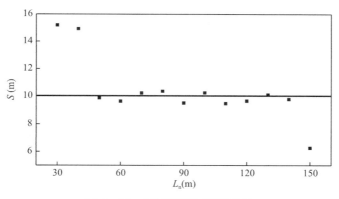

图 6-33　理论模型的适用范围

从图 6-33 中可以看出，通风孔口内边距在 50～140m 的范围内时，数值模拟得到的人员高度处最小能见度位于 10m 附近。这是因为，当通风孔口内边距位于此区间时，临近火源的第二个通风孔口不会起到排烟作用，如图 6-34 所示，这与本书理论模型建立的假定条件相同。因此，本书理论模型的适用范围为：通风孔口内边距在 50～140m 之内。

图 6-34　通风孔口内边距为 50m 时的烟气扩散图

当通风孔口内边距小于 50m 时，数值模拟得到的人员高度处最小能见度远大于 10m。这是因为，当通风孔口内边距小于 50m 时，临近火源的第二个通风孔口将起到排烟作用，如图 6-35 所示，此时本书建立的理论模型将不适用。

图 6-35　通风孔口内边距为 40m 时的烟气扩散图

当通风孔口内边距大于 140m 时，数值模拟得到的人员高度处最小能见度远小于 10m。图 6-36 给出了通风孔口内边距为 150m 时的数值模拟结果，可以看到，临近火源的第一个通风孔口处出现了回流现象，这是导致隧道内人员高度处的能见度急剧降低的原因。前期的科研报告结果表明[21]，当临近火源的第一个通风孔口出现回流时，隧道内人员高度处的能见度将不再随通风孔口长度的增大而增大，这说明，在本书的研究条件下，当通风孔口内边距大于 140m 时，通风孔口的排烟作用将无法使隧道内人员高度处的能见度控制在 10m 以上。

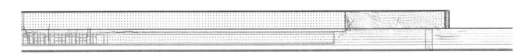

图 6-36　通风孔口处的回流现象

坡度隧道和吊墙隧道的理论模型是通过对水平单洞双线隧道的理论模型修正得到的，通过二者的修正关系式（6-102）和式（6-103）可知，坡度隧道理论模型的适用范围与水平单洞双线隧道相同，吊墙隧道理论模型的适用范围为 130～220m。

## 6.7　本章小结

本章根据前述章节研究的顶部开孔地铁区间隧道火灾时的烟气扩散特性，结合隧道火灾的理论分析方法，建立了隧道顶壁烟气温度纵向衰减模型、孔口排烟模型、隧道烟气温度分布模型、烟气扩散长度模型、烟气临界距离模型、隧道烟气能见度分布模型等理论计算模型。研究发现：通过选取合理的参考位置，隧道顶壁烟气温度衰减可以分别在火源段和非火源段内表述为指数衰减函数；通风孔口的排烟量与定义的无量纲长度 $H^*$ 呈反比，但通风孔口内的烟气温度与此无量纲量呈正比；隧道顶壁烟气温度分布可以通过联立温度衰减模型和参考温度计算模型得到，火源段内的参考温度表征了无量纲温度计算关系式，非火源段内的参考温度表征了非火源段参考温度的二阶无量纲量与孔口排烟量的线性关系；烟气扩散长度可以表示为其无量纲量与烟气滞止点处烟气温度衰减值之间的线性关系，而烟气临界距离可以表示为扩散长度的无量纲量与临界位置处烟气温度衰减值之间的线性关系；非火源段内人员高度处的能见度可以表示为隧道顶壁能见度与烟气临界距离的关系，而非火源段内的隧道顶壁能见度与孔口排烟量相关。

## 本章参考文献

[1] Hu L H, Huo R, Li Y Z, et al. Full-scale burning tests on studying smoke temperature and velocity along a corridor[J]. Tunnelling and Underground Space Technology, 2005, 20(3): 223-229.

[2] Hu L H, Huo R, Wang H B, et al. Experimental studies on fire-induced buoyant smoke temperature distribution along tunnel ceiling[J]. Building and Environment, 2007, 42(11): 3905-3915.

[3] Hinkley P L. The flow of hot gases along an enclosed shopping mall a tentative theory[J]. Fire Safety Science, 1970, 807: 11.

[4] Delichatsios M A. The flow of fire gases under a beamed ceiling[J]. Combustion and Flame, 1981, 43: 1-10.

[5] Kim M B, Han Y S, Yoon M O. Laser-assisted visualization and measurement of corridor smoke spread[J]. Fire safety journal, 1998, 31(3): 239-251.

[6] He Y. Smoke temperature and velocity decays along corridors[J]. Fire safety journal, 1999, 33(1): 71-74.

[7] Bailey J L, Forney G P, Tatem P A, et al. Development and validation of corridor flow submodel for CFAST[J]. Journal of Fire Protection Engineering, 2002, 12(3): 139-161.

[8] Alpert R L. Turbulent ceiling-jet induced by large-scale fires[J]. Combustion science and technology, 1975, 11(5-6): 197-213.

[9] Emmons H W. The ceiling jet in fires[C]//Fire Safety Science—Proceedings of the Third International Symposium. Routledge, 2006.

[10] Li S, Zong R, Zhao W, et al. Theoretical and experimental analysis of ceiling-jet flow in corridor fires[J]. Tunnelling and underground space technology, 2011, 26(6): 651-658.

[11] Kung H C, Spaulding R D, Stavrianidis P. Fire induced flow under a sloped ceiling[C]//Fire Safety Science—Proceedings of the Third International Symposium. Routledge, 2006: 271-280.

[12] Sugawa O. Simple estimation model on ceiling temperature and velocity of fire induced flow under ceiling[J]. Fire Science and Technology, 2001, 21(1): 57-67.

[13] Oka Y, Imazeki O, Sugawa O. Temperature profile of ceiling jet flow along an inclined unconfined ceiling[J]. Fire Safety Journal, 2010, 45(4): 221-227.

[14] Morgan Hurley. SFPE handbook of fire protection engineering[M]. 5th ed. New York: Springer, 2016.

[15] Hu L H, Huo R, Chow W K, et al. Decay of buoyant smoke layer temperature along the longitudinal

direction in tunnel fires[J]. Journal of applied fire science, 2004, 13(1): 53−77.
[16] Hu L H, Huo R, Wang H B, et al. Experimental studies on fire-induced buoyant smoke temperature distribution along tunnel ceiling[J]. Building and Environment, 2007, 42(11): 3905−3915.
[17] Hu L H, Tang F, Yang D, et al. Longitudinal distributions of CO concentration and difference with temperature field in a tunnel fire smoke flow[J]. International Journal of Heat and Mass Transfer, 2010, 53(13−14): 2844−2855.
[18] Kunsch J P. Critical velocity and range of a fire-gas plume in a ventilated tunnel[J]. Atmospheric Environment, 1998, 33(1): 13−24.
[19] Kunsch J P. Simple model for control of fire gases in a ventilated tunnel[J]. Fire safety journal, 2002, 37(1): 67−81.
[20] Vauquelin O. Parametrical study of the back flow occurrence in case of a buoyant release into a rectangular channel[J]. Experimental Thermal and Fluid Science, 2005, 29(6): 725−731.
[21] Yuan Z, Lei B, Kashef A. Experimental and theoretical study for tunnel fires with natural ventilation[J]. Fire Technology, 2015, 51(3): 691−706.

# 第 7 章

# 隧道火灾自然通风完全排烟的临界孔口尺寸

## 7.1 隧道火灾自然通风完全排烟

目前,国内外大量学者对隧道火灾问题进行试验、模拟研究,并取得了一系列重要成果,总的来看,对纵向通风的研究较早,主要对临界风速[1-7]、烟气的回流长度[8-11]、顶壁下方的烟气温度[12-19]等问题的研究较多;对于竖井自然通风的研究较晚,主要集中在烟气的扩散特性[20-27]和吸穿现象[28-30]、边界层分离现象[31-33],以及如何提高竖井的排烟效率[34-41]等方面。然而在防止吸穿、边界层分离现象的发生以及排烟效率提高的同时,仍有大量烟气越过竖井,如图 7-1 所示。烟气并不能全部通过竖井排出隧道,而是越过竖井继续蔓延,不断与来流冷空气发生作用,导致烟气层下沉,甚至当烟气温度很低时,进入竖井内的烟气也有可能倒灌回隧道内,更不利于人员安全逃生。

图 7-1 竖井不完全排烟的烟气分布

为了最大限度地保证人员安全,防止烟气长距离的蔓延和沉降对人员逃生造成不利影响,应将火灾产生的烟气全部由火源两侧最近的竖井排出,即当隧道发生火灾时,需要选用合理的竖井方式,使得烟气蔓延至竖井下方后可在烟囱效应的作用下完全排出隧道,未有烟气越过竖井流向隧道下游,也就称之为孔口完全排烟,其示意图如图 7-2 所示。以隧道内人员所处的环境是否有利为依据,He 等人[42,43]将临界竖井高度定义为保证隧道内烟气完全排出的最低竖井高度,并通过缩尺模型试验,对火源位于隧道中心位置时的临界竖井高度影响因素进行了研究,提出了临界竖井高度的预测模型。Zhao 等人[44,45]也将临界竖井高度定义为保证隧道内烟气完全排出的最低竖井高度。

图 7-2　竖井完全排烟的烟气分布

## 7.2　自然通风临界完全排烟孔口尺寸基本特征

### 7.2.1　水平隧道

自然排烟隧道发生火灾时，烟气扩散到竖井下方后，由于竖井浮升力会使烟气通过竖井排出隧道。若竖井高度较低，则竖井处产生的浮升力较小，烟囱效应相对较弱，大量的烟气会越过竖井继续向非火源段蔓延，又由于烟气与隧道端口来流风速的相互作用，导致非火源段烟气沉降，如图 7-3（a）所示。非火源段沉降的烟气会从隧道底部越过排烟风口回流至火源段，使得火源段的烟气下沉严重，如图 7-3（b）所示，不利于人员逃生。因此，为了最大限度地保证人员安全，防止烟气长距离的蔓延和沉降对人员逃生造成不利影响，应增加竖井高度，将烟气全部控制在火源段以内，但是过高的竖井高度不利于节约土建费用，同时可能引起吸穿效应造成有效排烟面积下降，降低竖井排烟效率。基于上述分析，综合考虑土建成本，陈滔[45]提出了临界竖井长度的概念，即火灾产生的烟气全部由距火源最近的两个竖井排出时的最小竖井长度。

陈滔[45]利用第 5 章所述模型试验系列 4 对竖井临界排烟进行研究，火源位于最不利火源位置 D 处，如图 7-4 所示。试验工况如表 7-1 所示。

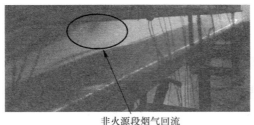

(a)　　　　　　　　　　　　　　(b)

图 7-3　火源段与非火源段烟气回流状态

实验中，观察竖井处烟气的运动，发现烟气刚好触碰到竖井 2 外边缘时，烟气与竖井 1 的外边缘还有一定的距离，认为竖井 2 的临界竖井长度为整个隧道竖井的临界长度，如图 7-5 所示。图 7-6（a）竖井间距为 1.5m、$HRR = 1.678$kW、竖井长度

# 第 7 章 隧道火灾自然通风完全排烟的临界孔口尺寸

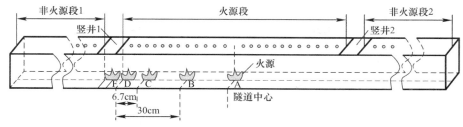

图 7-4 火源位置

竖井尺寸试验工况（火源位置 D）                                    表 7-1

| 工况 | HRR (kW) | 竖井长度 (cm) | 竖井间距 1.5m 时竖井高度 (cm) | 竖井间距 3.0m 时竖井高度 (cm) | 竖井间距 4.4m 时竖井高度 (cm) |
|---|---|---|---|---|---|
| 1～18 | 1.678 | 4 | 27/27.5/28/30 | 15/16/18/26/28/30/32/33/33.5/34 | 34/38/42/46 |
| 19～27 | | 5 | | 14/14.5/15/15.5/21.5/22/22.5/23.5/24 | |
| 28～45 | | 6 | 14/15/15.5/16 | 8/9/10/11/12/12.5/14/17.5/18/18.5 | 20/22/23/23.5 |
| 46～62 | | 7 | 9/9.5/10/11.5/12 | 10/11/11.5/12/13/14 | 14/16/18/19/20/20.5 |
| 63～70 | | 8 | | 11.5/12/12.5/13/14 | 15/15.5/16 |
| 71～74 | | 9 | | 12.5/13/13.5/14 | |
| 75～96 | | 10 | 10/12/12.5/13/14 | 4/7/8/9/10/11/12/12.5/13.5/14/14.5 | 10/12/13.5/14/16/18 |
| 97～102 | | 11 | | 13.5/14/14.5/15/16/18 | |
| 103～106 | | 12 | | 14/14.5/15/15.5 | |
| 107～118 | | 13 | 12/12.5/13/14 | 14/14.5/15 | 12/14/15/15.5/16 |
| 119～122 | | 15 | | 12/13/13.5/14 | |
| 123～130 | | 17 | | 10/12/13/14/14.5 | 16/16.5/17 |
| 131～135 | | 12/14/15/16/18 | 0 | | |
| 136～150 | | 0/7.5/10/11.5/13/13.5/14/15/16/17/18/19/20/21/22 | | 0 | |
| 151～157 | | 15/16/17/18/19/20/21 | | | 0 |
| 158～168 | 2.754 | 4 | 27.5/28/28.5 | 14/16/17/18/20/33.5/34/34.5 | |
| 169～179 | | 5 | | 13/14/14.5/15/16/21/21.5/22/22.5/23.5/24 | |
| 180～196 | | 6 | 15.5/16/16.5/17 | 10/10.5/11/11.5/12/12.5/17/17.5/18 | 21/21.5/22/22.5 |
| 197～208 | | 7 | 10/10.5/11/12 | 11/11.5/12/12.5/13/13.5 | 20/20.5 |

续表

| 工况 | HRR (kW) | 竖井长度 (cm) | 竖井间距1.5m时竖井高度 (cm) | 竖井间距3.0m时竖井高度 (cm) | 竖井间距4.4m时竖井高度 (cm) |
|---|---|---|---|---|---|
| 209~212 | 2.754 | 8 | | | 15.5/16/16.5/17 |
| 213~220 | | 10 | 11/11.5/12 | | 14/15.5/16/16.5/17 |
| 221~223 | | 12 | | 14/14.5/15 | |
| 224~235 | | 13 | 12/13/13.5/14 | 6/13/13.5/14/14.5 | 15.5/16.5/17 |
| 236~238 | | 15 | | 13.5/14/14.5 | |
| 239~246 | | 17 | | 6/12/12.5/13/13.5 | 15/15.5/16 |
| 247~250 | | 13/14/15/16 | 0 | | |
| 251~255 | | 8/17/18/19/20 | | 0 | |
| 256~261 | | 17/18/19/20/21/22 | | | 0 |
| 262~275 | 3.773 | 4 | 28.5/29/29.5/30/30.5 | 15/16/17/18/32/32.5/33/33.5/34.5 | |
| 276~288 | | 5 | | 14/14.5/15/16/17/18/19/19.5/20/20.5/21/23/23.5 | |
| 289~305 | | 6 | 15/15.5/16 | 8/10/11/11/11.5/12/14/15/15.5/16/17 | 21/21.5/22 |
| 306~317 | | 7 | 10/11/11.5/12/12.5/13 | 11.5/12/12.5 | 19.5/20/20.5 |
| 318~324 | | 8 | | 11.5/12/12.5/13 | 15/15.5/16 |
| 325~330 | | 9 | | 6/12/12.5/13/13.5/14 | |
| 331~338 | | 10 | 10/10.5/11/11.5 | | 14/14.5/15/16 |
| 339~342 | | 12 | | 13.5/14/14.5/15 | |
| 343~357 | | 13 | 12/12.5/13/15 | 10/12.5/13/13.5/14.5/15 | 15/15.5/16/17/18 |
| 358~360 | | 15 | | 13/13.5/14 | |
| 361~367 | | 17 | | 12/12.5/13/13.5 | 16/16.5/17 |
| 368~369 | | 13/14 | 0 | | |
| 370~374 | | 0/8/16/17/18 | | 0 | |
| 375~377 | | 19/20/21 | | | 0 |
| 378~396 | 5.158 | 4 | 18/28/29/30/30.5/32/33/34 | 16/17/18/31/31.5/32/32.5/33/33.5 | 42/46 |
| 397~402 | | 5 | | 19/19.5/20/22/22.5/23 | |
| 403~416 | | 6 | 15.5/16/16.5/17.5 | 10/10.5/11/12/13/15/15.5/16 | 21/21.5 |
| 417~429 | | 7 | 11/11.5/12/12.5/13 | 12/12.5/13/13.5/14 | 19.5/20/20.5 |
| 430~433 | | 8 | | | 15.5/16/16.5/17 |
| 434~449 | | 10 | 10/11/11.5/12/12.5 | 8/11/12/13/13.5/14/14.5/15 | 15/15.5/16 |

续表

| 工况 | HRR (kW) | 竖井长度 (cm) | 竖井间距 1.5m 时 竖井高度 (cm) | 竖井间距 3.0m 时 竖井高度 (cm) | 竖井间距 4.4m 时 竖井高度 (cm) |
| --- | --- | --- | --- | --- | --- |
| 450～453 | 5.158 | 11 | | 13.5/14/14.5/15 | |
| 454～457 | | 12 | | 14.5/15/15.5/16 | |
| 458～472 | | 13 | 12/12.5/13/13.5/14/15 | 6/10/14.5/15/15.5 | 15/15.5/16/16.5 |
| 473～477 | | 15 | | 13/13.5/14/14.5/15 | |
| 478～487 | | 17 | | 10/11/12/12.5/13/14/14.5 | 15/15.5/16 |
| 488～489 | | 14/15 | 0 | | |
| 490～497 | | 10/11/12.5/13.5/16/17/18/20 | | 0 | |
| 498～500 | | 19/20/21 | | | 0 |

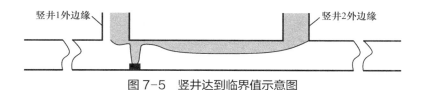

图 7-5　竖井达到临界值示意图

为 10cm，当竖井的高度为 12cm，看到有大量的烟气扩散到竖井后方；当竖井高度为 12.5cm 时，烟气全部通过竖井排走，此时在竖井高度为 12.5cm，对应的临界竖井长度为 10cm。同样对图 7-6（b）、（c）竖井处的烟气流动状态进行观察，得到竖井间距为 3.0m、$HRR=3.773$kW、竖井高度为 13.5cm 时，临界竖井长度为 9cm；竖井间距为 4.4m、$HRR=1.678$kW、竖井高度为 16cm 时，临界竖井长度为 13cm。其余竖井临界长度的试验结果见表 7-2。

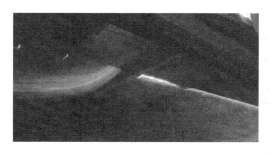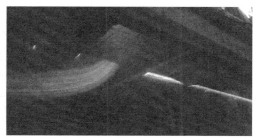

(a)

图 7-6　不同竖井间距、HRR、竖井尺寸的烟气流动特征
（a）$HRR=1.678$kW、间距 1.5m、竖井长 10cm（左图竖井高 12cm，右图竖井高 12.5cm）；

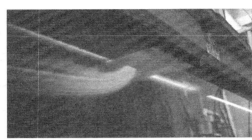

(b)

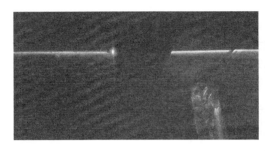
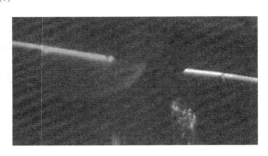

(c)

图 7-6 不同竖井间距、HRR、竖井尺寸的烟气流动特征（续）

（b）HRR=3.773kW、间距 3.0m、竖井长 9cm（左图竖井高 13cm、右图竖井高 13.5cm）；（c）HRR=1.678kW、间距 4.4m、竖井长 13cm（左图竖井高 15.5cm、右图竖井高 16cm）

不同竖井高度下临界竖井长度　　　　　　表 7-2

| 竖井长度 (cm) | 竖井间距 1.5m, HRR (kW) | | | | 竖井间距 3.0m, HRR (kW) | | | | 竖井间距 4.4m, HRR (kW) | | | |
|---|---|---|---|---|---|---|---|---|---|---|---|---|
| | 1.678 | 2.754 | 3.773 | 5.518 | 1.678 | 2.754 | 3.773 | 5.518 | 1.678 | 2.754 | 3.773 | 5.518 |
| 4 | 28 | 28.5 | 30 | 30 | 33.5 | 34.5 | 33 | 33.5 | 46+ | | | 46+ |
| 5 | | | | | 23.5 | 24 | 23.5 | 23 | | | | |
| 6 | 16 | 16 | 15.5 | 15 | 18.5 | 18 | 17 | 17 | 23 | 22.5 | 21.5 | 21.5 |
| 7 | 12 | 10.5 | 12.5 | 12.5 | 13 | 13.5 | 13.5 | 14 | 20.5 | 20.5 | 20.5 | 20.5 |
| 8 | | | | | 13 | | 13 | | 16 | 16 | 16 | 16.5 |
| 9 | | | | | 13.5 | | 13.5 | | | | | |
| 10 | 12.5 | 12 | 11 | 12 | 14.5 | | | 14.5 | 14 | 16 | 15 | 15.5 |
| 11 | | | | | 14.5 | | | 14.5 | | | | |
| 12 | | | | | 14.5 | 14.5 | 14.5 | 15 | | | | |
| 13 | 13 | 13 | 12.5 | 13.5 | 15 | 14.5 | 14.5 | 15 | 16 | 17 | 15.5 | 16.5 |
| 15 | | | | | 14 | 14.5 | 14 | 14.5 | | | | |
| 17 | | | | | 14.5 | 13.5 | 13.5 | 13 | 16.5 | 16 | 17 | 15.5 |
| 竖井高度 0cm | 竖井长度 (cm) | | | | 竖井长度 (cm) | | | | 竖井长度 (cm) | | | |
| | 15 | 15 | 14 | 15 | 19 | 19 | 18 | 18 | 21 | 21 | 20 | 20 |

注："46+" 为不完全排烟。

## 7.2.2 坡度隧道

利用本书第 4 章所述模型试验系列 3 实验台对坡度隧道竖井临界完全排烟进行试验，由第 4.2 节的分析得出：由于坡度的影响，当竖井高度相同时，下坡侧竖井处的烟气更容易完全排出，因此当上坡侧竖井能完全排出烟气时，下坡侧竖井必定能使烟气完全排出。故试验重点对上坡侧竖井的排烟情况进行观测，当上坡测竖井处的烟气能满足完全排尽时的最小竖井高度即为临界竖井高度，如图 7-7 所示。

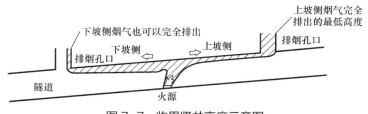

图 7-7 临界竖井高度示意图

试验时，在点燃燃料的同时点燃艾条，并在燃料燃烧过程中使用片光源在隧道纵向中轴线处照射以示踪烟气。当烟气扩散过程稳定后，观测竖井下方烟气形态，同时结合竖井后方的顶壁下方烟气温度监测结果，判断烟气是否完全排尽。

试验共选取 A、B、D 三个火源位置进行试验，纵向火源位置如图 7-8 所示：

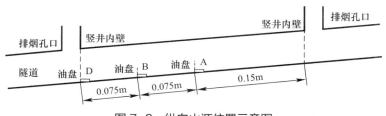

图 7-8 纵向火源位置示意图

图 7-9～图 7-11 为坡度 5%，火源位于纵向位置 D，火源热释放率为 0.935kW，竖井长度为 10cm 时，竖井高度分别为 0.155m、0.165m 和 0.17m 时的竖井下方烟气形态图。从图中可以看到，当竖井高度为 0.155m 和 0.165m 时，有大量烟气扩散到竖井后方，而当竖井增高至 0.17m 时，烟气直接通过竖井全部排出，竖井后方没有可见的烟气。图 7-12 为相同工况下竖井长度由 0.13m 增加至 0.17m，竖井后方的顶壁下方烟气温度，竖井高度由 0.13m 增加至 0.165m，随着竖井排烟驱动力的增强，更多的烟气通过竖井排出，竖井后方第一个热电偶处的温度逐渐由 11.7℃降至 9.1℃，并且随着烟气在非火源段的蔓延而下降，当竖井增加至 0.17m 高时，竖井后方的顶壁下方烟气温

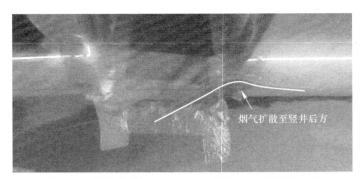

图 7-9　竖井高度为 0.155m 时竖井下方烟气形态图

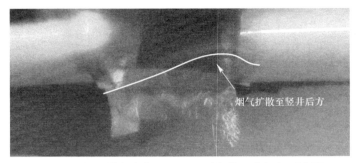

图 7-10　竖井高度为 0.165m 时竖井下方烟气形态图

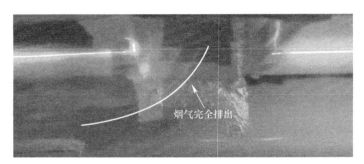

图 7-11　竖井高度为 0.17m 时竖井下方烟气形态图

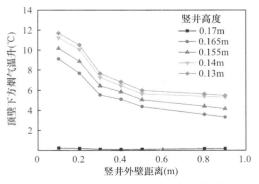

图 7-12　竖井后方的顶壁下方烟气温度

度降至 0℃左右且几乎不随距离的增加而变化，结合观察到的烟气形态可以得出此工况下的临界竖井高度为 0.17m。

## 7.3 自然通风完全排烟的临界孔口尺寸影响因素

本节通过一系列模型试验，探究了不同因素对自然通风完全排烟临界孔口尺寸的影响，其中在模型试验系列 4 上探究了水平隧道不同因素对自然通风完全排烟的临界孔口尺寸的影响，在模型试验系列 3 上研究了坡度隧道中自然通风完全排烟的临界孔口尺寸影响因素。

### 7.3.1 水平隧道

如第 5.2 节所述，陈涛等人通过对顶壁烟气温度的分析，认为火源外边缘位于竖井内侧壁正下方时（位置 D）为最不利火源位置，如图 7-13 所示。基于上述分析，本节探究火源位于最不利位置时，不同因素对竖井临界完全排烟的影响。通过第 5 章所述模型试验系列 4，研究了竖井间距、竖井尺寸、火源热释放率等参数对竖井完全排烟的影响，试验工况如表 7-3 所示。

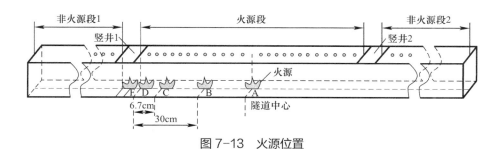

图 7-13 火源位置

竖井试验工况（火源位置 D） 表 7-3

| 工况 | HRR (kW) | 竖井长度 (cm) | 竖井间距 1.5m 时竖井高度 (cm) | 竖井间距 3.0m 时竖井高度 (cm) | 竖井间距 4.4m 时竖井高度 (cm) |
|---|---|---|---|---|---|
| 1~18 | 1.678 | 4 | 27/27.5/28/30 | 15/16/18/26/28/30/32/33/33.5/34 | 34/38/42/46 |
| 19~27 | | 5 | | 14/14.5/15/15.5/21.5/22/22.5/23.5/24 | |
| 28~45 | | 6 | 14/15/15.5/16 | 8/9/10/11/12/12.5/14/17.5/18/18.5 | 20/22/23/23.5 |
| 46~62 | | 7 | 9/9.5/10/11.5/12 | 10/11/11.5/12/13/14 | 14/16/18/19/20/20.5 |

续表

| 工况 | HRR (kW) | 竖井长度 (cm) | 竖井间距1.5m时竖井高度 (cm) | 竖井间距3.0m时竖井高度 (cm) | 竖井间距4.4m时竖井高度 (cm) |
|---|---|---|---|---|---|
| 63~70 | 1.678 | 8 | | 11.5/12/12.5/13/14 | 15/15.5/16 |
| 71~74 | 1.678 | 9 | | 12.5/13/13.5/14 | |
| 75~96 | 1.678 | 10 | 10/12/12.5/13/14 | 4/7/8/9/10/11/12/12.5/13.5/14/14.5 | 10/12/13.5/14/16/18 |
| 97~102 | 1.678 | 11 | | 13.5/14/14.5/15/16/18 | |
| 103~106 | 1.678 | 12 | | 14/14.5/15/15.5 | |
| 107~118 | 1.678 | 13 | 12/12.5/13/14 | 14/14.5/15 | 12/14/15/15.5/16 |
| 119~122 | 1.678 | 15 | | 12/13/13.5/14 | |
| 123~130 | 1.678 | 17 | | 10/12/13/14/14.5 | 16/16.5/17 |
| 131~135 | 1.678 | 12/14/15/16/18 | 0 | | |
| 136~150 | 1.678 | 0/7.5/10/11.5/13/13.5/14/15/16/17/18/19/20/21/22 | | 0 | |
| 151~157 | 1.678 | 15/16/17/18/19/20/21 | | | 0 |
| 158~168 | 2.754 | 4 | 27.5/28/28.5 | 14/16/17/18/20/33.5/34/34.5 | |
| 169~179 | 2.754 | 5 | | 13/14/14.5/15/16/21/21.5/22/22.5/23.5/24 | |
| 180~196 | 2.754 | 6 | 15.5/16/16.5/17 | 10/10.5/11/11.5/12/12.5/17/17.5/18 | 21/21.5/22/22.5 |
| 197~208 | 2.754 | 7 | 10/10.5/11/12 | 11/11.5/12/12.5/13/13.5 | 20/20.5 |
| 209~212 | 2.754 | 8 | | | 15.5/16/16.5/17 |
| 213~220 | 2.754 | 10 | 11/11.5/12 | | 14/15/15.5/16/16.5/17 |
| 221~223 | 2.754 | 12 | | 14/14.5/15 | |
| 224~235 | 2.754 | 13 | 12/13/13.5/14 | 6/13/13.5/14/14.5 | 15.5/16.5/17 |
| 236~238 | 2.754 | 15 | | 13.5/14/14.5 | |
| 239~246 | 2.754 | 17 | | 6/12/12.5/13/13.5 | 15/15.5/16 |
| 247~250 | 2.754 | 13/14/15/16 | 0 | | |
| 251~255 | 2.754 | 8/17/18/19/20 | | 0 | |
| 256~261 | 2.754 | 17/18/19/20/21/22 | | | 0 |
| 262~275 | 3.773 | 4 | 28.5/29/29.5/30/30.5 | 15/16/17/18/32/32.5/33/33.5/34.5 | |
| 276~288 | 3.773 | 5 | | 14/14.5/15/16/17/18/19/19.5/20/20.5/21/23/23.5 | |

续表

| 工况 | HRR（kW） | 竖井长度（cm） | 竖井间距1.5m时竖井高度（cm） | 竖井间距3.0m时竖井高度（cm） | 竖井间距4.4m时竖井高度（cm） |
|---|---|---|---|---|---|
| 289~305 | 3.773 | 6 | 15/15.5/16 | 8/10/11/11/11.5/12/14/15/15.5/16/17 | 21/21.5/22 |
| 306~317 | | 7 | 10/11/11.5/12/12.5/13 | 11.5/12/12.5 | 19.5/20/20.5 |
| 318~324 | | 8 | | 11.5/12/12.5/13 | 15/15.5/16 |
| 325~330 | | 9 | | 6/12/12.5/13/13.5/14 | |
| 331~338 | | 10 | 10/10.5/11/11.5 | | 14/14.5/15/16 |
| 339~342 | | 12 | | 13.5/14/14.5/15 | |
| 343~357 | | 13 | 12/12.5/13/15 | 10/12.5/13/13.5/14.5/15 | 15/15.5/16/17/18 |
| 358~360 | | 15 | | 13/13.5/14 | |
| 361~367 | | 17 | | 12/12.5/13/13.5 | 16/16.5/17 |
| 368~369 | | 13/14 | 0 | | |
| 370~374 | | 0/8/16/17/18 | | 0 | |
| 375~377 | | 19/20/21 | | | 0 |
| 378~396 | 5.158 | 4 | 18/28/29/30/30.5/32/33/34 | 16/17/18/31/31.5/32/32.5/33/33.5 | 42/46 |
| 397~402 | | 5 | | 19/19.5/20/22/22.5/23 | |
| 403~416 | | 6 | 15.5/16/16.5/17.5 | 10/10.5/11/12/13/15/15.5/16 | 21/21.5 |
| 417~429 | | 7 | 11/11.5/12/12.5/13 | 12/12.5/13/13.5/14 | 19.5/20/20.5 |
| 430~433 | | 8 | | | 15.5/16/16.5/17 |
| 434~449 | | 10 | 10/11/11.5/12/12.5 | 8/11/12/13/13.5/14/14.5/15 | 15/15.5/16 |
| 450~453 | | 11 | | 13.5/14/14.5/15 | |
| 454~457 | | 12 | | 14.5/15/15.5/16 | |
| 458~472 | | 13 | 12/12.5/13/13.5/14/15 | 6/10/14.5/15/15.5 | 15/15.5/16/16.5 |
| 473~477 | | 15 | | 13/13.5/14/14.5/15 | |
| 478~487 | | 17 | | 10/11/12/12.5/13/14/14.5 | 15/15.5/16 |
| 488~489 | | 14/15 | 0 | | |
| 490~497 | | 10/11/12.5/13.5/16/17/18/20 | | 0 | |
| 498~500 | | 19/20/21 | | | 0 |

**1. 火源热释放率对临界竖井长度的影响**

火源热释放率对竖井临界长度的影响如图 7-14 所示。从图中可以看出，当竖井高度相同时，随着火源热释放率的增大，临界竖井长度几乎相等，说明火源释放率对临界竖井长度的影响较小。根据 Heskestad 的理论[46]，火羽流的质量流量与火源热释放率的 1/3 次方相关，竖井的排烟质量流量[47]也与火源热释放率的 1/3 次方相关，导致临界竖井长度不随火源热释放率变化或略有变化。从图 7-14 中还可以发现，在火源热释放率相同的条件下，随着临界竖井长度的增加，竖井高度呈现出先减小后几乎不变的趋势。这一现象可以通过竖井处排烟形成的烟流密度来解释。当孔口尺寸较小时，如图 7-15（a）所示，孔口处的烟流较为密集，当排烟孔口增大时，竖井会排出更多的烟气，排烟效果会更好，此时需要的竖井高度就会减小。但当排烟孔口进一步增大时，如图 7-15（b）所示，孔口处的烟流变得稀疏，此时，风口继续增大排烟效果并

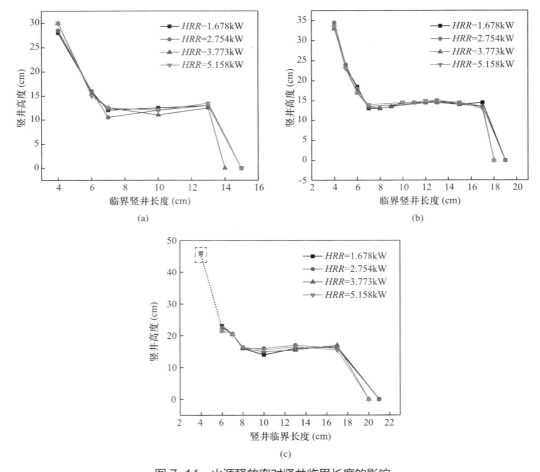

图 7-14　火源释放率对竖井临界长度的影响
（a）竖井间距 1.5m；（b）竖井间距 3.0m；（c）竖井间距 4.4m

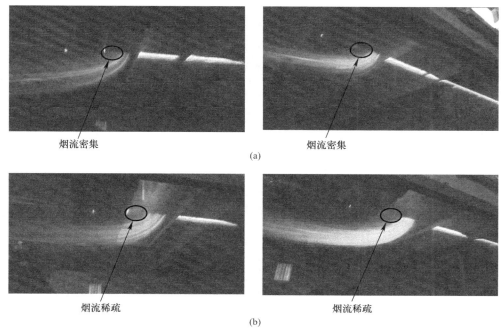

图 7-15 不同孔口烟流密度
（a）小孔口烟流密度（左图竖井长度为 4cm、右图竖井长度为 6cm）；
（b）大孔口烟流密度（左图竖井长度为 7cm、右图竖井长度为 10cm）

不会更好，竖井的高度几乎不发生变化。当竖井的内边距为 1.5m 和 3.0m 时，竖井临界长度在 7cm（全尺寸隧道为 1.4m）出现转折，当竖井的内边距为 4.4m 时，竖井临界长度在 8cm（全尺寸隧道为 1.6m）出现转折。

随着临界竖井长度的继续增加，所对应的竖井高度陡然下降（当竖井间距为 1.5m 和 3.0m 时，几乎是垂直下降，当竖井间距为 4.4m 时，可以近似看成垂直下降），所以认为当竖井的高度进一步降低时，所需的临界竖井长度的取值就是竖井高度为 0 时，对应的临界竖井长度。

2. 竖井间距对临界竖井长度的影响

图 7-16 为竖井间距对竖井临界长度的影响，在火源热释放率、竖井高度相同的条件下，临界竖井长度随竖井间距的增大等幅增加。这是因为烟气经过长距离扩散使得热量损失，竖井处的烟气温度相对较低，导致烟囱效应或竖井的吸力变弱，当需要烟气全排时，就需要增加竖井的横截面面积。表明在相同的竖井高度下，竖井的间距越小，所需的临界竖井长度越小，越有利于排烟。

当竖井高度进一步减小时，曲线呈现近视水平（特别是火源热释放率为 3.773kW，竖井间距为 1.5m 和 3.0m 时，曲线起始端呈现水平），说明临界竖井长度的取值是一个突变的过程。

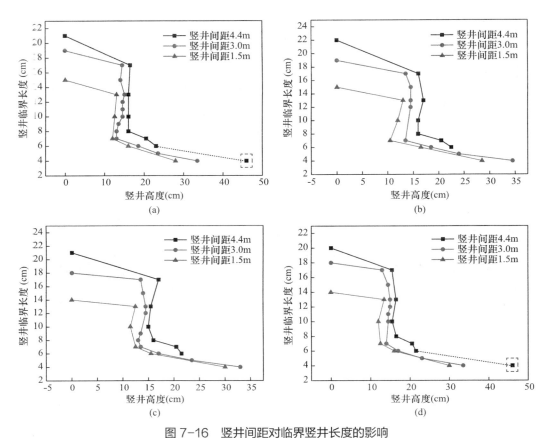

图 7-16 竖井间距对临界竖井长度的影响
（a）$HRR=1.678$kW；（b）$HRR=2.754$kW；（c）$HRR=3.773$kW；（d）$HRR=5.158$kW

### 7.3.2 坡度隧道

坡度对烟气流动的影响主要体现在火源两侧的烟气温度与烟气量上，因此对竖井排烟影响较大。本节通过第 4 章所述模型试验系列 3，在不同坡度的隧道模型中进行了一系列试验，对不同坡度、纵向火源位置、火源热释放率、竖井长度下的临界竖井高度进行探讨。具体试验工况如表 7-4 所示。

临界竖井高度试验工况　　　　表 7-4

| 工况 | $HRR$（kW） | 坡度（%） | 竖井长度（m） | 火源位置 A 竖井高度（m） | 火源位置 B 竖井高度（m） | 火源位置 D 竖井高度（m） |
|---|---|---|---|---|---|---|
| 1～3 | 0.935 | 5 | 0.05 | 0.24/0.25/0.245 | — | — |
| 4～23 | | | 0.06 | 0.27/0.22/0.17/0.18/0.19/0.24 | 0.4/0.365/0.335/0.31/0.29/0.30/0.305 | 0.32/0.33/0.31/0.335/0.365/0.38/0.4 |
| 24～38 | | | 0.07 | 0.155/0.15 | 0.155/0.17/0.18/0.185/0.195/0.215/0.235/0.225 | 0.23/0.25/0.265/0.26/0.255 |

续表

| 工况 | HRR (kW) | 坡度 (%) | 竖井长度 (m) | 火源位置 A 竖井高度 (m) | 火源位置 B 竖井高度 (m) | 火源位置 D 竖井高度 (m) |
|---|---|---|---|---|---|---|
| 39~53 | 0.935 | 5 | 0.08 | 0.165/0.155/0.15/0.145 | 0.15/0.155/0.16/0.165/0.175/0.18/0.19/0.185 | 0.185/0.195/0.20 |
| 54~63 | | | 0.09 | 0.135/0.145/0.15 | 0.155/0.165/0.16 | 0.185/0.175/0.18 |
| 64~75 | | | 0.10 | — | — | 0.10/0.11/0.12/0.13/0.14/0.155/0.20/0.19/0.18/0.17/0.16/0.165 |
| 76~86 | | | 0.12 | 0.155/0.15/0.145/0.14 | 0.18/0.17/0.16/0.165 | 0.175/0.185/0.18 |
| 87~98 | | | 0.14 | 0.155/0.165/0.16 | 0.20/0.17/0.16/0.165 | 0.17/0.18/0.19/0.20/0.21 |
| 99~107 | | | 0.16 | 0.15/0.16/0.165 | 0.185/0.17/0.16/0.165 | 0.185/0.18 |
| 108~117 | | | 0.18 | 0 | 0/0.16/0.17/0.20/0.185/0.175 | 0/0.175/0.18 |
| 118~120 | | | 0.20 | 0 | 0 | 0 |
| 121~123 | | | 0.22 | 0 | 0 | 0 |
| 124~127 | 0.935 | 4 | 0.05 | 0.24/0.23/0.21/0.215 | — | — |
| 128~135 | | | 0.06 | 0.20/0.18/0.19/0.185 | 0.30/0.28/0.29/0.295 | — |
| 136~145 | | | 0.07 | 0.20/0.15/0.135/0.145 | 0.22/0.23/0.235 | 0.25/0.24/0.245 |
| 146~157 | | | 0.08 | 0.145/0.135/0.13/0.125 | 0.195/0.18/0.185/0.19 | 0.20/0.18/0.19/0.195 |
| 158~166 | | | 0.09 | 0.13/0.14/0.135 | 0.165/0.16/0.15/0.155 | 0.175/0.18 |
| 167~169 | | | 0.10 | — | — | 0.17/0.18/0.175 |
| 170~178 | 0.935 | 4 | 0.15 | 0.13/0.15/0.14/0.145 | 0.15/0.16/0.165 | 0.17/0.165 |
| 179~190 | | | 0.17 | 0 | 0/0.175/0.13/0.14/0.15/0.155 | 0/0.16/0.17/0.18/0.175 |
| 191~193 | | | 0.18 | 0 | 0 | 0 |
| 194~196 | | | 0.20 | 0 | 0 | 0 |
| 197~203 | 0.935 | 2 | 0.05 | 0.20/0.25/0.23/0.24/0.215/0.20/0.21 | — | — |
| 204~215 | | | 0.06 | 0.20/0.15/0.18/0.19/0.17 | 0.22/0.23/0.25/0.24 | 0.25/0.23/0.22 |
| 216~227 | | | 0.07 | 0.12/0.13/0.135 | 0.15/0.16/0.17/0.18/0.20/0.19 | 0.19/0.195/0.20 |
| 228~236 | | | 0.08 | 0.125/0.115/0.12 | 0.135/0.13/0.125 | 0.145/0.14/0.135 |
| 237~241 | | | 0.09 | — | 0.13/0.135 | 0.15/0.14/0.13 |
| 242~245 | | | 0.10 | — | — | 0.16/0.15/0.14/0.145 |
| 246~247 | | | 0.12 | 0.115/0.12 | — | — |
| 248~257 | | | 0.13 | 0 | 0/0.10/0.12/0.125/0.13 | 0/0.10/0.14/0.155 |
| 258~230 | | | 0.14 | 0 | 0 | 0 |

续表

| 工况 | HRR (kW) | 坡度 (%) | 竖井长度 (m) | 火源位置 A 竖井高度 (m) | 火源位置 B 竖井高度 (m) | 火源位置 D 竖井高度 (m) |
|---|---|---|---|---|---|---|
| 231~233 | 0.935 | 2 | 0.15 | 0 | 0 | 0 |
| 234 | | | 0.18 | 0 | — | — |
| 235~245 | 0.935 | 0 | 0.04 | 0.285/0.275/0.28 | — | 0.14/0.16/0.17/0.18/0.20/0.335/0.34/0.345 |
| 246~256 | | | 0.05 | — | — | 0.13/0.14/0.145/0.15/0.16/0.21/0.215/0.22/0.225/0.235/0.24 |
| 257~272 | | | 0.06 | 0.15/0.16/0.165/0.17 | 0.16/0.17/0.18 | 0.10/0.105/0.11/0.115/0.12/0.125/0.17/0.175/0.18 |
| 273~284 | | | 0.07 | 0.10/0.105/0.11/0.12 | 0.125/0.12 | 0.11/0.115/0.12/0.125/0.13/0.135 |
| 285~287 | | | 0.08 | — | 0.12/0.13/0.125 | — |
| 288~291 | | | 0.10 | — | — | 0.10/0.13/0.12/0.125 |
| 292~294 | | | 0.11 | 0/0.10/0.11 | — | — |
| 295~305 | | | 0.12 | 0 | 0/0.10/0.12/0.13/0.125 | 0/0.14/0.12/0.13/0.135 |
| 306~308 | | | 0.13 | 0 | 0 | 0 |

**1. 火源热释放率对临界竖井高度的影响**

试验在不同坡度下随机选取共 6 组工况进行不同火源热释放率时的临界竖井高度测量,以分析火源热释放率对临界竖井高度的影响,见表 7-5。

临界竖井高度与 HRR 的关系　　　　表 7-5

| 编号 | 坡度 | 火源位置 | 竖井长度 (m) | HRR (kW) | 临界竖井高度 (m) |
|---|---|---|---|---|---|
| 1 | 5% | A | 0.09 | 0.935、1.599、2.733 | 0.15、0.155、0.155 |
| 2 | 5% | D | 0.09 | | 0.18、0.175、0.18 |
| 3 | 5% | D | 0.1 | | 0.17、0.175、0.17 |
| 4 | 4% | B | 0.09 | | 0.16、0.165、0.155 |
| 5 | 2% | B | 0.07 | | 0.2、0.195、0.195 |
| 6 | 0 | B | 0.12 | | 0.125、0.115、0.12 |

试验结果显示,当坡度、纵向火源位置及竖井长度均相同时,火源热释放率的变化对临界竖井高度的影响非常小。其原因是:Heskestad 提出火羽流的质量流量与火源热释放率呈 1/3 次方的关系[46],当烟气完全排出时上坡侧竖井排烟质量流量也与火源热释放率呈 1/3 次方的关系,因此火源热释放率对临界竖井高度几乎没有影响。这与 Zhao 及陈滔在水平隧道中所得出的结论一致[44,45]。

综上所述，测量试验中临界竖井高度时的火源热释放率统一选择 0.935kW，根据第 7.2.2 节所述临界竖井高度测量方法，得出的试验结果如表 7-6 所示。

临界竖井高度试验结果（红色数字为不完全排烟） 表 7-6

| 坡度 | 竖井长度（cm） | 临界竖井高度（cm） | | |
|---|---|---|---|---|
| | | 位置 D | 位置 B | 位置 A |
| 5% | 5 | — | — | 24.5 |
| | 6 | 40+ | 30.5 | 19 |
| | 7 | 26 | 22.5 | 15.5 |
| | 8 | 20 | 18.5 | 15 |
| | 9 | 17.5 | 16 | 15.5 |
| | 10 | 17 | — | — |
| | 12 | 18.5 | 16.5 | 14.5 |
| | 14 | — | 17 | 16 |
| | 16 | 18.5 | 17 | 16.5 |
| | 18 | 18 | 17.5 | 0 |
| | 20 | 0 | 0 | 0 |
| | 22 | 0 | 0 | 0 |
| 2% | 5 | — | — | 21 |
| | 6 | 26 | 24 | 18 |
| | 7 | 20 | 19 | 13.5 |
| | 8 | 14 | 13 | 12 |
| | 9 | 14 | 13.5 | — |
| | 10 | 14.5 | — | — |
| | 12 | — | — | 12 |
| | 13 | 14.5 | 13 | 0 |
| | 14 | 0 | 0 | 0 |
| | 15 | 0 | 0 | 0 |
| | 18 | 0 | 0 | 0 |
| 0 | 4 | 33.5 | — | 29 |
| | 5 | 23 | — | — |
| | 6 | 18.5 | 18 | 15.5 |
| | 7 | 13.5 | 12 | 11.5 |
| | 8 | 13 | 12.5 | — |
| | 9 | 13 | — | — |
| | 10 | 13 | — | 11.5 |

续表

| 坡度 | 竖井长度（cm） | 临界竖井高度（cm） | | |
|---|---|---|---|---|
| | | 位置 D | 位置 B | 位置 A |
| 0 | 11 | — | — | 11 |
| | 12 | 13.5 | 12.5 | 0 |
| | 13 | 0 | 0 | 0 |
| | 14 | 0 | 0 | 0 |

注："40+"为不完全排烟。

2. 竖井长度对临界竖井高度的影响

竖井长度是影响临界竖井高度的重要因素，在竖井高度不变时，竖井内的排烟驱动力不变，竖井长度越长，排烟面积越大，烟气越容易被完全排出。本小节在不同坡度隧道内进行试验，以分析竖井长度对临界竖井高度的影响。

图 7-17 所示为不同坡度时临界竖井高度与竖井长度的关系，由试验结果可知：首先，临界竖井高度随竖井长度的变化规律可分为三个区间（0, $a$）、[$a$, $b$]、（$b$, +∞）。

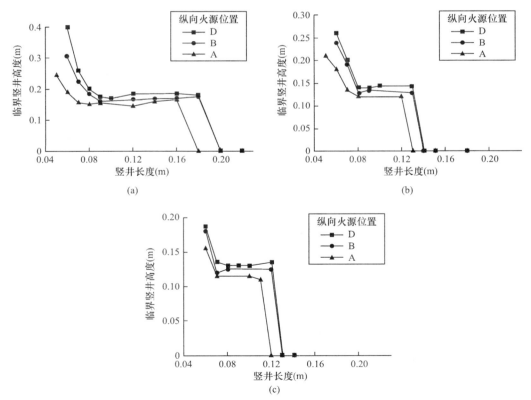

图 7-17 不同坡度时临界竖井高度与竖井长度关系
（a）5% 坡度隧道；（b）2% 坡度隧道；（c）0 坡度隧道

当竖井长度 $l>b$ 时，因为此时竖井面积足够大，竖井高度为 0 即可保证烟气完全排出。当 $a \leqslant l \leqslant b$ 时，其竖井排烟面积无法维持竖井高度为 0 时烟气被完全排出，因此临界竖井高度增大，且当竖井长度继续减小时，临界竖井高度几乎不会随竖井长度的变化而变化，而是以很小的幅度波动。其原因是当竖井长度增大时，更容易产生吸穿效应[47]，即对于本试验而言，在竖井高度不变的情况下，竖井长度的增加使得吸穿效应变强，有效排烟面积占比减小，而竖井长度的减小使吸穿效应减弱，有效排烟面积占比增加，但是长度变化本身还会使竖井面积变化，两者综合的结果是竖井有效排烟面积不变，因此临界竖井高度也维持不变，将此阶段称为稳定段。当 $0<l<a$ 时，随着竖井长度的减小，有效排烟面积开始减小，临界竖井高度随着竖井长度的减小而增加，将此阶段称为升高段。

上述临界竖井高度随竖井长度变化的规律不随坡度与纵向火源位置的变化而改变。

3. 火源位置对临界竖井高度的影响

由本书第 5.2 节的分析可知，对于自然排烟的隧道火灾，纵向火源位置对火源段的烟气扩散几乎没有影响，但不同的火源位置会使竖井下方烟气温度产生变化，从而对竖井内的排烟驱动力产生影响，本小节对不同火源位置时的临界竖井高度进行分析，以探究其对临界竖井高度的影响。

由图 7-17 可知，纵向火源位置对临界竖井高度的影响主要有两个方面：

（1）火源位置与上坡侧竖井之间的距离越大，相同竖井长度时的临界竖井高度就越高。以 5% 坡度为例，当火源纵向位置由 A 变为 B 时，对于相同的竖井长度，稳定段（$a \leqslant l \leqslant b$）的临界竖井高度增加了 2%~11%，升高段（$0<l<a$）的临界竖井高度增加了 57%；当火源位置由 B 变为 D 时，稳定段的临界竖井高度增加了 2%~11%，升高段的临界竖井高度增加了 15%~31%。

（2）竖井高度为 0 时烟气被完全排出的竖井长度随火源位置与上坡侧竖井距离的增大而增大，以 5% 坡度为例，当火源位置由 A 到 D 时，烟气被完全排出的竖井长度增大了 0.02m。

产生上述现象的原因是：随着火源位置逐渐远离上坡侧竖井，烟气流经的距离增加，通过顶壁的散热量增大，导致竖井下方烟气温度下降。以 5% 坡度、火源热释放率为 0.935kW 为例，当火源纵向位置由 A 变为 B 再变为 D 时，竖井前方 0.1m 处的顶壁下方烟气温度由 51℃ 降至 35℃ 再降至 17℃，在此影响下，相同竖井高度时竖井内的排烟驱动力减弱；而由第 5.2 节的分析可知，纵向火源位置对烟气的扩散没有影响，所以流向上坡侧的烟气量没有减少。因此，要使烟气被完全排出所需的临界竖井高度增高，且使烟气在竖井高度为 0 时完全排出所需的竖井面积增大，即竖井长度增大。

4. 坡度对临界竖井高度的影响

本小节通过试验分析了坡度对临界竖井高度的影响。图 7-18 为不同坡度时临界竖井高度与竖井长度的关系。由试验结果可知,坡度对临界竖井高度的影响包括两个方面:

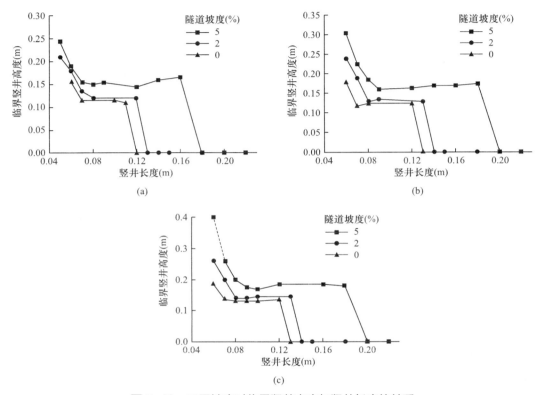

图 7-18 不同坡度时临界竖井高度与竖井长度的关系
(a) 纵向火源位置 A;(b) 纵向火源位置 B;(c) 纵向火源位置 D

(1) 当纵向火源位置相同时,对于相同的竖井长度且竖井长度位于稳定段($a \leqslant l \leqslant b$)与升高段($0 < l < a$)时,临界竖井高度随坡度的下降而下降。以纵向火源位置 D 为例,当坡度由 5% 降低至 2% 时,稳定段的临界竖井高度降低了 19.4%,升高段的临界竖井高度降低了 23%~30%;当坡度由 2% 降低至 0 时,稳定段的临界竖井高度降低了 10%,升高段的临界竖井高度降低了 30%~34%。

(2) 临界点 b 的竖井长度取值随坡度的降低而减小,如图 7-19 所示。同样以纵向火源位置 D 为例,当坡度由 5% 降至 2% 时,临界点 b 的竖井长度取值由 0.20m 变为 0.14m,减小了 30%;当坡度由 2% 降至 0% 时,临界点 b 的竖井长度由 0.14m 变为 0.13m,减小了 7%。且对于不同的火源位置,临界点 b 随坡度升高而变化的趋势是相同的。

由第 4.2.2 节的分析知，在流向上坡侧烟气减少与火羽流卷吸减弱的共同作用下，当坡度由 5% 到 0 之间变化时，隧道上坡侧顶壁下方烟气温度几乎不变，因此由竖井两端温差引起的烟囱效应也几乎不发生改变，同时坡度的降低会导致流向上坡侧的烟气减少，因此完全排出烟气所需的竖井高度降低，同时烟气在竖井高度为 0 时完全排出所需的竖井面积减小，即竖井长度减小。

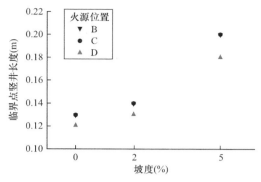

图 7-19　临界点 b 竖井长度与坡度关系图

## 7.4　临界孔口尺寸的半经验预测模型

### 7.4.1　水平隧道

**1. 临界竖井长度理论模型**

当隧道发生火灾时，如果竖井未能完全排烟，则烟气会越过竖井向下游扩散，如图 7-20 所示。如果竖井能够排出所有的烟气，烟气则不会继续向下游扩散，如图 7-21 所示。

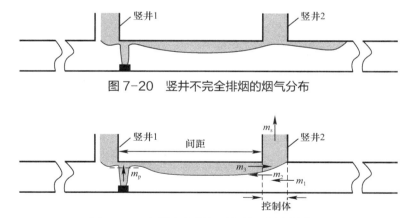

图 7-20　竖井不完全排烟的烟气分布

图 7-21　竖井完全排烟时竖井 2 控制体模型

由于竖井 1 位于羽流形成区上方，在烟气未一维扩散前即开始排烟，而竖井 2 相比于竖井 1 不容易排烟，因此针对竖井 2 建立控制体，控制体边界与竖井 2 的边界重合，如图 7-21 所示，用于预测能够完全排出烟气的竖井临界长度。

根据 Heskestad 理论[46]，羽流质量流量（$m_p$）可以用式（7-1）表示：

$$m_p \propto \rho_0 g^{1/2} Q^{*1/3} H^{5/2} \qquad (7-1)$$

式中，$Q$ 为火源热释放率，$H$ 为隧道的高，上标 * 代表无量纲量。

同时，可以得到竖井排烟的质量流量（$m_s$）、控制体边界质量流量（$m_3$），以及烟气的温升 $\Delta T_3/T_0$。

$$m_s = \left(2m_3 l^2 hw^2 \rho_0^2 g \xi^{-1} \frac{\Delta T_3}{T_0}\right)^{1/3} \qquad (7-2)$$

$$m_3 = m_{ref}^* \rho_0 g^{1/2} Q^{*1/3} H^{5/2} \qquad (7-3)$$

$$\frac{\Delta T_3}{T_0} = \Delta T_{ref}^* Q^{*2/3} e^{-k(S-x_{ref})} \qquad (7-4)$$

式中，$l$ 为竖井长度；$h$ 为竖井高度；$w$ 为竖井宽度；$\xi$ 为固定的常数；ref 为火源段参考点位置属性；$x$ 为参考点距离；$S$ 为竖井间距；$k$ 为火源段衰减系数。

式（7-4）中的 $T_3$ 为烟气层的平均温度，但实际测量值为顶壁下方 1cm 处的温度，因此，可以对式（7-4）进行修正：

$$\frac{\Delta T_3}{T_0} = \Delta T_{ref}^* Q^{*2/3} e^{-ak(S-x_{ref})} \qquad (7-5)$$

式中，$a$ 为常数。

当烟气通过两个自然排烟竖井完全排烟时，$m_p$ 与 $m_s$ 的关系假设为：

$$m_p \propto m_s \qquad (7-6)$$

把式（7-3）和式（7-5）代入式（7-2）并结合式（7-6）得：

$$h \propto bl^{-2}w^{-2}H^5 e^{akS} \qquad (7-7)$$

其中，$b = \frac{1}{2}\xi \cdot m_{ref}^{*-1} \cdot \Delta T_{ref}^{*-1} \cdot e^{-akx_{ref}}$。

根据 Yuan 的研究结果[24]，参考位置的无量纲烟气流量和无量纲烟气温升为常数。$k$ 和 $x_{ref}$ 由实验数据确定，因此，$b$ 可以通过实验确定。

根据第 6 章求得 $k$ 为 0.504，对实验数据进行总结得到 $a$ 的值为 0.184，然后根据式（7-7）拟合试验结果，结果如图 7-22 所示。试验结果表明，$h/w^{-2}H^5 e^{akS}$ 的值会在 $l^{-2}=178\text{m}^{-2}$ 的时候发生转折。在 $l^{-2}<187$ 时 $h/w^{-2}H^5 e^{akS}$ 几乎为常数，在 $l^{-2}>187$ 时，呈线性增加，用分段函数去表达试验结果，分段函数可以被表示为式（7-8）：

$$h/(w^{-2}H^5 e^{akS}) = \begin{cases} 6.81, & l^{-2} \leqslant 178\text{m}^{-2} \\ 3.071 + 0.021 l^{-2}, & l^{-2} > 178\text{m}^{-2} \end{cases} \qquad (7-8)$$

式（7-8）可以写成式（7-9）：

$$h = \begin{cases} 6.81 w^{-2} H^5 e^{akS}, & l \geqslant 0.075\text{m} \\ 3.071 w^{-2} H^5 e^{akS} + 0.021 w^{-2} H^5 e^{akS} l^{-2}, & l < 0.075\text{m} \end{cases} \qquad (7-9)$$

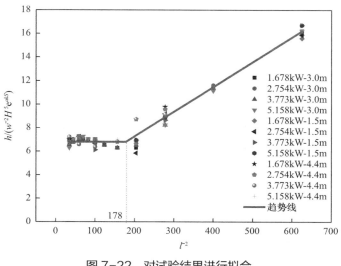

图 7-22 对试验结果进行拟合

式（7-9）和试验结果的对比情况如图 7-23 所示。可以看出式（7-9）和试验值吻合度较好，表明式（7-9）可以预测地铁隧道火灾利用自然通风竖井完全排烟的临界竖井长度。

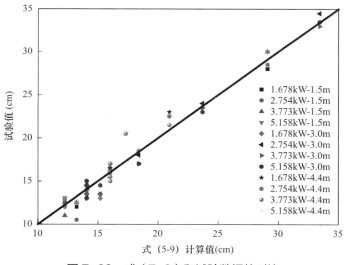

图 7-23 式（7-9）和试验数据的对比

2. 临界竖井长度理论模型应用

实际工程中地铁区间隧道采用竖井自然通风竖井的设计原则是在满足人员安全逃生的基础上，尽可能节约土建成本。通风竖井尺寸包括：竖井长度、竖井高度、竖井宽度。由于地铁埋深是确定的，所以竖井高度基本上也是确定的。本章研究的前提为竖井宽度等于隧道宽度，所以可以归结为当竖井高度确定时，临界竖井长度如何选择。

结合图 7-22 和式（7-9），对临界竖井长度的取值进行分析：

（1）当 $h/(w^{-2}H^5 e^{akS}) > 6.81$ 时，临界竖井长度的取值采用式（7-10）进行计算：

$$l = \left( \frac{0.021}{h/w^{-2}H^5 e^{akS} - 3.071} \right)^{1/2} \quad (7\text{-}10)$$

（2）当 $h/(w^{-2}H^5 e^{akS}) = 6.81$ 时，临界竖井长度的取值是一个区间，考虑土建成本，临界竖井长度取值 0.075m（临界竖井长度在区间的最小值，即图 7-22 曲线转折点），对应全尺寸临界竖井长度为 1.5m。

（3）当 $h/(w^{-2}H^5 e^{akS}) < 6.81$ 时，图 7-22 已不在适用，通过前文的分析可知，临界竖井长度出现突变，临界竖井长度的值应当选取竖井高度为 0 时对应的数值，如表 7-7 所示，其余竖井间距下的临界竖井长度可根据表中数据进行插值得到。

不同竖井间距实验结果　　　　　　　　　表 7-7

| 间距（m） | 临界竖井长度（全尺寸）[cm（m）] |
|---|---|
| 1.5 | 15（3.0） |
| 3.0 | 19（3.8） |
| 4.4 | 21（4.2） |

### 7.4.2 坡度隧道

**1. 临界竖井长度理论模型**

如第 7.2.2 节所述，由于坡度的影响，当竖井高度相同时，下坡侧竖井处的烟气更容易被完全排出，因此当上坡侧竖井能完全排出烟气时，下坡侧竖井必定能使烟气完全排出，上坡侧竖井处的烟气能满足完全排出时的最小竖井高度即为临界竖井高度。因此主要对上坡侧竖井的排烟情况进行观测，以上坡侧竖井内的烟气为控制体进行理论分析。

如图 7-24 所示，加粗虚线表示无限接近竖井内壁的横截面，$m_3$ 为流过虚线截面的烟气质量，图中竖井高度 $h$ 为临界竖井高度，即此竖井高度满足烟气通过竖井完全排出。

以竖井内的烟气为控制体，如图 7-24 中细虚线和竖井壁包围的部分所示。热烟气和环境气体通过竖井下方进入竖井，混合后的热烟气从竖井顶部排出。由于加粗虚线截面无限接近竖井内壁，且烟气通过竖井被完全排出，则

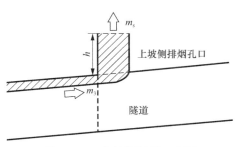

图 7-24　上坡侧竖井示意图

通过竖井下方进入竖井的热烟气质量流量即为通过加粗虚线截面的热烟气的质量流量，且不存在热烟气与隧道顶壁间的换热。

则控制体内的质量守恒方程可写为：

$$\dot{m}_s = \dot{m}_3 + \dot{m}_0 \tag{7-11}$$

式中，$\dot{m}_0$ 为进入竖井的环境气体质量流量；$\dot{m}_3$ 为进入竖井的热烟气质量流量；$\dot{m}_s$ 为排出竖井的热烟气质量流量。

孔口内烟气温度不是很高，可以忽略孔口内烟气与孔口壁之间的换热；因为上坡侧竖井附近烟气温度不高，可将烟气的定压比热容 $c_p$ 视为常数，则控制体内的能量守恒方程可写为：

$$c_p \dot{m}_s T_s = c_p \dot{m}_3 T_3 + c_p \dot{m}_0 T_0 \tag{7-12}$$

式中，$c_p$ 为烟气的定压比热容；$T_s$ 为排出竖井的热烟气温度；$T_3$ 为进入竖井的热烟气温度；$T_0$ 为环境气体温度。

联立式（7-11）和式（7-12）可得：

$$c_p \dot{m}_3 T_s + + c_p \dot{m}_0 T_s = c_p \dot{m}_3 T_3 + c_p \dot{m}_0 T_0 \tag{7-13}$$

由于热烟气温度高于环境气体温度，则整理式（7-13）各项可得：

$$\dot{m}_3 \Delta T_3 = \dot{m}_s \Delta T_s \tag{7-14}$$

式中，$\Delta T_3$ 为进入竖井的热烟气与环境气体之间的温差；$\Delta T_s$ 为排出孔口的热烟气与环境气体之间的温差。

假定竖井内烟气均匀分布，即孔口内各位置处烟气参数相同，则由伯努利方程可得孔口处的排烟关系式：

$$\frac{1}{2}\rho_s \xi v^2 = \Delta \rho_s g h \tag{7-15}$$

式中，$h$ 为竖井高度；$\xi$ 为局部阻力系数；$\rho_s$ 为烟气的密度；$v$ 为烟气流速；$\Delta \rho_s$ 为竖井两端气体密度差；$g$ 为重力加速度。

由理想气体方程有：

$$\frac{\rho}{\rho_0} = \frac{T_0}{T} \tag{7-16}$$

本试验中，因为坡度的存在，竖井面积为 $A = w \cdot l \cos\alpha = w \cdot l_\alpha$，则有：

$$\dot{m}_s = \rho_s w l_\alpha \cos\alpha v \tag{7-17}$$

式中，$w$ 为竖井宽度，本试验中即为隧道宽度；$l$ 为竖井长度；$\alpha$ 为坡度与水平面的夹角。

由 Boussinesq 假设有：

$$\rho_s = \rho_0 \tag{7-18}$$

联立式（7-14）～式（7-18）得：

$$\dot{m}_s = \left(2\dot{m}_3 l_\alpha^2 h w^2 \rho_0^2 g \xi^{-1} \frac{\Delta T_3}{T_0}\right)^{1/3} \quad (7\text{-}19)$$

式中，$\dot{m}_s$ 为通过竖井排出的烟气的质量流量；$\dot{m}_3$ 为流过虚线截面的烟气的质量流量；$l_\alpha$ 为经过坡度修正的竖井长度；$h$ 为竖井高度；$w$ 为竖井宽度；$\xi$ 为局部阻力系数；$\rho_0$ 为环境气体密度；$g$ 为重力加速度；$\Delta T_3$ 为流过虚线截面的烟气的温升；$T_0$ 为环境气体温度。

在烟气的一维扩散段选取参考点 ref，参考点的无量纲烟气质量流量 $m_3$ 的计算式见式（7-3）。

由隧道火源段的顶壁下方烟气温度衰减公式，烟气温度 $\Delta T_3$ 表达式见式（7-5）。

式中，$S$ 为竖井与火源间的距离；$a$ 为温度修正系数；$\Delta T^*_{\text{ref}}$ 为参考点的无量纲烟气温升；$Q^*$ 为无量纲火源功率；$x_{\text{ref}}$ 为参考点与火源间的距离。

由 Heskestad 理论可知，燃料燃烧产生的羽流质量流量 $m_p$ 可以表示为式（7-1）。

不同于水平隧道，当隧道具有坡度时，在沿程高差产生的烟囱效应影响下，燃料燃烧产生的质量流量不再是向火源两侧对称蔓延（即流向火源左右的质量流量各占 1/2），因此假设在坡度影响下，流向上坡侧的烟气质量流量为 $\gamma m_p$，则有：

$$\gamma m_p \propto \dot{m}_s \quad (7\text{-}20)$$

由上述公式得：

$$h \propto b_\alpha l_\alpha^{-2} w^{-2} H^5 e^{akS} \quad (7\text{-}21)$$

式中 $\gamma$ 是一个受坡度影响的系数。$b_\alpha = \frac{1}{2}\gamma^3 \xi m_{\text{ref}}^{-1} \Delta T_{\text{ref}}^{-1} e^{-akx_{\text{ref}}}$，可通过试验数据拟合得出。同时式（7-21）表明，临界竖井高度与火源热释放率无关，这与第 7.3.2 节的试验结果一致。

本试验中最大坡度为 5%，其余弦值 $\cos\alpha = 1.0013 \approx 1$。因此认为本试验中 $l_\alpha = l$；由第 6 章分析可知，当坡度在 0、2%、5% 中变化时，上坡侧温度衰减系数 $k = 0.524$；隧道高度 $H = 0.25$m；竖井与隧道等宽，$w = 0.25$m；$b_\alpha$ 可通过试验结果拟合得出。

图 7-25 所示为 5%、2%、0 坡度所得的试验数据关于式（7-21）的拟合结果。不同坡度时的临界竖井高度与长度的关系式分别为：

$$5\%\text{ 坡度：} h = \begin{cases} 8.54(w^{-2}H^5 e^{akS}), & l \geq 0.082 \\ (-1.61 + 0.086 l^{-2})(w^{-2}H^5 e^{akS}), & l < 0.082 \end{cases} \quad (7\text{-}22)$$

$$2\%\text{ 坡度：} h = \begin{cases} 6.73(w^{-2}H^5 e^{akS}), & l \geq 0.081 \\ (-0.21 + 0.046 l^{-2})(w^{-2}H^5 e^{akS}), & l < 0.081 \end{cases} \quad (7\text{-}23)$$

0 坡度：$h = \begin{cases} 6.28(w^{-2}H^5 e^{akS}), & l \geqslant 0.081 \\ (3.08 + 0.021 l^{-2})(w^{-2}H^5 e^{akS}), & l < 0.081 \end{cases}$ （7-24）

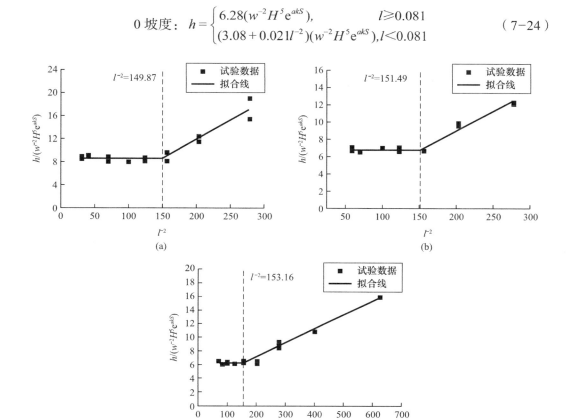

图 7-25 $b_\alpha$ 拟合结果图
（a）5% 坡度；（b）2% 坡度；（c）0 坡度

将不同坡度下临界竖井高度写为相同的形式：

$$h = \begin{cases} cw^{-2}H^5 e^{akS}, & l \geqslant j \\ (f + il^{-2})(w^{-2}H^5 e^{akS}), & l < j \end{cases} \quad (7\text{-}25)$$

其中，$c$、$f$、$i$、$j$ 为与坡度（$\beta\%$）相关的系数。

在本试验中，分段函数的分段点 $j$ 随坡度变化的幅度远远小于试验中竖井长度的变化幅度，因此取 $j$ 为不同坡度下的平均值，结果为 $j = 0.0813$，试验结果中升高段与稳定段的临界点竖井长度相吻合。综上所述，坡度隧道临界竖井高度预测模型可表示为：

$$h = \begin{cases} c(w^{-2}H^5 e^{akS}), & l \geqslant 0.0813 \\ (f + il^{-2})(w^{-2}H^5 e^{akS}), & l < 0.0813 \end{cases} \quad (7\text{-}26)$$

式中，$h$ 为竖井高度；$w$ 为竖井宽度；$H$ 为隧道高度；$S$ 为竖井与火源间的距离；$l$ 为竖井长度；$k$ 为温度衰减系数；$a$ 为温度修正系数。

分别对 $c$、$f$、$i$、$j$ 进行拟合，结果如图 7-26 所示，拟合的结果为：

$$\begin{cases} c = 6.28 + 0.074\beta + 0.076\beta^2 \\ f = 5.1e^{-\beta/1.98} - 2.02 \\ i = 0.023 \pm 0.009\beta \end{cases} \quad (7-27)$$

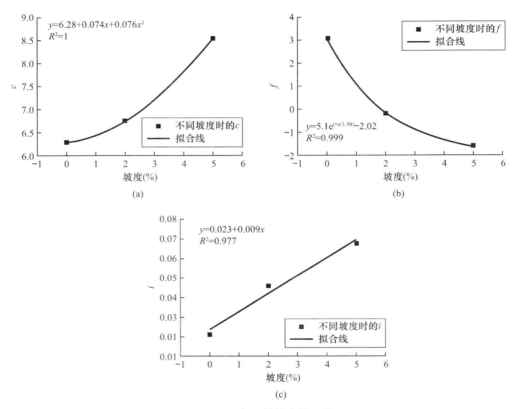

图 7-26 各系数拟合结果图

（a）$c$ 拟合结果；（b）$f$ 拟合结果；（c）$i$ 拟合结果

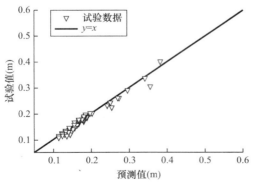

图 7-27 临界竖井高度预测值与
实际值对比图

将试验结果与式（7-26）的计算结果对比，如图 7-27 所示，可以看出式（7-26）的预测值与试验值拟合情况较好，因此式（7-26）可以准确预测坡度隧道火灾时的临界竖井高度。

由第 7.3.2 节的结果可知，当竖井长度增加到一定范围时，竖井高度为 0 即可保证烟气被完全排出。当竖井高度为 0 即可使烟气被完全排出的竖井长度见表 7-8。

临界点竖井长度（m）　　　　表 7-8

| 坡度（%） | 火源位置 A | 火源位置 B | 火源位置 D |
|---|---|---|---|
| 0 | 0.12 | 0.13 | 0.13 |
| 2 | 0.13 | 0.14 | 0.14 |
| 5 | 0.18 | 0.2 | 0.2 |

当竖井长度不小于表 7-8 中的竖井长度时，竖井高度为 0 即可确保烟气被完全排出；当竖井长度小于表 7-8 中的竖井长度时，临界竖井高度应通过式（7-26）进行计算。

2. 临界竖井长度理论模型应用

实际工程中的隧道是固定埋深的，因此顶部开孔的竖井高度是固定的，为符合实际情况，可以将临界竖井高度的定义转化为临界竖井长度，即在竖井高度与宽度确定的情况下，能保证烟气被完全排出的最小竖井长度为临界竖井长度。

结合本试验与实际情况对临界竖井尺寸进行分析，对于自然排烟的坡度隧道，其竖井长度的选取方法为：

（1）当竖井尺寸 $h/(w^{-2}H^5 e^{akS}) > c$ 时，竖井长度可以通过式（7-28）进行计算：

$$l = \left( \frac{i}{h/w^{-2}H^5 e^{aks} - f} \right)^{1/2} \quad (7-28)$$

（2）当竖井尺寸 $h/(w^{-2}H^5 e^{akS}) = c$ 时，竖井长度应满足 $l \geqslant 0.0813$，取最小值得 $l = 0.0813$m。

（3）当竖井尺寸 $h/(w^{-2}H^5 e^{akS}) < c$ 时，竖井长度应选取竖井高度为 0 时保证烟气被完全排出的最小竖井长度，如表 7-9 所示。

竖井高度为 0 时的临界点竖井长度（m）　　　　表 7-9

| 坡度（%） | 火源与竖井距离 30m | 火源与竖井距离 45m | 火源与竖井距离 60m |
|---|---|---|---|
| 0 | 2.4 | 2.6 | 2.6 |
| 2 | 2.6 | 2.8 | 2.8 |
| 5 | 3.6 | 4 | 4 |

（4）不同坡度隧道的 $c$、$i$、$f$ 可通过式（7-27）进行计算。

## 7.5 本章小结

本章通过模型试验对水平隧道展开研究，研究了竖井间距、竖井尺寸、火源热释放率等参数对竖井烟气全排的影响。基于理论和试验分析，可以得出以下几个结论：

（1）当烟气越过竖井与来流空气作用，非火源段烟气蔓延和沉降较为严重，在补充火羽流卷吸的新鲜空气过程中，非火源段沉降的烟气会从隧道底部越过排烟风口回流至火源段，使得火源段的烟气下沉严重，通过竖井全排，得到了不同工况下的临界竖井长度。

（2）临界竖井长度几乎不受火源热释放率的影响，竖井高度随着临界竖井长度的增加先减小后几乎保持不变、临界竖井长度随着竖井间距的增加略有增加。

（3）建立了控制体理论模型，可用于预测自然通风地铁隧道火灾竖井临界长度，可使烟气完全通过竖井排出隧道，并给出了临界竖井长度的理论模型工程运用。

对于坡度隧道，得出以下结论：

（1）当竖井完全排烟时，燃料燃烧产生的羽流质量流量与竖井排烟质量流量都与无量纲火源热释放率的 1/3 次方成正比，因此火源热释放率对临界竖井高度几乎没有影响，这一点与隧道是否具有坡度无关。

（2）临界竖井高度随竖井长度减小的变化规律可分为三个阶段：当竖井面积足够大时，竖井高度为 0 即可使烟气完全排出；当竖井长度减小，竖井高度为 0 不能满足烟气全排时，临界竖井高度升高，且当竖井长度进一步减小时，临界竖井高度几乎不变；当竖井长度继续减小至某一值时，临界竖井高度开始随着竖井长度的减小而升高。这一变化规律与水平隧道一致。

（3）临界竖井高度会随着火源位置远离竖井而增大，且竖井高度为 0 时就能使烟气被完全排出的最小竖井长度也会增大。而坡度的升高会使临界竖井高度增大，同时竖井高度为 0 时就能使烟气被完全排出的最小竖井长度增大。

（4）结合理论分析，得到了坡度隧道临界竖井高度的预测模型；并与实际工程相结合，给出了坡度隧道的临界竖井长度及其在工程中的应用。

# 本章参考文献

[1] Lee C K, CHAIKEN R F, SINGER J M. Interaction between duct fires and ventilation flow: an experimental study[J]. Combustion Science and Technology, 1979, 20(1-2): 59-72.

[2] Oka Y, Atkinson G T. Control of smoke flow in tunnel fires[J]. Fire safety journal, 1995, 25(4): 305-322.

[3] Kunsch J P. Critical velocity and range of a fire-gas plume in a ventilated tunnel[J]. Atmospheric Environment, 1998, 33(1): 13-24.

[4] Kunsch J P. Simple model for control of fire gases in a ventilated tunnel[J]. Fire safety journal, 2002,

37(1): 67-81.

[5] Wu Y, Bakar M Z A. Control of smoke flow in tunnel fires using longitudinal ventilation systems–a study of the critical velocity[J]. Fire safety journal, 2000, 35(4): 363-390.

[6] Lee Y P, Tsai K C. Effect of vehicular blockage on critical ventilation velocity and tunnel fire behavior in longitudinally ventilated tunnels[J]. Fire Safety Journal, 2012, 53: 35-42.

[7] Li L, Cheng X, Cui Y, et al. Effect of blockage ratio on critical velocity in tunnel fires[J]. Journal of Fire Sciences, 2012, 30(5): 413-427.

[8] Thomas P H. The movement of buoyant fluid against a stream and the venting of underground fires[J]. Fire safety science, 1958, 351: 1-8.

[9] Vantelon J P, Guelzim A, Quach D, et al. Investigation of fire-induced smoke movement in tunnels and stations: an application to the Paris Metro[C]//Fire Safety Science—Proceedings of the Third International Symposium. Routledge, 2006.

[10] Hu L H, Huo R, Chow W K. Studies on buoyancy-driven back-layering flow in tunnel fires[J]. Experimental Thermal and Fluid Science, 2008, 32(8): 1468-1483.

[11] Li Y Z, Lei B, Ingason H. Study of critical velocity and backlayering length in longitudinally ventilated tunnel fires[J]. Fire safety journal, 2010, 45(6-8): 361-370.

[12] Kurioka H, Oka Y, Satoh H, et al. Fire properties in near field of square fire source with longitudinal ventilation in tunnels[J]. Fire safety journal, 2003, 38(4): 319-340.

[13] 胡隆华. 隧道火灾烟气蔓延的热物理特性研究[D]. 合肥：中国科学技术大学，2006.

[14] 袁建平，方正，程彩霞，等. 隧道火灾时拱顶最高烟气温度的实验研究[J]. 地下空间与工程学报，2010, 6（5）：1094-1097.

[15] Li L, Cheng X, Wang X, et al. Temperature distribution of fire-induced flow along tunnels under natural ventilation[J]. Journal of fire sciences, 2012, 30(2): 122-137.

[16] Li L, Li S, Wang X, et al. Fire-induced flow temperature along tunnels with longitudinal ventilation[J]. Tunnelling and underground space technology, 2012, 32: 44-51.

[17] Fan C G, Ji J, Gao Z H, et al. Experimental study on transverse smoke temperature distribution in road tunnel fires[J]. Tunnelling and Underground Space Technology, 2013, 37: 89-95.

[18] Zhou T, He Y, Lin X, et al. Influence of constraint effect of sidewall on maximum smoke temperature distribution under a tunnel ceiling[J]. Applied Thermal Engineering, 2017, 112: 932-941.

[19] Zhou T, Li H, Chen Q, et al. Understanding sidewall constraint involving ventilation effects on temperature distribution of fire-induced thermal flow under a tunnel ceiling[J]. International Journal of Thermal Sciences, 2018, 129: 290-300.

[20] 茅靳丰，黄玉良，朱培根，等. 火灾工况下城市隧道自然通风模型试验[J]. 解放军理工大学学报，2008, 4：357-362.

[21] Yan T, MingHeng S, YanFeng G, et al. Full-scale experimental study on smoke flow in natural ventilation road tunnel fires with shafts[J]. Tunnelling and underground space technology, 2009, 24(6): 627-633.

[22] 陈鹏云. 地铁隧道自然通风火灾试验及模拟计算分析研究[D]. 成都：西南交通大学，2010.

[23] Yuan Z, Lei B, Kashef A. Reduced-scale experimental research on fires in tunnels with natural ventilation[J]. Procedia Engineering, 2013, 62: 907-915.

[24] Yuan Z, Lei B, Kashef A. Experimental and theoretical study for tunnel fires with natural ventilation[J]. Fire Technology, 2015, 51(3): 691−706.

[25] 刘洋,王彦富. 竖井对公路隧道自然排烟影响的试验研究[J] 中国安全科学学报,2014,24 (7):21−26.

[26] 王彦富,闫培娜,孙小斐,等. 顶部竖井隧道自然通风排烟实验的设计与实践[J] 实验技术与管理,2016,33(10):176−180.

[27] Wang Y, Jiang J, Zhu D. Full-scale experiment research and theoretical study for fires in tunnels with roof openings[J]. Fire Safety Journal, 2009, 44(3): 339−348.

[28] Zhao S, Li Y Z, Ingason H, et al. A theoretical and experimental study on the buoyancy-driven smoke flow in a tunnel with vertical shafts[J]. International Journal of Thermal Sciences, 2019, 141: 33−46.

[29] Zhao S, Xu L, Obadi I, et al. Plug-holing height and complete plug-holing phenomenon in naturally ventilated tunnel fires with vertical shaft[J]. Tunnelling and Underground Space Technology, 2021, 107: 103631.

[30] Baek D, Sung K H, Ryou H S. Experimental study on the effect of heat release rate and aspect ratio of tunnel on the plug-holing phenomena in shallow underground tunnels[J]. International Journal of Heat and Mass Transfer, 2017, 113: 1135−1141.

[31] Takeuchi S, Aoki T, Tanaka F, et al. Modeling for predicting the temperature distribution of smoke during a fire in an underground road tunnel with vertical shafts[J]. Fire Safety Journal, 2017, 91: 312−319.

[32] Ji J, Gao Z H, Fan C G, et al. A study of the effect of plug-holing and boundary layer separation on natural ventilation with vertical shaft in urban road tunnel fires[J]. International Journal of Heat and Mass Transfer, 2012, 55(21−22): 6032−6041.

[33] Jiang X, Xiang Y, Wang Z, et al. A numerical study on the effect of the shaft group arrangement on the natural ventilation performance in tunnel fires[J]. Tunnelling and Underground Space Technology, 2020, 103: 103464.

[34] 韩见云,纪杰,王培永. 竖井横截面积对隧道自然排烟效果影响的实验研究[J]火灾科学,2013,22(1):36−43.

[35] Fan C G, Ji J, Wang W, et al. Effects of vertical shaft arrangement on natural ventilation performance during tunnel fires[J]. International Journal of Heat and Mass Transfer, 2014, 73: 158−169.

[36] 范传刚. 隧道火灾发展特性及竖井自然排烟方案研究法[D] 合肥:中国科学技术大学,2015.

[37] Zhang S, He K, Yao Y, et al. Investigation on the critical shaft height of plug-holing in the natural ventilated tunnel fire[J]. International Journal of Thermal Sciences, 2018, 132: 517−533.

[38] He K, Cheng X, Zhang S, et al. Critical roof opening longitudinal length for complete smoke exhaustion in subway tunnel fires[J]. International Journal of Thermal Sciences, 2018, 133: 55−61.

[39] Cong H Y, Wang X S, Zhu P, et al. Improvement in smoke extraction efficiency by natural ventilation through a board-coupled shaft during tunnel fires[J]. Applied Thermal Engineering, 2017, 118: 127−137.

[40] Cong H Y, Wang X S, Zhu P, et al. Experimental study of the influences of board size and position on smoke extraction efficiency by natural ventilation through a board-coupled shaft during tunnel

fires[J]. Applied Thermal Engineering, 2018, 128: 614-624.

[41] Cong H, Wang X, Kong X, et al. Effects of fire source position on smoke extraction efficiency by natural ventilation through a board-coupled shaft during tunnel fires[J]. Proceedings of the Combustion Institute, 2019, 37(3): 3975-3984.

[42] He K, Cheng X, Zhang S, et al. Critical roof opening longitudinal length for complete smoke exhaustion in subway tunnel fires[J]. International Journal of Thermal Sciences, 2018, 133: 55-61.

[43] He K, Cheng X, Zhang S, et al. Experimental study on smoke control using wide shafts in a natural ventilated tunnel[J]. Journal of Wind Engineering and Industrial Aerodynamics, 2019, 195: 104015.

[44] Zhao P, Chen T, Yuan Z, et al. Critical shaft height for complete smoke exhaustion during fire at the worst longitudinal fire location in tunnels with natural ventilation[J]. Fire safety journal, 2020, 116: 103207.

[45] 陈滔. 地铁隧道火灾自然通风烟气特性及临界竖井长度研究[D]. 成都：西南交通大学, 2019.

[46] Heskestad G, "Fire Plumes," SFPE Handbook of Fire Protection Engineering, 3rd ed[M]. National Fire Protection Association, Quincy, MA, 2002.

[47] Yao Y, Li Y Z, Ingason H, et al. Numerical study on overall smoke control using naturally ventilated shafts during fires in a road tunnel[J]. International Journal of Thermal Sciences, 2019, 140: 491-504.

>>> 第 8 章

# 隧道火灾自然排烟的工程应用

本章列举了国内采用竖井自然通风的三大隧道，包括成都：成都地铁 1 号线一期工程南部浅埋区间隧道，上海：北翟路隧道，南京隧道：西安门隧道和通济门隧道，其中着重介绍了成都地铁 1 号线一期工程南部浅埋区间隧道自然通风排烟系统的现场试验和全尺寸数值模拟，对该隧道自然通风系统烟气控制效果进行研究。

## 8.1 成都地铁

成都地铁 1 号线一期工程南部浅埋区间隧道线路呈南北走向，区间隧道北起南三环路北侧，经南三环站、新益州站、孵化园站直至线路终点会展中心站，全长 5.298km。由于区间隧道采用浅埋设置，且大部分浅埋的区间隧道顶部为绿化带、农田和待拆迁房屋，区间隧道通风设计采用顶部开孔的自然通风模式，在国内尚属首例。其自然通风竖井的开口尺寸为 10m×2.5m，通风竖井的间距为 32.5m。平面图如图 8-1 所示，纵剖面构造如图 8-2 所示。

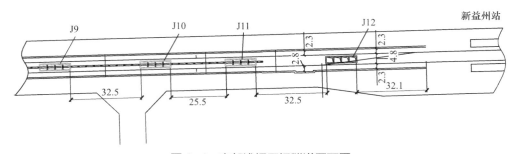

图 8-1 南部浅埋区间隧道平面图

区间隧道自然通风段的地面风口在安装百叶以后效果如图 8-3 所示，隧道内部如图 8-4 所示。

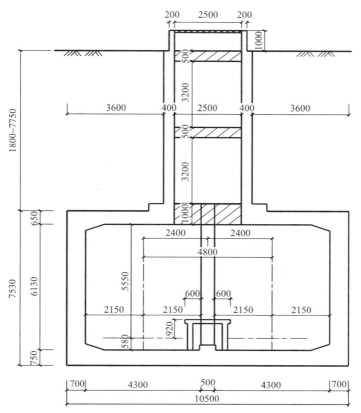

图 8-2 隧道区间通风竖井位置纵剖面构造图

图 8-3 浅埋区间隧道的地面风口

图 8-4 浅埋区间隧道内部

## 8.1.1 隧道火灾自然排烟的应用效果研究——现场试验

中铁二院工程集团有限责任公司（以下简称铁二院）和清华大学[1]采用 CFD 模拟软件 PHOENICS 3.5 对成都地铁 1 号线一期工程南部浅埋区间隧道的通风排烟进行了计算机模拟研究，计算模型采用标准的 k-ε 湍流模型。研究中设定火灾热释放功率为 10MW，考虑了 20～100m 的不同通风间距，以及隧道隔墙、通风竖井出口处局部阻力损失对自然通风排烟效果的影响。

前期研究基于计算机模拟，由于计算机模拟是对实际物理过程的抽象近似假设，建立数学物理模型，采用数值求解来近似反映实际的物理过程。受数学物理模型、假设条件和求解精度的影响，计算机模拟并不能够完全准确反映实际火灾过程中的烟流特性。基于这个原因，笔者延续了铁二院和清华大学的研究，在已建成的成都地铁1号线一期工程南部浅埋区间隧道内开展热烟试验，在保证隧道结构、隧道内设施设备安全以及试验人员生命安全的前提下，研究地铁浅埋区间隧道的自然通风排烟能力。

1. 试验方法及过程

（1）实验方法

为了研究浅埋区间隧道自然通风竖井的排烟能力，并且不对隧道结构体造成损坏，现场试验未采用前期铁二院和清华大学模拟分析设定的火灾（功率为10MW），对于地铁南部浅埋区间隧道的自然通风竖井的排烟能力的现场试验研究采用专门用于评判测试烟气控制系统性能的热烟试验方法。热烟试验以澳大利亚推出的一种新式热烟测试标准 Smoke management systems-1 10t smoke test: AS 4391-1999[2] 为基础进行设计，该测试方法在澳大利亚等国家和地区得到了很好的应用。

热烟试验[2]是在火灾规模与产烟量受到控制的情况下，通过试验模仿在实际建筑中真实的火灾场景而进行的烟气测试。该试验以火灾科学为理论基础，在试验过程中，选用浓度为95%的液体工业酒精为燃料，燃烧产生热量形成无色热流层，在火源上方导入无毒的有色示踪烟气，示踪烟气在热羽流的驱动下，随热羽流向上运动，形成可观测的热烟气羽流，动态演示无色热流层的流动性状。热烟气羽流受浮力作用上升的同时卷入周围的冷空气并与之混合。热烟气羽流到达顶棚以后，由于和下层较冷的空气存在温度梯度，产生分层（Smoke Stratification）效应，含有示踪烟气的热流层维持在上层，即形成明显的烟层与无烟层，如图8-5所示。其可用于测试防烟排烟系统的

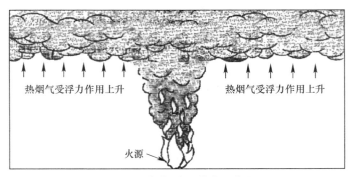

图 8-5 烟气分层效应示意图

性能、各消防系统的实际运作效能以及整个消防系统的综合工作性能。

需要注意的是，选用的热烟试验的火源尺寸规模应保证不破坏建筑的表面和结构，不引起自动喷淋系统的动作。热烟试验主要用于检验验证建筑的烟控系统，试验火源尺寸不一定等同于设计火源尺寸，试验结果并不能代表建筑真实的消防安全性。

（2）试验地点

选择成都地铁 1 号线靠近新益州站附近的浅埋区间隧道进行热烟试验，整个热烟试验分作两个部分，即：

1）正常通风间距试验

选择通风井 J10 至 J11 之间的封闭隧道段的中间点作为试验地点（图 8-6），研究并验证在现有浅埋区隧道通风排烟间距（即 32.5m）下，自然通风井是否能够将烟气从隧道内有效排出。

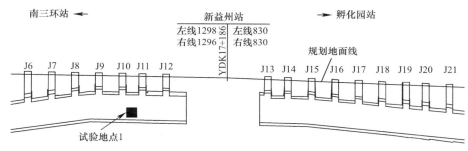

图 8-6　热烟试验位置示意图（试验地点 1）

2）封堵一个通风口试验

封堵通风井 J10，并选取通风井 J10 处（即通风井 J9 至 J11 之间的封闭隧道段的中间点）作为试验地点（图 8-7），研究并验证浅埋区隧道的通风排烟间距增大为 75m（包含被封堵的风口长度 10m）的情况下，自然通风井是否能够将烟气从隧道内有效排出到隧道外的大气中去。

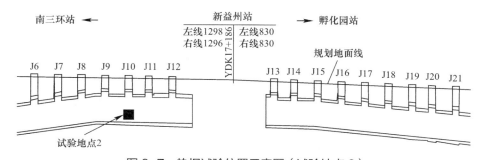

图 8-7　热烟试验位置示意图（试验地点 2）

（3）试验装置

1）烟气产生装置

烟气产生装置如图8-8所示，其基本组成包括置于承水盘中的燃烧盘和紧靠燃烧盘的发烟装置。承水盘和发烟装置均置于不燃防火板上。

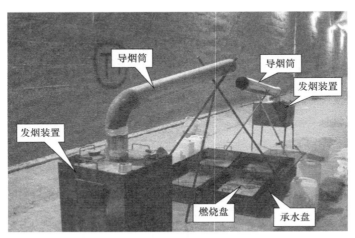

图8-8 烟气产生装置图

2）示踪烟气

试验采用发烟饼作为发烟源，示踪烟气的主要作用是演示无色酒精热层的流动形状，便于人员观测。

3）燃料

选用乙醇含量为95%的液体工业酒精为燃料，试验的燃料用量如表8-1所示。

试验的燃料用量　　　　　　　　　　　　　　　　　表8-1

| 每个燃烧盘燃料用量（L） | 燃烧盘数量（个） | 热释放速率（kW/m²） | 总热释放速率（kW/m²） |
| --- | --- | --- | --- |
| 16.0 | 4 | 751 | 1500 |
| 16.0 | 2 | 696 | 700 |

4）温度测量装置

为了测量区间隧道内热烟层的温度变化，在火源正上方顶棚处以及隧道内典型观测位置设置相应的热电偶树，用于测量隧道顶部附近和隧道内典型位置的烟气温度。设置6支热电偶树，每支热电偶树由7个K型热电偶组成，共42个热电偶温度测点。每支热电偶树上的热电偶编号方式为：最靠近地面的一支热电偶编为1号，依次向上编号为2～7号。

每支热电偶的高度分布情况如表8-2所示。

热电偶高度分布 表 8-2

| 热电偶树 | 各热电偶编号高度（m） | | | | | | |
| --- | --- | --- | --- | --- | --- | --- | --- |
| | 1 | 2 | 3 | 4 | 5 | 6 | 7 |
| T1 | 1.7 | 2.7 | 3.5 | 4.0 | 4.5 | 4.8 | 5.0 |
| T2 | 1.7 | 2.7 | 3.5 | 4.0 | 4.5 | 4.8 | 5.0 |
| T3 | 1.7 | 2.7 | 3.5 | 4.0 | 4.5 | 4.8 | 5.0 |
| T4 | 2.0 | 3.0 | 3.8 | 4.5 | 5.0 | 5.3 | 5.5 |
| T5 | 2.0 | 3.0 | 3.8 | 4.5 | 5.0 | 5.3 | 5.5 |
| T6 | 2.0 | 3.0 | 3.8 | 4.5 | 5.0 | 5.3 | 5.5 |

热电偶树的位置示意图如图 8-9 所示，隧道内热电偶的具体分布如图 8-10 所示。

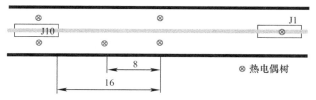

图 8-9 隧道内热电偶树位置示意图

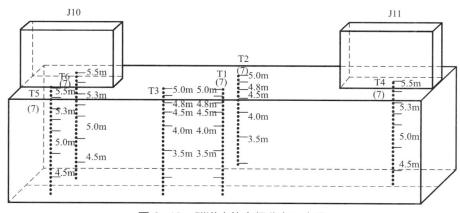

图 8-10 隧道内热电偶分布示意图

5）光学图像采集装置

光学图像：利用光学相机记录热烟试验过程中的重要信息，例如试验装置、烟层形成过程、烟层形状等。

光学影像：利用光学摄像机记录从试验开始直至试验完全结束的烟气蔓延情况。

6）红外热成像装置

选用的红外热像仪的型号是 ThermaCAM PM525（图 8-11），其专用的后处理软件是 IRwin Report 5.31（图 8-12），通过后处理软件可以直接生成 pdf 格式的红外成像分析报告。

图 8-11 ThermaCAM PM525 型
红外热像仪

7）烟气高度测量装置

烟气高度采集通过两种方法实现：

① 根据高度方向竖直分布的热电偶所采集的温度数据进行判断；

② 利用隧道壁面的高度刻线进行目测：每隔 50cm 设有刻度标线，可以进行烟气层高度的目测。

8）风速测量装置

在隧道内和隧道上方的地面各设置一台便携式的数字风速仪（图 8-13），记录隧道内和地面的风速。

9）初始环境温度测量装置

在隧道内和隧道上方的地面各设置一台便携式的数字温度计（图 8-14），记录隧道内和地面的温度。

图 8-12 红外热成像后处理软件 IRwin Report5.31 界面

图 8-13 QDF-6 型数字风速仪

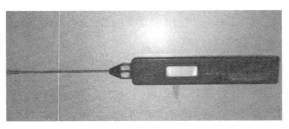

图 8-14 TNM-20 型数字温度计

（4）试验组合设计

共由 4 次试验组成，对不封堵通风井 J10 和封堵通风井 J10 两种情况进行研究和验证，每种封堵情况分别设置两个不同的燃烧盘组合，分析在不同燃烧热释放功率情况下隧道自然通风井的排烟能力。试验组合情况如表 8-3 所示。

试验组合情况[2]　　　　　表 8-3

| 试验序号 | 封堵情况 | 燃烧盘数量 | 燃烧盘内部尺寸<br>（高 mm × 长 mm × 宽 mm） | 单位面积产热量<br>（kW/m²） | 总产热量<br>（kW） |
|---|---|---|---|---|---|
| 1 | 封堵 J10 | 4 | 130 × 841 × 595 | 751 | 1500 |
| 2 | 封堵 J10 | 2 | 130 × 841 × 595 | 696 | 700 |
| 3 | 不封堵 J10 | 4 | 130 × 841 × 595 | 751 | 1500 |
| 4 | 不封堵 J10 | 2 | 130 × 841 × 595 | 696 | 700 |

注：燃烧盘的尺寸按照澳大利亚热烟测试标准 AS 4391-1999[2] 的要求进行制作，每个燃烧盘盛放 16L 浓度为 95%的工业酒精，可稳定燃烧 15~20min。

（5）试验过程

试验过程中，同时启动热烟产生系统和热烟观察测量系统，各系统的工作情况如下：

1）热烟产生系统

① 点燃燃烧盘内的酒精，加热空气，形成热层流动。

② 点燃烟饼，使之阴燃，并投入发烟装置内，产生的烟气通过导烟筒导入热羽流中央并与之混合，起到示踪作用。

2）热烟观察测量系统

① 试验之前，利用 2 个便携式数码温度计，分别记录地面和隧道内的初始温度；利用 2 个便携式风速仪，分别记录地面和隧道内的初始风速、风向。试验过程中，随时关注地面和隧道内的风速和风向变化情况，并记录。

② 为了较为直观地显示并记录热烟层的高度，在 J9、J10、J11 通风井处和通风井的中部每隔 0.5m 画出一道高度标注线，由专人记录这些位置的烟气层高度变化情况。

③ 烟气的流动过程通过 4 台摄像机记录，4 台摄像机的布置为：地面通风井百叶处 2 台，地下隧道内 2 台。地面的 2 台主要记录烟气从试验开始到烟气到达地面的时刻，以及整个试验过程中，通风井排烟的效果。地下隧道内的 2 台主要用于记录火源附近的烟气流动情况和烟气在隧道内的水平运动情况，以及对相邻隧道的影响，重点关注烟气的水平运动和沉降速度。

④ 地下隧道内的数码照相人员拍照记录火源点燃过程和隧道内的烟气层形状，地面的数码照相人员拍照记录烟气蔓延到地面的情况。

⑤ 利用隧道内设置的 6 组热电偶树 T1~T6 记录隧道内温度的变化情况,从而掌握酒精燃烧产生的热流层运动状况。对比同一热电偶树的不同高度温度变化情况,可以了解热电偶树所在位置的热层高度变化情况。

⑥ 利用红外热成像仪记录火源燃烧以后,火源热烟羽流以及热流层的发展变化情况。

试验过程如图 8-15 所示。

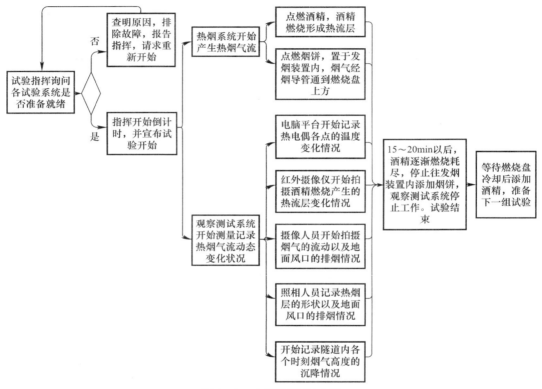

图 8-15 试验过程示意图

(6) 试验判定条件

当试验结果符合下列条件时,可认为浅埋区间隧道的排烟性能能够达到设计的要求:

1) 烟气能够有效地从自然通风井排至隧道外的大气中去;

2) 烟气能够一直稳定在人员头顶以上的高度(例如 2.0m 以上),不会很快沉降到隧道底部,保证烟层以下的逃生通道视线较清晰。

2. 试验结果及讨论

(1) 第一次试验(封堵 J10,4 个燃烧盘)

第一次试验时,封堵 J10,即通风竖井间距为 75m,设置 4 个燃烧盘,位于 J9

和 J11 中间段 J10（已封堵）之下，距离两边通风竖井的距离均为 37.5m，如图 8-16 所示。

隧道内外的初始温度和风速、风向如表 8-4 所示。

第一次试验的初始温度和风向风速（封堵 J10，4 个燃烧盘）　　表 8-4

| 位置 | 初始温度（℃） | 初始风速（m/s） | 风向 |
|---|---|---|---|
| 隧道内部 | 6.0 | 0.6~0.8 | 由隧道深处吹向新益州站 |
| 地面 | 2.0 | 0.8~1.5 | 由 J9 吹向 J11 |

1）排烟情况分析

试验初始阶段，示踪烟气随热羽流上升至隧道顶部，随即沿区间隧道方向水平蔓延，到达通风井口以后，由竖井向上蔓延，最终排至室外大气。

由于隧道内的风总是由南三环方向吹往新益州站台方向，烟气主要流往新益州站台方向（通风井 J11），烟气蔓延的速度也较快。从地面人员的目测情况来看，烟气均由通风井 J9 和 J11 的风口排出，其余通风口没有烟气冒出，从通风井 J11 排出的烟气多于通风井 J9。隧道内的有烟段集中在通风井 J9~J11 之间，其他区域不受烟气侵扰。此时烟气蔓延的区域如图 8-16 所示。

图 8-16　第一次试验烟气蔓延区域示意图

烟气水平蔓延到达各通风口、地面观察到烟气以及地面百叶开始全面积排烟的时刻如表 8-5 所示。

第一次试验烟气的蔓延情况（封堵 J10，4 个燃烧盘）　　表 8-5

| 通风井编号 | 烟气水平蔓延至各通风口的时刻 | 烟气到达地面的时刻 | 地面百叶开始全面排烟的时刻 |
|---|---|---|---|
| J9 | 115s | 124s | 167s |
| J11 | 103s | 112s | 148s |

2）烟气沉降情况分析

试验开始以后，隧道内的烟气分层明显，含示踪烟气的热流层位于隧道顶部，由薄变厚。直到 310s 左右，烟气层的厚度逐渐稳定下来，烟气层不再继续下沉。沿隧道水平方向上，烟气层的厚度自火源位置向通风口的方向上逐渐变薄，火源附近上方的烟气层较厚,烟气层底部的高度为 3.5m;通风口附近的烟气层最薄,烟气层底部的高度为 4.0m,整个有烟段的烟气层高度介于 3.5~4.0m 之间。

试验现场的状况如图 8-17 所示,烟气分层极为明显,且始终位于人体特征高度之上。

图 8-17　第一次试验隧道内的烟气蔓延情况

3)温度分析

① 火源上方的温度

图 8-18 为火源上方(热电偶树 T5,参见图 8-9、图 8-10)的温度变化情况。由图可知:整个试验过程中,火源上方离地面最近的 1 号热电偶温度最高,约为 250℃。

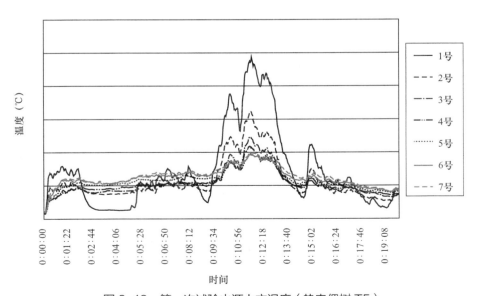

图 8-18　第一次试验火源上方温度(热电偶树 T5)

但是根据现场目测观察，由于受到隧道内风速的影响，火焰随风有所摆动，火焰燃烧的热羽流偏离了热电偶树 T5，因此，T5 上的 1 号热电偶温度变化很大。

而靠近隧道顶部的热电偶温度较低，最高为 50℃左右，不会对隧道顶部结构造成损伤。

② 区间隧道内的温度

图 8-19 为区间隧道内（热电偶树 T1，参见图 8-9、图 8-10）测量的通风井 J10（已封堵）与通风井 J11 中间位置的温度变化情况。由图可知，隧道内 1.7～2.7m 高度上的 1 号、2 号热电偶温度基本不变；3.5m 高度上的 3 号热电偶的温度变化也不明显；4.0～5.0m 高度上的 4～7 号热电偶温度上升明显，最高温度为 47℃。

这种情况表明，区间隧道内的温度分层明显，热层主要分布在 3.5m 高度之上，高于人体特征高度。这与目测的烟气沉降高度是一致的（图 8-17）。

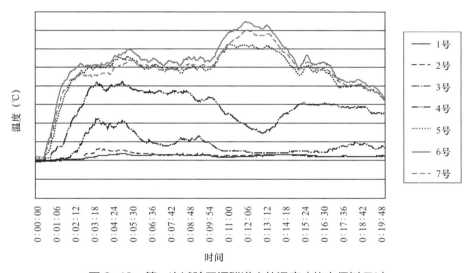

图 8-19　第一次试验区间隧道内的温度（热电偶树 T1）

③ 通风井位置的温度

图 8-20 为通风井 J11（热电偶树 T4，参见图 8-9、图 8-10）的温度变化情况。由图可知，T4 上的热电偶温度上升较为缓慢，整个过程中仅有 5～7 号热电偶（分布于 5.0～5.5m）的温度有一定的上升，最高温度为 18℃。说明通风井 J11 的热层主要集中在通风井的上部，通过地面风口排到地面大气中去。这与目测的通风井排烟情况是一致的。

4）红外成像分析

① 火源位置

图 8-21 为火源位置的热成像图，通过安装在计算机上的红外分析后处理软件

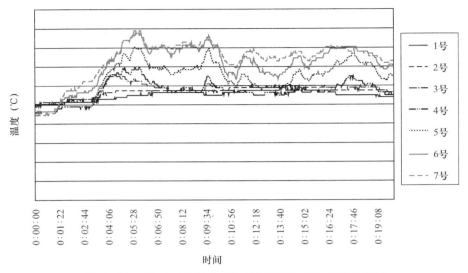

图 8-20　第一次试验通风井 J11 的温度（热电偶树 T4）

IRwin Report5.31 对热图像上的点、线、面测温，火源位置的最高温度为 656.3℃，高于火源上方的热电偶树 T5 测得的火源正上方的最高温度（250℃）。这是因为一方面热电偶树 T5 共 7 个测点，只能测得火源上方 7 个点的温度，其最低测点距离地面有 2m，难以测得火源的最高温度；另外，处理软件 IRwin Report5.31 可以对热成像图片上的点、线、面测温，可以很容易地找出整个火源区域温度最高的点，并进行读取标定。因此，红外成像测得的温度能够更好地代表火源燃烧时火源位置的温度。

② 区间隧道内的热层分布

图 8-22 为区间隧道内的热成像图，由图中可以清晰地看出区间隧道内的热层分层极为明显，与图 8-17 的可视烟层相比，其分层高度位置较为吻合。

但是热成像图中显示的温度受到烟气层温度和壁面温度的共同影响，也就是说，在这个试验中，显示的热烟气层温度会比实际烟气层温度低（壁面温度较低）。

图 8-21　第一次试验火源位置的热成像图

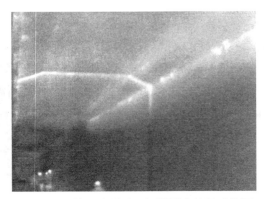

图 8-22　第一次试验区间隧道内的热成像图

（2）第二次试验（封堵 J10，2 个燃烧盘）

本次试验封堵 J10，通风竖井间距为 75m，设置 2 个燃烧盘，位于 J9 和 J11 中间段的 J10（已封堵）之下，距离两边通风竖井的距离均为 37.5m，如图 8-23 所示。

隧道内外的初始温度和风速如表 8-6 所示。

第二次试验的初始温度和风向风速（封堵 J10，2 个燃烧盘） 表 8-6

| 位置 | 初始温度（℃） | 初始风速（m/s） | 风向 |
| --- | --- | --- | --- |
| 隧道内部 | 6.8 | 0.28 | 由隧道深处吹向新益州站 |
| 地面 | 2.0 | 0.8～2.0 | 由 J9 吹向 J11 |

1）排烟情况分析

试验初始阶段，示踪烟气随热羽流上升至隧道顶部，随即沿区间隧道方向水平蔓延，到达通风井口以后，由竖井向上蔓延，最终排至室外大气。

在试验开始的前期阶段，隧道内外的风速均较小，烟气呈对称状向通风井 J9 和 J11 蔓延。烟气水平蔓延到达各风口、地面观察到烟气以及地面百叶开始全面积排烟的时刻如表 8-7 所示。从地面人员的目测情况来看，烟气均由通风井 J9 和 J11 的风口排出，其余通风口没有烟气冒出，两个通风口的排烟量差不多。隧道内的有烟段集中在通风井 J9～J11 之间，其他区域不受烟气侵扰。此时烟气蔓延的区域如图 8-23 所示。

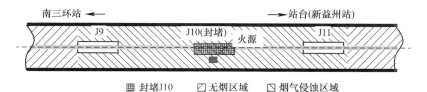

图 8-23 第二次试验前期无风扰动时的烟气蔓延区域示意图（413s 之前）

第二次试验烟气的蔓延情况（封堵 J10，2 个燃烧盘） 表 8-7

| 通风井编号 | 烟气水平蔓延到达各通风井风口的时刻 | 烟气到达地面的时刻 | 地面百叶开始全面排烟的时刻 |
| --- | --- | --- | --- |
| J9 | 128s | 144s | 182s |
| J11 | 128s | 144s | 182s |

但是在试验进行到 413s 以后，地面和隧道内的风速逐渐增大，通风井 J9 风口的排烟量逐渐减小，并出现倒灌现象。在 505s 以后，地面的风速达到 2.0m/s，通风井 J9 下部的风速达到 0.9m/s，此时经通风井 J9 排出的烟气量减少，并有少量烟气在通风井内冷却倒灌进入区间隧道内，在区间隧道内充满形成薄烟，对视线有轻微影响。与

此同时，通风井 J11 的排烟量并无明显增加，不能将所有烟气全部排出，有少量的薄烟流向了站台方向，其他通风口依然没有烟气流出。此时的烟气侵蚀范围如图 8-24 所示。

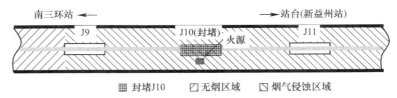

图 8-24　第二次试验后期有风扰动时的烟气蔓延区域示意图（413s 以后）

2）烟气沉降情况分析

试验开始以后，隧道内的烟气分层明显，含示踪烟气的热流层位于隧道顶部，由薄变厚。直到 260s 左右，烟气层的厚度逐渐稳定下来，烟气层不再继续下沉。沿隧道水平方向上，烟气层的厚度自火源位置向通风口的方向上逐渐变薄，火源附近上方的烟气层较厚，烟气层底部的高度为 3.5m；通风口附近的烟气层最薄，烟气层底部的高度为 4.0m，整个有烟段的烟气层高度介于 3.5~4.0m 之间。

试验现场的状况如图 8-25 所示，烟气分层极为明显，且始终位于人体特征高度之上。

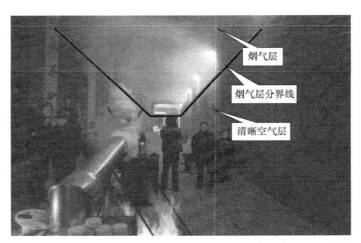

图 8-25　第二次试验前期隧道内的烟气蔓延情况（413s 之前）

在试验进行到 413s 以后，通风井 J9 出现少量烟气倒灌现象，在隧道内外风力的共同作用下，烟气在隧道内弥漫开来形成薄烟，但是浓度并不高。浓度较高的热烟层贴附在隧道顶部，烟层底部距离隧道地面高度为 3.5~4.0m，但烟气分层不如风速较小的时刻明显。这一阶段隧道内的烟气蔓延情况如图 8-26 所示。

图 8-26　第二次试验后期隧道内的烟气蔓延情况（413s 之后）

3）温度分析

① 火源上方的温度

图 8-27 为火源上方（热电偶树 T5，参见图 8-9、图 8-10）的温度变化情况。由图可知：整个试验过程中，火源上方离地面最近的 1 号热电偶温度最高，约为 62℃。但是根据现场目测观察，由于受到隧道内风速的影响，火焰随风有所摆动，火焰燃烧的热羽流偏离了热电偶树 T5，因此 T5 上的 1 号热电偶温度变化很大。而靠近隧道顶部的热电偶温度较低，最高为 50℃左右，不会对隧道顶部结构造成损伤。

② 区间隧道内的温度

图 8-28 为区间隧道内（热电偶树 T1，参见图 8-9、图 8-10）通风井 J10（已

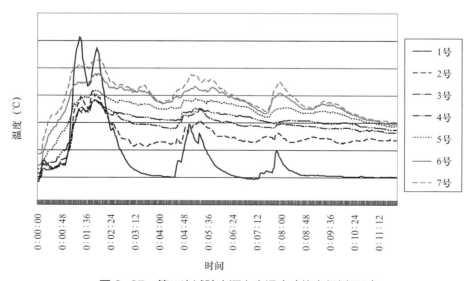

图 8-27　第二次试验火源上方温度（热电偶树 T5）

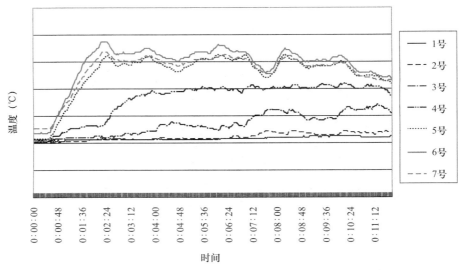

图 8-28 第二次试验区间隧道内的温度（热电偶树 T1）

封堵）与通风井 J11 中间位置的温度变化情况。由图可知，隧道内 1.7～2.7m 高度上的 1 号、2 号热电偶温度基本不变；3.5m 高度上的 3 号热电偶的温度变化也不明显；4.0～5.0m 高度上的 4～7 号热电偶温度上升明显，最高温度为 27℃。

这种情况表明，区间隧道内的温度分层明显，热层主要分布在 3.5m 高度之上，高于人体特征高度。这与目测的烟气沉降高度是一致的，反映出了烟层分界线的高度，但是不能反映通风井 J9 少量烟气倒灌致使隧道内出现薄烟弥漫的情况（图 8-26）。

③ 通风井的温度

图 8-29 为通风井 J11 中间位置的温度变化情况（热电偶树 T4，参见图 8-9、图 8-10）。从图中可以看出，T4 上的热电偶温度变化并不明显，最高温度为 15℃，说明通风井 J11 的热层分布并不明显。在水平蔓延了 37.5m 以后，由于风力的扰动作用和沿途的冷却作用，2 个燃烧盘产生的热驱动力逐渐减弱，不足以将所有烟气全部排出隧道。这与目测到的有少量烟气蔓延过了通风井 J11，一直流向新益州站台方向的情况是一致的。

4）红外成像分析

① 火源位置

图 8-30 为火源位置的热成像图，通过安装在计算机上的红外分析后处理软件 IRwin Report5.31 对热图像上的点、线、面测温，火源位置的最高温度为 661.8℃，远高于火源上方的热电偶树 T5 测得的火源正上方的最高温度 62℃。

② 区间隧道内的热层分布

图 8-31 为区间隧道内的热成像图，由图中可以清晰地看出区间隧道内的热层分层

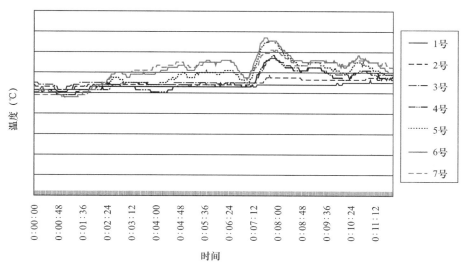

图 8-29　第二次试验通风井 J11 中间位置的温度（热电偶树 T4）

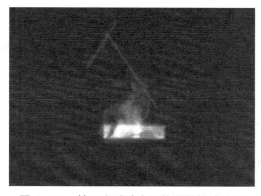

图 8-30　第二次试验火源位置的热成像图

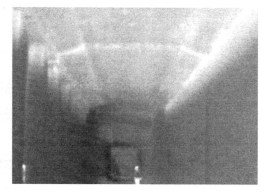

图 8-31　第二次试验区间隧道内的热成像图

极为明显，与图 8-25 和图 8-26 的可视烟层相比，其分层高度位置较为吻合。但是不能反映因为通风井 J9 部分烟气倒灌导致的隧道内薄烟弥漫情况，这是因为倒灌的烟气温度较低，不能反映在热成像仪中。

（3）第三次试验（不封堵 J10，4 个燃烧盘）

本次试验 J10 正常通风，即通风竖井间距为 32.5m，设置 4 个燃烧盘，4 个燃烧盘设置于 J10 和 J11 的中间段，距离两边通风竖井的距离均为 16.25m，如图 8-32 所示。

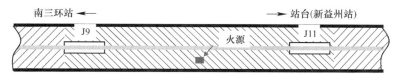

图 8-32　第三次试验烟气蔓延区域示意图

隧道内外的初始温度和风速如表8-8所示。

第三次试验的初始温度和风向风速（不封堵J10，4个燃烧盘）　　表8-8

| 位置 | 初始温度（℃） | 初始风速（m/s） | 风向 |
| --- | --- | --- | --- |
| 隧道内部 | 6.0 | 0.8 | 由隧道深处吹向新益州站 |
| 地面 | 2.0 | 0.6～1.6 | 由J10吹向J11 |

1）排烟情况分析

试验初始阶段，示踪烟气随热羽流上升至隧道顶部，随即沿区间隧道方向水平蔓延，到达通风井口以后，由竖井向上蔓延，最终排至室外大气。

由于隧道内的风总是由南三环方向吹往新益州站台方向，烟气主要流往新益州站台方向（通风井J11），烟气蔓延的速度也较快。从地面人员的目测情况来看，烟气均由通风井J10和J11的风口排出，其余通风口没有烟气冒出，从通风井J11排出的烟气要多于J10。隧道内的有烟段集中在通风井J10～J11之间，其他区域不受烟气侵扰。此时烟气蔓延的区域如图8-32所示。

烟气水平蔓延到达各通风井风口、地面观察到烟气以及地面百叶开始全面积排烟的时刻如表8-9所示。

第三次试验烟气的蔓延情况（不封堵J10，4个燃烧盘）　　表8-9

| 风口编号 | 烟气水平蔓延到达各通风井风口的时刻 | 烟气到达地面的时刻 | 地面百叶开始全面排烟的时刻 |
| --- | --- | --- | --- |
| J10 | 55s | 82s | 114s |
| J11 | 50s | 75s | 114s |

2）烟气沉降情况分析

试验开始以后，隧道内的烟气分层明显，含示踪烟气的热流层位于隧道顶部，由薄变厚。直到150s左右，烟气层的厚度逐渐稳定下来，不再继续下沉。沿隧道水平方向上，烟气层的厚度自火源位置向通风口的方向上逐渐变薄，火源附近上方的烟气层较厚，烟气层底部的高度为3.5m；通风井附近的烟气层最薄，烟气层底部的高度为4.0m，整个有烟段的烟气层高度介于3.5～4.0m之间。

试验现场的状况如图8-33所示，烟气分层极为明显，且始终位于人体特征高度之上。

图8-33　第三次试验隧道内的烟气蔓延情况

3）温度分析

① 火源上方的温度

图 8-34 为火源上方（热电偶树 T1，参见图 8-9、图 8-10）的温度变化情况。由图可知：整个试验过程中，火源上方离地面最近的 1 号热电偶温度最高，约为 440℃。但是根据现场目测观察，由于受到隧道内风速的影响，火焰随风有所摆动，火焰燃烧的热羽流偏离了热电偶树 T1，因此 T1 树上的 1 号热电偶温度变化很大。而靠近隧道顶部的热电偶温度较低，最高为 110℃ 左右，不会对隧道顶部结构造成损伤。

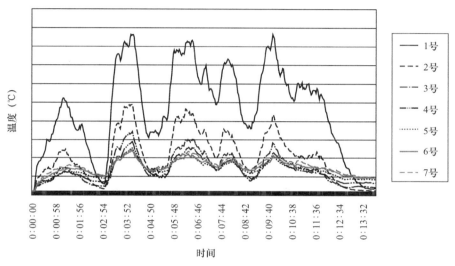

图 8-34　第三次试验火源上方温度（热电偶树 T1）

② 区间隧道内的温度

图 8-35 为区间隧道内（热电偶树 T3，参见图 8-9、图 8-10）通风井 J10 与通风井 J11 中间位置的温度变化情况。由图可知，隧道内 1.7~2.7m 高度上的 1 号、2 号热电偶温度基本不变；3.5m 高度上的 3 号热电偶的温度变化也不明显；4.0~5.0m 高度上的 4~7 号热电偶温度上升明显，最高温度为 59℃。

这种情况表明，区间隧道内的温度分层明显，热层主要分布在 3.5m 高度之上，高于人体特征高度。这与目测的烟气沉降高度是一致的（图 8-33）。

③ 通风井的温度

图 8-36 为通风井 J11 中央（热电偶树 T4，参见图 8-9、图 8-10）的温度变化情况。由图可知，T4 上的热电偶温度上升较为缓慢，整个过程中仅有 5~7 号热电偶（分布于 5.0~5.5m）的温度有一定程度的上升，最高温度为 22℃。说明 J11 的热层主要集中在通风井的上部，通过地面风口排到地面大气中去。这与目测的通风井排烟情况是一致的。

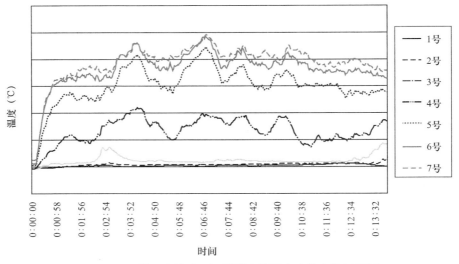

图 8-35 第三次试验区间隧道内的温度（热电偶树 T3）

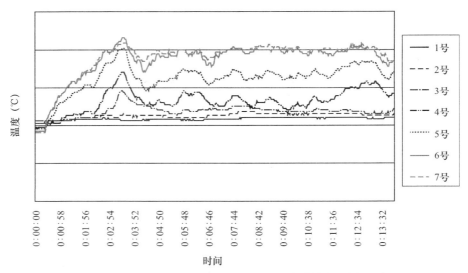

图 8-36 第三次试验通风井 J11 的温度（热电偶树 T4）

4）红外成像分析

① 火源位置

图 8-37 为火源位置的热成像图，通过安装在计算机上的红外分析后处理软件 IRwin Report5.31 对热图像上的点、线、面测温，火源位置的最高温度为 674.9℃，高于火源上方的热电偶树 T1 测得的火源正上方的最高温度（440℃）。

② 区间隧道内的热层分布

图 8-38 为区间隧道内的热成像图，由图中可以清晰地看出区间隧道内的热烟层分层极为明显，与图 8-33 的可视烟层相比，其分层高度位置较为吻合。

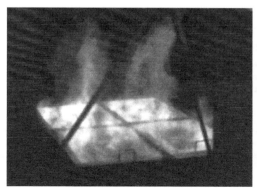 

图 8-37 第三次试验火源位置的热成像图　　图 8-38 第三次试验区间隧道内的热成像图

（4）第四次试验（不封堵 J10，2 个燃烧盘）

本次试验通风井 J10 正常通风，即通风竖井间距为 32.5m，设置 2 个燃烧盘，2 个燃烧盘设置于 J10 和 J11 的中间段，距离两边通风竖井的距离均为 16.25m，如图 8-39 所示。

隧道内外的初始温度和风速如表 8-10 所示。

第四次试验的初始温度和风向风速（不封堵 J10，2 个燃烧盘）　　表 8-10

| 位置 | 初始温度（℃） | 初始风速（m/s） | 风向 |
| --- | --- | --- | --- |
| 隧道内部 | 8.1 | 0.5 | 由隧道深处吹向新益州站 |
| 地面 | 2.0 | 0.2～0.8 | 由 J10 吹向 J11 |

1）排烟情况分析

试验初始阶段，示踪烟气随热羽流上升至隧道顶部，随即沿区间隧道方向水平蔓延，到达通风井口以后，由竖井向上蔓延，最终排至室外大气。

由于隧道内的风总是由南三环方向吹往新益州站台方向，烟气主要流往新益州站台方向（通风井 J11），烟气蔓延的速度也较快。从地面人员的目测情况来看，烟气均由通风井 J10 和 J11 的风口排出，其余通风井没有烟气冒出，从通风井 J11 排出的烟气要多于 J10。隧道内的有烟段集中在通风井 J10～J11 之间，其他区域不受烟气侵扰。此时烟气蔓延的区域如图 8-39 所示。

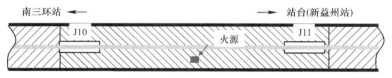

图 8-39 第四次试验烟气蔓延区域示意图

烟气水平蔓延到达各通风井风口、地面观察到烟气以及地面百叶开始全面排烟的时刻如表 8-11 所示。

第四次试验烟气的蔓延情况（不封堵 J10，2 个燃烧盘） 表 8-11

| 风口编号 | 烟气水平蔓延到达各通风井风口的时刻 | 烟气到达地面的时刻 | 地面百叶开始全面排烟的时刻 |
|---|---|---|---|
| J10 | 65s | 96s | 120s |
| J11 | 57s | 89s | 114s |

2）烟气沉降情况分析

试验开始以后，隧道内的烟气分层明显，含示踪烟气的热流层位于隧道顶部，由薄变厚。直到 120s 左右，烟气层的厚度逐渐稳定下来，不再继续下沉。沿隧道水平方向上，烟气层的厚度自火源位置向通风井的方向上逐渐变薄，火源附近上方的烟气层较厚，烟气层底部的高度为 3.5m；通风井附近的烟气层最薄，烟气层底部的高度为 4.0m，整个有烟段的烟气层高度介于 3.5~4.0m 之间。

试验现场的状况如图 8-40 所示，烟气分层极为明显，且始终位于人体特征高度之上。

图 8-40 第四次试验隧道内的烟气蔓延情况

3）温度分析

① 火源上方的温度

图 8-41 为火源上方（热电偶树 T1，参见图 8-9、图 8-10）的温度变化情况。由图可知：整个试验过程中，火源上方离地面最近的 1 号热电偶温度最高，约为 225℃。但是根据现场目测观察，由于受到隧道内风速的影响，火焰随风有所摆动，火焰燃烧

的热羽流偏离了热电偶树 T1，因此 T1 树上的 1 号热电偶温度变化很大。而靠近隧道顶部的热电偶温度较低，最高为 70℃ 左右，不会对隧道顶部结构造成损伤。

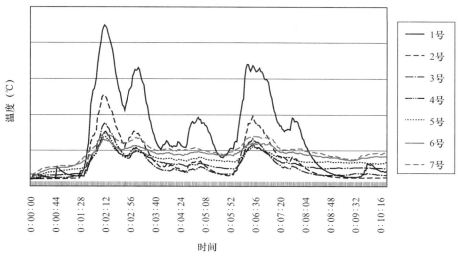

图 8-41　第四次试验火源上方温度（热电偶树 T1）

② 区间隧道内的温度

图 8-42 为区间隧道内（热电偶树 T3，参见图 8-9、图 8-10）通风井 J10 与通风井 J11 中间位置的温度变化情况。由图可知，隧道内 1.7~2.7m 高度上的 1 号、2 号热电偶温度基本不变；3.5m 高度上的 3 号热电偶的温度变化也不明显；4.0~5.0m 高度上的 4~7 号热电偶温度上升明显，最高温度为 41℃。

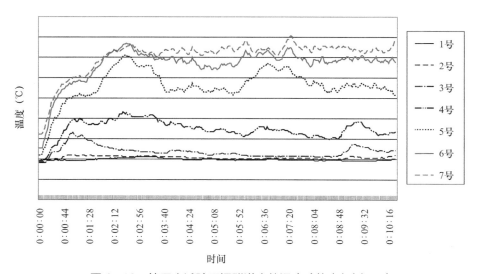

图 8-42　第四次试验区间隧道内的温度（热电偶树 T3）

这种情况表明，区间隧道内的温度分层明显，热层主要分布在3.5m高度之上，高于人体特征高度。这与目测的烟气沉降高度是一致的（图8-40）。

③ 通风井的温度

图8-43为通风井J11中央（热电偶树T4，参见图8-9、图8-10）的温度变化情况。由图可知，T4上的热电偶温度上升较为缓慢，整个过程中仅有4~7号热电偶（分布于5.0~5.5m）的温度有一定程度的上升，最高温度为17℃。说明通风井J11的热层主要集中在通风井的上部，通过地面风口排到地面大气中去。这与目测的通风井排烟情况是一致的。

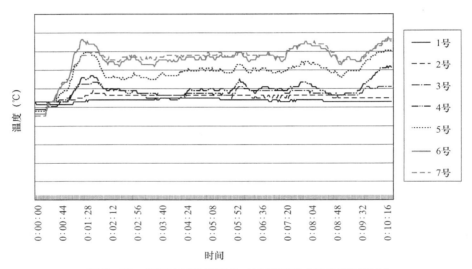

图8-43 第四次试验通风井J11的温度（热电偶树T4）

4）红外成像分析

① 火源位置

图8-44为火源位置的热成像图，通过安装在计算机上的红外分析后处理软件IRwin Report5.31对热图像上的点、线、面测温，火源位置的最高温度为711℃，高于火源上方的热电偶树T1测得的火源正上方的最高温度（225℃）。

② 区间隧道内的热层分布

图8-45为区间隧道内的热成像图，由图中可以清晰地看出区间隧道内的热层分层极为明显，与图8-40的可视烟层相比，其分层高度位置较为吻合。

（5）结论

通过对四次试验的分析，可得出以下结论：

1）现有隧道的通风间距和通风面积

① 现有区间隧道的通风排烟间距（32.5m）和通风口面积（10m×2.5m）能够在

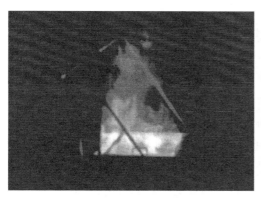 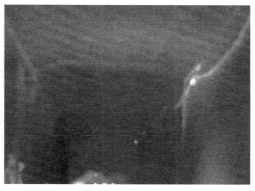

图 8-44　第四次试验火源位置的热成像图　　图 8-45　第四次试验区间隧道内的热成像图

不同火源功率（0.7MW、1.5MW）条件下将区间隧道内的烟气有效排走，并将有烟区域控制在两个相邻通风竖井之间的区间隧道内，即有烟区域段长度为 32.5m。

② 试验所在的隧道段内烟气分层清晰明显。热烟层的高度控制在人体特征高度面（2.0m）之上（3.5～4.0m 之间），热烟层高度沿水平方向，以火源为中心向通风井的方向由厚变薄。

2）封堵通风井 J10 后隧道的通风间距和通风面积

① 封堵通风井 J10 后，区间隧道的通风排烟间距（75m）和通风口面积（10m×2.5m）能够较好地将区间隧道内的烟气排到大气中去，但是火源功率和隧道内外环境的风速和温度对排烟效果和烟气控制区域有一定影响。在火源功率较大（1.5MW）的条件下，区间隧道内烟气分层明显，烟气层高度介于 3.5～4.0m 之间，人体特征高度位置不会受到烟气的侵蚀。烟气能够通过通风井有效排走，有烟区域控制在通风竖井 J9 和 J11 之间的区间隧道内，即有烟区域段长度为 75m。

② 在较小的火源功率（0.7MW）条件下，隧道内外的风速较大时，通风井 J9 出现少量烟气倒灌，导致区间隧道内有少量的薄烟弥漫，烟气层分界线较为模糊。部分烟气流过通风井 J11 吹向站台方向。

3）结果对比论证

本次试验采用的热烟测试方法主要是用于测试验证浅埋区间隧道的自然通风排烟能力，为了保证区间隧道结构和试验人员的安全性，火源功率较小（1.5MW 和 0.7MW），低于铁二院和清华大学计算机数值模拟采用的 10MW。

将本试验与铁二院和清华大学计算机数值模拟结果进行对比，试验采用的火源功率小于模拟火灾场景中的火源功率（10MW），试验过程中体现出的自然通风井的排烟能力是相对保守的，但是二者体现出来的烟气分层效果和排烟能力是一致的，这也证明铁二院和清华大学计算机数值模拟的结果是合理的。

## 8.1.2 隧道火灾自然排烟的应用效果研究——全尺寸数值模拟

由于热烟试验需要在新建成的成都地铁1号线一期工程南部浅埋区间隧道内展开，对隧道内部结构和设施的保护就显得尤为重要；试验过程中有包括消防、地铁公司、试验实施者和媒体人员进入试验现场，现场人员的安全亦需要得到保证。因此，在试验之前有必要通过计算机模拟的方法，对试验现场的烟流规律和烟气温度进行分析，确认拟定的试验火灾规模是否会对隧道造成破坏，是否会对试验现场人员的生命安全造成威胁。同时，模拟计算的结果还可与热烟试验的结果进行相互验证。

1. 火灾场景及边界条件设置

（1）火源设置

为了对比验证计算机模拟和真实试验之间是否存在结果的一致性，选择火灾规模较大、对区间隧道和人员安全较为不利的部分试验场景，即第一、三次试验进行对比验证。运用 FDS 数值模拟设置两个火灾场景，每个火灾场景的火源功率均为 1.5MW。模拟中的火源设置与热烟试验中的火源设置一致。

火灾场景 A：与第三次试验（不封堵 J10，4 个燃烧盘）对应，火源位于通风井 J10 与 J11 的中间位置，如图 8-46 所示。

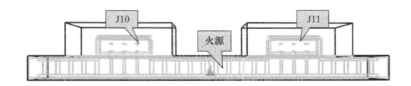

图 8-46　火灾场景 A 的 FDS 模型图

火灾场景 B：与第一次试验（封堵 J10，4 个燃烧盘）对应，火源位于通风井 J10 与 J11 的中间位置，如图 8-47 所示。

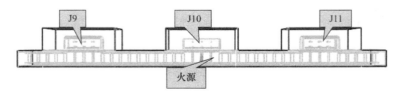

图 8-47　火灾场景 B 的 FDS 模型图

（2）初始边界条件

根据热烟试验的情况和成都本地的气候环境，FDS 模拟参数与基本假设如表 8-12 所示。

FDS 模拟参数与基本假设　　　　　表 8-12

| 参数 | 取值 | 说明 |
| --- | --- | --- |
| 模型结构 | — | 与试验现场区间隧道一致，选取通风竖井 J9～J11 段建立计算模型，井口的通风百叶和封堵情况的设置与现场一致 |
| 环境温度 | 10℃ | 热烟试验于 2008 年 1 月在成都地铁 1 号线内进行。由于成都 1 月份平均气温为 6～12℃，这里假设试验环境温度为 10℃ |
| 热释放功率 | 1.5MW | 根据热烟试验中火盘大小与燃料用量设计，假设 FDS 模型中的热释放量为 1.5MW，火源面积和单位面积热释放功率与试验时一致 |
| 模拟时间 | 900s | 模拟热烟试验的时间，其中包含火源增长至稳定燃烧的时间，并且从"最坏情况"出发，不考虑火灾衰减期 |
| 风速 | 0 | 本次模拟不考虑有风的情况 |

2. 数值模拟结果及分析

（1）火灾场景 A（不封堵 J10，火源功率 1.5MW）

1）烟气灰密度分布

图 8-48～图 8-50 为火灾场景 A 的烟气灰密度分布图，时间间隔为 300s。从图中可以看出，火源燃烧后产生的烟气分层非常明显，烟气能够有效从通风竖井排至隧道外的大气，区间隧道内的烟气层始终维持在隧道顶部，烟气蔓延的区域控制在 J10 和 J11 两个通风井之间的区间隧道内。烟气层的高度明显高于人体特征高度，试验场地内的人员不会受到烟气的侵扰，能够保证人员的生命安全。这与前文第三次试验中目测观察到的隧道内烟气沉降情况和通风竖井排烟情况较为吻合，证明 FDS 数值模拟能够很好地模拟真实试验中的烟层流动情况。

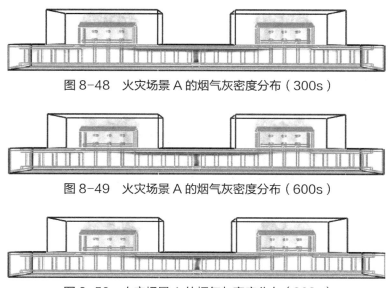

图 8-48　火灾场景 A 的烟气灰密度分布（300s）

图 8-49　火灾场景 A 的烟气灰密度分布（600s）

图 8-50　火灾场景 A 的烟气灰密度分布（900s）

2）烟层温度分布

由于热烟试验采用的是酒精燃烧+无毒示踪烟气，酒精燃烧的产物主要是$CO_2$和水，没有毒性，对人员安全和隧道本身产生威胁的主要是酒精燃烧产生的高温热流。为此，需要分析热烟试验中烟层的温度分布，FDS 数值模拟中选取火源中心线（剖面A-A）和通风竖井的中心线（剖面B-B）为观测面，剖面位置如图 8-51 所示。

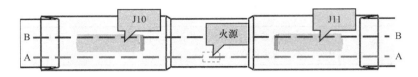

图 8-51 剖面 A-A、剖面 B-B 位置示意图

① 火源中心线（剖面 A-A）

图 8-52～图 8-54 为剖面 A-A 的烟气温度随时间变化的数值模拟结果（时间间隔为 300s）。从图中可以看出，区间隧道内的热分层明显，高温烟气均集中在隧道顶部，热层的温度介于 50～85℃之间，下层温度没有发生变化，不会对人员安全和隧道本身造成危害。这与第 8.1.1 节第三次试验中热电偶树 T3 测得的区间隧道内的热层温度（35～60℃，图 8-37）较为吻合，证明 FDS 数值模拟能够较好地模拟真实试验中区间隧道内的热层温度。

② 通风竖井的中心线（剖面 B-B）

图 8-55～图 8-57 显示剖面 B-B 的烟气温度随时间变化的数值模拟结果（时间间隔为 300s）。从图中可以看出，两个相邻通风竖井之间的热层主要集中在通风竖井上部风口附近的区域，通风竖井下部温度较低。说明热烟试验时，此区域的温度不

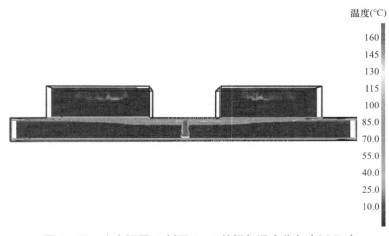

图 8-52 火灾场景 A 剖面 A-A 的烟气温度分布（300s）

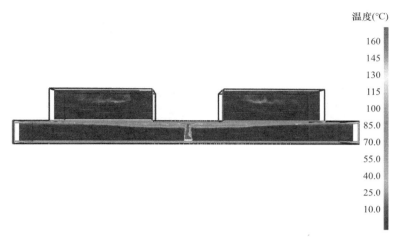

图 8-53　火灾场景 A 剖面 A-A 的烟气温度分布（600s）

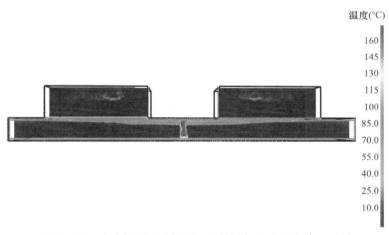

图 8-54　火灾场景 A 剖面 A-A 的烟气温度分布（900s）

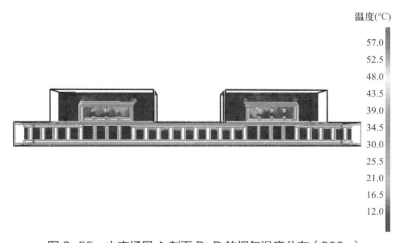

图 8-55　火灾场景 A 剖面 B-B 的烟气温度分布（300s）

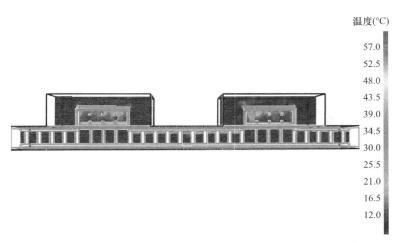

图 8-56 火灾场景 A 剖面 B-B 的烟气温度分布（600s）

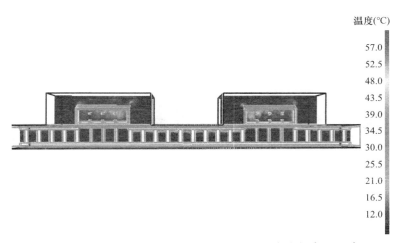

图 8-57 火灾场景 A 剖面 B-B 的烟气温度分布（900s）

会对人员安全和隧道本身造成危害。与第三次试验中热电偶树 T4 测得的通风井温度（图 8-38）较为吻合，证明 FDS 数值模拟能够较好地模拟真实试验中通风竖井内的热层温度分布情况。

（2）火灾场景 B（封堵 J10，火源功率 1.5MW）

1）烟气灰密度分布

图 8-58～图 8-60 为火灾场景 B 的烟气灰密度分布图，时间间隔为 300s。从图中可以看出，火源燃烧后产生的烟气分层非常明显，烟气能够顺利地从通风竖井排至隧道外的大气中去，区间隧道内的烟气层始终维持在隧道顶部，烟气的蔓延的区域控制在 J10 和 J11 两个通风井之间的区间隧道内。烟气层的高度明显高于人体特征高度，试验场地内的人员不会受到烟气的侵扰，能够保证人员的生命安全。这与第一次试验中目测观察到的隧道内烟气沉降情况和通风竖井排烟情况较为吻合。

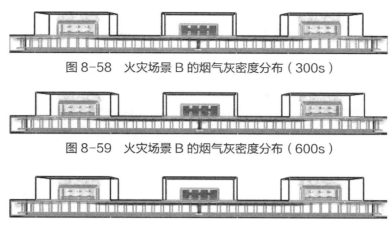

图 8-58　火灾场景 B 的烟气灰密度分布（300s）

图 8-59　火灾场景 B 的烟气灰密度分布（600s）

图 8-60　火灾场景 B 的烟气灰密度分布（900s）

2）烟层温度分布

为了分析热烟试验中烟层的温度分布，FDS 数值模拟中选取火源中心线（剖面 A-A）和通风竖井的中心线（剖面 B-B）为观测面，剖面位置如图 8-61 所示。

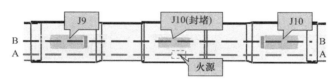

图 8-61　剖面 A-A、剖面 B-B 位置示意图

① 火源中心线（剖面 A-A）

图 8-62～图 8-64 显示剖面 A-A 的烟气温度随时间变化的数值模拟结果（时间间隔为 300s）。从图中可以看出，区间隧道内的热层分层明显，高温烟气均集中在隧道顶

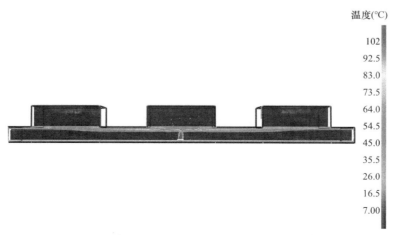

图 8-62　火灾场景 B 剖面 A-A 的烟气温度分布（300s）

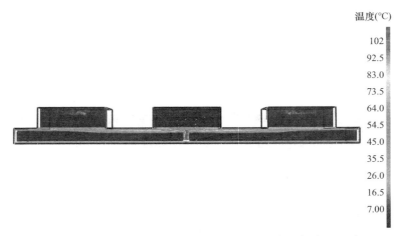

图 8-63　火灾场景 B 剖面 A-A 的烟气温度分布（600s）

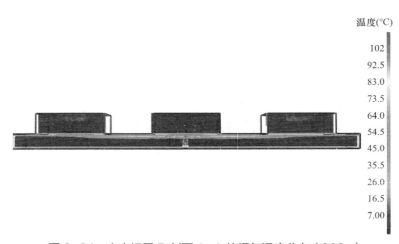

图 8-64　火灾场景 B 剖面 A-A 的烟气温度分布（900s）

部，热层的平均温度介于 35~70℃之间，不会对人员安全和隧道本身造成伤害。这与第一次试验中热电偶树 T1 测得的区间隧道内的热层温度（30~47℃，图 8-21）较为吻合。

② 通风竖井的中心线（剖面 B-B）

图 8-65~图 8-67 显示剖面 B-B 的烟气温度随时间变化的数值模拟结果（时间间隔为 300s）。从图中可以看出，两个相邻通风竖井中的热层主要集中在通风竖井上部风口附近的区域内，通风竖井下部温度较低。说明热烟试验时，此区域的温度不会对人员安全和隧道本身造成伤害。这与第一次试验中热电偶树 T4 测得的通风井温度（图 8-22）较为吻合，证明 FDS 数值模拟能够较好地模拟真实试验中通风竖井内的热层温度分布情况。

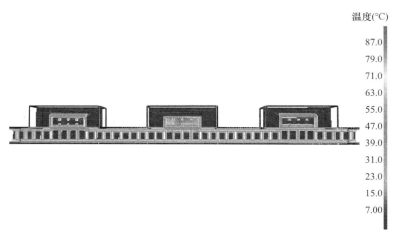

图 8-65　火灾场景 B 剖面 B-B 的烟气温度分布（300s）

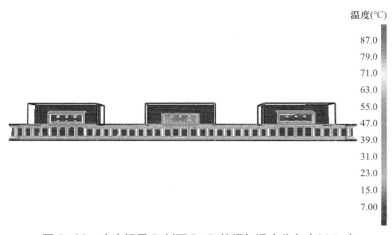

图 8-66　火灾场景 B 剖面 B-B 的烟气温度分布（600s）

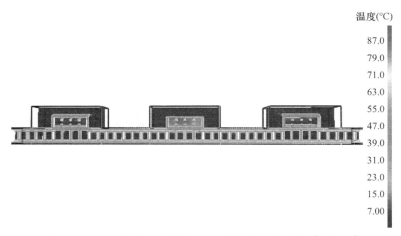

图 8-67　火灾场景 B 剖面 B-B 的烟气温度分布（900s）

3）结论

① 在数值模拟计算时间（900s）内，烟气在隧道内分层明显，能够通过通风竖井以自然排烟的方式顺利排出，不会影响隧道内其他地方。隧道内的烟气温度保持在较低水平，热烟试验选取的火灾规模不会对人员安全和隧道本身造成危害。

② 热烟气的流动规律与第8.1.1节的试验结果吻合得很好，说明FDS数值模拟方法能够很好地模拟真实试验的热烟流动规律，在场景假设合理的情况下，利用其模拟工况灵活、可重复性强等优点，可以作为自然通风排烟设计的重要工具和手段。

### 8.1.3 成都地铁1号线一期工程南部浅埋区自然通风与机械通风经济性比较

（1）土建投资：自然通风比机械通风每座车站减少风亭风道2座，隧道风机机房面积400$m^2$左右，共计1600万元；增加区间顶部开口投资1053万元。

（2）设备投资：自然通风比机械通风每座车站减少隧道风机4台，及相应的风阀、控制元件等，减少投资800万元；增加区间射流风机共8台，车站轨行区排热（兼排烟）风机8台及相应风管、风阀和控制元件，增加投资264万元。

（3）运营费用：年节约用电1440kW，节约运营费用120万元（按平均电价0.5元/度计算）。

（4）给水排水专业共增加区间给排水泵房3处，增加设备投资240万元，土建投资60万元，增加用电584kW，增加运营费用49万元（按平均电价0.5元/度计算）。

（5）电力专业每个车站减少土建面积50$m^2$左右，共减少土建投资100万元，设备投资总共减少200万元。

采用自然通风，总共减少投资1083万元，年运营费用节约71万元（表8-13）。

成都地铁1号线一期工程南部浅埋区自然通风与机械通风经济性比较表（万元）

表8-13

| 项目 | 机械通风（万元） | 自然通风（万元） | 差额（万元） | 说明 |
| --- | --- | --- | --- | --- |
| 环控系统土建初投资 | 1600 | 1053 | 547 | 机械通风：通风机房建设；<br>自然通风：增加区间顶部开口 |
| 环控系统设备初投资 | 800 | 264 | 536 | 机械通风：4台隧道风机；<br>自然通风：8台区间射流风机 |
| 其他专业相应初投资 | 300 | 300 | 0 | 机械通风：电力专业设备和土建；<br>自然通风：给水排水泵房设备和土建 |
| 初投资总计 | 2700 | 1417 | 1083 | |
| 运营费用 | 120 | 49 | 71 | 机械通风：隧道通风设备耗电高120万元；<br>自然通风：给水排水泵房耗电增加49万元 |
| 运营费用总计 | 120 | 49 | 71 | |

## 8.2 上海隧道

2018年上海第一条"会呼吸的隧道"——北翟路隧道建成，该隧道并未采用传统的机械通风模式，而是利用地形特点，将绿化带作为通风排烟口，全线采用自然通风排烟系统。该隧道通风排烟方式充分响应节能减排号召，降低水电能耗，减少运营费用，浅埋隧道内无需设置区间事故风机和活塞风道，只需适当设置隧道顶部通风井，减少隧道埋深，节约内部空间，在建造和运营成本方面均有优势。这条自西向东下穿协和路、福泉路、淞虹路、平塘路、剑河路的双孔3车道的地下交通枢纽全长为1780m，暗埋段1480m，东西部敞开段分别为120m和180m，如图8-68所示[3]。

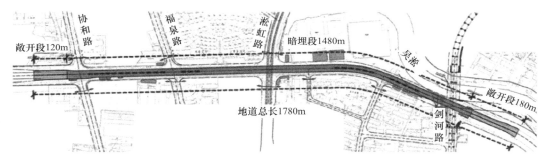

图8-68 北翟路地道平面示意图

该隧道自然通风系统开孔占地面积南北线均为5%，孔口数量43个，竖井长10m、14m、15m不等，宽均为4m，孔口间距10~15m[4]，是上海首次在长大隧道内采用竖井自然通风排烟方式，至今运行良好。

## 8.3 南京隧道

南京城东干道两条城市下穿隧道同样采用了竖井自然通风系统，即西安门隧道和通济门隧道，分别位于中山东路段和白下路段。隧道采用双洞单向设计，通风排烟孔口设于两洞之间隧道顶部，其中西安门隧道全长1770m，地下长1410m；孔口数量21组，开孔尺寸2.6m×12.8m，通济门隧道全长1300m，地下长890m，孔口数量14组，开孔尺寸2.6m×12.8m，

对于安全性能分析，研究人员采用数值模拟、模型试验、现场试验[5-7]等方式对火灾时自然通风方式下的烟气扩散、烟雾温度、有害气体浓度等进行研究，包括最不

利火灾情形下的人员疏散情况、火灾危害性，并对该通风排烟模式的安全适用性及合理性进行定量分析。经评估，该隧道采用竖井型自然通风能够满足火灾时的防烟排烟要求[8]。

在经济性对比方面，黄玉良等人[9]利用全射流通风方式与自然通风方式从前期土建以及设备投资和建后运营管理等后期费用方面着手，进行了经济性对比分析。结果表明，对于该隧道，综合各项费用，相比机械通风可以节约1.7265亿元。由此可看出，自然通风在满足通风排烟功能和卫生等要求的情况下的经济优越性。

这表明，该隧道采用竖井自然通风系统对于通风卫生要求以及火灾情况下的排烟和人员疏散要求均能满足，同时相较于机械通风方式能够节省土建和运营成本。目前，该隧道运行状况良好。

## 8.4 本章小结

本章列举了国内采用竖井自然通风的三大隧道，包括成都地铁：成都地铁1号线一期工程南部浅埋区间隧道，上海隧道：北翟路隧道，南京隧道：西安门隧道和通济门隧道，其中着重介绍了成都地铁1号线一期工程南部浅埋区间隧道自然通风排烟系统，采用现场试验和全尺寸数值模拟两种方式对该隧道自然通风系统烟气控制效果进行研究。另外，对区间隧道采用自然通风排烟系统与机械排烟系统进行经济性比较。结果表明，在地表条件允许开设通风竖井、隧道浅埋的情况下，采用自然通风方式排烟，不仅有良好的烟气控制效果，火灾发生时能及时将烟气排出隧道，为人员疏散提供良好的逃生环境，而且具有节省初投资和运营费用、便于人员疏散、控制简单的优点，在安全、经济、节能减排等方面具有良好的社会与经济效益。

## 本章参考文献

［1］李亮，李晓锋，朱颖心. 地铁隧道火灾自然排烟模式数值模拟研究［C］// 全国公共建筑及设施安全通风与空调技术交流会，2005.

［2］Smoke management systems–Hot smoke test: [S]. AS 4391-1999. Australia, 1999.

［3］张银屏. 自然通风排烟在长大道路隧道中的应用［J］. 中国市政工程，2017（3）：74-77，85，126.

［4］Guo Q, Zhu H, Yan Z, et al. Experimental studies on the gas temperature and smoke back-layering length of fires in a shallow urban road tunnel with large cross-sectional vertical shafts[J]. Tunnelling and Underground Space Technology, 2019, 83: 565-576.

[5] 茅靳丰，蒋国政，李伟华，等. 火灾工况下城市隧道自然通风的研究［J］. 洁净与空调技术，2008（1）：21-24.

[6] 茅靳丰，黄玉良，朱培根，等. 火灾工况下城市隧道自然通风模型实验［J］. 陆军工程大学学报，2008，9（4）：357-362.

[7] 龚延风，童艳. 龙蟠中路隧道火灾实验报告［R］. 南京：南京工业大学，2007.

[8] PIARC. Fire and Smoke Control in Road Tunnels[M]. Paris: PIARC Committee on Road Tunnels, 1999.

[9] 黄玉良，茅靳丰，李伟华，等. 城市隧道自然通风经济性研究［J］. 建筑热能通风空调，2008，27（5）：67-70.